LA JEUNESSE

DE LA

DUCHESSE D'ANGOULÊME

INTRODUCTION

I

S'il existe des peuples qui n'ont point assez de gloire, en revanche d'autres en ont trop. On peut dire des annales françaises qu'elles pêchent par excès d'abondance. Notre illustre patrie possède trois légendes, qui, toutes les trois, ont une foule de pages magnifiques, — la légende royale, la légende républicaine, la légende impériale, — mais qui se contrarient les unes les autres, et enlèvent à notre développement national le caractère d'unité qui est aussi nécessaire à la vie des nations qu'à la vie des individus. L'adage « Heureux les peuples qui n'ont pas d'histoire! » ne doit pas être pris à la lettre. Mais il faut reconnaître que les peuples qui ont trop d'histoire ne sont pas heureux.

Le malheur de la France, c'est qu'elle a été divisée contre elle-même. Unie, elle aurait pu, comme au temps de Louis XIV, braver l'Europe entière et repousser toutes les invasions. Il est curieux de remarquer combien les plus petits pays, si tous les cœurs y battent à l'unisson, résistent à des forces colossales. La Suisse a su se faire respecter de tous les conquérants. Le roi-soleil n'est pas parvenu à dompter la Hollande. Avec les troupes qu'il avait été obligé de laisser en Vendée, Napoléon aurait peut-être gagné la bataille de Waterloo. Si l'on tient compte de nos divisions intérieures, on peut dire que plusieurs fois la France fut vaincue moins par les étrangers que par elle-même.

Quand on passe de l'étude du premier Empire à celle de la Restauration, il semble que c'est une nouvelle nation qui apparaît. Ni le drapeau ni les idées, ni les passions, ni les souvenirs ne sont les mêmes. Deux hommes appartenant à deux patries différentes ont entre eux moins de dissemblance qu'un impérialiste et un légitimiste. Quelle communauté de principe pourrait exister entre un volontaire de 1792 et un chouan, entre un grenadier de la garde impériale et un soldat de l'armée de Condé ? Pour l'un, Napoléon est un héros, pour l'autre, c'est un monstre. Pour l'un, Waterloo est un désastre, pour l'autre, c'est une victoire. Pour l'un, la Révolution est une délivrance, pour l'autre, c'est l'abomination de la

LES FEMMES DES TUILERIES

LA JEUNESSE

DE LA

DUCHESSE D'ANGOULÊME

LA JEUNESSE

DE LA

DUCHESSE D'ANGOULÊME

PAR

IMBERT DE SAINT-AMAND

PARIS

E. DENTU, ÉDITEUR

LIBRAIRE DE LA SOCIÉTÉ DES GENS DE LETTRES

Palais-Royal, 15-17-19, Galerie d'Orléans

1886

Tous droits réservés.

désolation. Les mêmes mots ne signifient pas les mêmes choses. Ce que l'un appelle fidélité, l'autre l'appelle trahison. Le même fait est qualifié de vertu ou de crime, suivant qu'il est jugé par l'un ou l'autre camp. En présence de contradictions si violentes, l'historien éprouve quelque peu de ces angoisses qui, pendant les Cent-Jours, agitèrent le maréchal Ney, le brave des braves, et il lui faut une conscience sévère, un grand calme, pour conserver dans ses jugements l'impartialité absolue en dehors de laquelle l'histoire ne serait qu'un pamphlet sans consistance, comme tout ce qui repose uniquement sur l'esprit de parti.

Ces réflexions nous viennent à la pensée, au moment où nous commençons la troisième série des *Femmes des Tuileries*. La première, consacrée à la reine-martyre, se compose de trois volumes: Marie-Antoinette aux Tuileries; Marie-Antoinette et l'Agonie de la Royauté; la Dernière Année de Marie-Antoinette. La seconde, qui est l'histoire des deux femmes de Napoléon, comprend dix volumes: la Jeunesse de l'Impératrice Joséphine; la Citoyenne Bonaparte; la Femme du Premier Consul; la Cour de l'Impératrice; les Dernières Années de Joséphine; les Beaux Jours de l'Impératrice Marie-Louise; Marie-Louise et la Décadence de l'Empire; Marie-Louise et l'Invasion de 1814; Marie-Louise, l'île d'Elbe et les Cent-Jours; Marie-Louise et le Duc de Reichstadt.

On nous reprochera peut-être d'attacher aux femmes une importance exagérée. Suivant nous, elles ont été trop souvent négligées par l'histoire. Sans une étude approfondie du caractère et de la vie de Marie-Antoinette, on ne peut bien comprendre ni l'Ancien Régime, ni la Révolution, et ce n'est pourtant que depuis une vingtaine d'années qu'on s'est occupé sérieusement de cette figure émouvante et intéressante entre toutes. M. Thiers a consacré à peine quelques pages à l'impératrice Joséphine. Nous pensons cependant que, sans cette femme, Bonaparte n'eût jamais été ni général en chef de l'armée d'Italie, ni premier consul, ni empereur. Quant à Marie-Louise, si effacé que son type paraisse au premier abord, nous croyons que sa destinée fait, mieux que tous les commentaires, ressortir l'apogée et la décadence de Napoléon.

Dans les derniers temps, l'histoire a fait de grands progrès. A la science, elle a emprunté les procédés d'analyse et de synthèse; à l'art, le sentiment du pittoresque et la couleur locale. Michelet avait dit : « L'histoire est une résurrection. » Cette devise a été le mot d'ordre de ses élèves. On s'est attaché à ressusciter non seulement les choses, mais les personnes ; non seulement les corps, mais les âmes. « Dans l'histoire, a écrit Mgr Dupanloup, il n'y a que les âmes qui m'intéressent. Les faits, les événements vulgaires, les émeutes, les batailles, les victoires, les défaites, les traités, tout cela, il faut le savoir, mais tout cela sans l'histoire des âmes est peu de chose. Il n'y a réellement que l'histoire des âmes qui touche, qui illumine. » Les développements de la psychologie devaient avoir pour effet un redoublement d'application dans l'étude des caractères féminins. La nouvelle école historique, inaugurée par des hommes de génie dont nous sommes un obscur disciple, a recherché les procédés de la philosophie, de la peinture et de l'art dramatique. Considérant que la vie des peuples est une série de drames grandioses, tour à tour éblouissants et lugubres, elle s'est attachée à planter les décors, à éclairer la scène, à faire revivre non seulement les principaux personnages, mais les acteurs secondaires, les comparses, et s'est persuadée que si la couleur locale est observée fidèlement, si les descriptions sont exactes, si les monuments, si les paysages où les faits se produisent apparaissent clairement au lecteur, surtout si les caractères sont étudiés avec conscience, un livre d'histoire, tout en respectant scrupuleusement la vérité, peut avoir autant d'attrait qu'une pièce de théâtre, qu'un roman historique ou qu'un roman de mœurs.

La période que nous allons étudier serait faite pour inspirer un artiste et un poète, autant qu'un historien. Notre intention est de la diviser en six parties : la Jeunesse de la Duchesse d'Angoulême ; la Duchesse d'Angoulême et la Restauration ; la Duchesse de Berry et la Cour de Louis XVIII ; la Duchesse de Berry et la Cour de Charles X ; la Duchesse de Berry en Vendée et à Blaye ; les Dernières Années de la Duchesse de Berry. Nous commençons notre récit dans la prison du Temple, le jour où Marie-Antoinette, y laissant sa fille, son fils et sa belle-sœur, en sort pour être conduite à la Conciergerie, et nous le terminerons à Goritz, dans la chapelle des Franciscains, le jour où le comte de Chambord, enseveli à côté de Charles X et du duc et de la duchesse d'Angoulême, emporte dans sa tombe le drapeau blanc comme un linceul. Il y a, dans cette histoire, des captivités, des exils, des révolutions, des assassinats, des drames dont les comparses sont les courtisans, les soldats et le peuple ; des aventures qui rappellent les héroïnes de Walter Scott, des tragédies à la manière d'Eschyle et de Sophocle, des hosannah et des anathèmes, des choses riantes et des choses lugubres, des fêtes magnifiques et des scènes sinistres, des contrastes pour lesquels il faudrait un Shakespeare, des enseignements qui seraient dignes de la parole d'un Bossuet.

Les deux principales héroïnes de cette période sont la duchesse d'Angoulême et la duchesse de Berry. Nous essaierons de grouper autour des deux princesses les femmes qui jouèrent un rôle soit auprès des Bourbons en exil, soit auprès des

Bourbons sur le trône. On ne peut bien comprendre la Restauration qu'en s'identifiant pour un moment avec les idées, les rancunes, les préjugés qui s'y rattachent. Il faut se dire à soi-même : Qu'aurais-je pensé si j'avais eu des parents guillotinés, si j'avais combattu dans les rangs de l'armée vendéenne ou de l'armée de Condé, si l'éducation maternelle, si les principes religieux et politiques de mon enfance, si mes intérêts, si mes passions, si celles de ma famille, de mes amis, de tout mon entourage, m'avaient inspiré l'horreur de la Révolution française et de l'Empire, sa continuation ? Aux yeux des émigrés, le vainqueur d'Austerlitz n'était qu'un Jacobin couronné, un Robespierre à cheval. C'est lui qui avait empêché la France repentante de se jeter dans les bras de son souverain légitime. C'est lui, l'ami de Barras, qui avait empêché la Convention de succomber sous le poids de l'indignation et du mépris public. C'est lui qui, le 13 Vendémiaire, avait mitraillé sur les marches de Saint-Roch les honnêtes gens de Paris, et qui avait combattu avec les anciens septembriseurs, avec les gendarmes de Fouquier-Tinville. C'est lui qui avait envoyé au Directoire Augereau, l'auteur de l'odieux coup d'État du 18 Fructidor. C'est donc à cause de lui qu'avaient eu lieu ces déportations à Cayenne, dans des cages de fer, ces horribles proscriptions, qualifiées de guillotine sèche, qui étaient pires que la mort même. C'est lui qui avait assassiné le duc d'Enghien. C'est lui qui, par son ambition insensée, avait soulevé toute l'Europe et laissé la France bien plus petite qu'il ne l'avait prise. C'est lui qui avait attiré sur la patrie la honte de l'invasion, qu'elle ne con· naissait plus depuis des siècles.

Au contraire, pensaient les légitimistes, la royauté était un gouvernement paternel, tutélaire, civilisateur et réparateur. En 1792, toutes les libertés, disaient-ils, avaient été octroyées par Louis XVI, et tout ce qui s'était fait depuis le roi-martyr avait été non seulement inutile, mais désastreux. Veut-on se rendre compte de ce que les légitimistes, en 1814, pensaient de l'empereur et de l'Empire, qu'on relise la célèbre brochure de Chateaubriand : *Buonaparte et les Bourbons.* Si des personnes comblées des faveurs de Napoléon se sont exprimées à son sujet comme l'a fait Mme de Rémusat, que devaient penser, que devaient dire contre lui des gens qui, comme certains émigrés, avaient toujours été ses ennemis ir· réconciliables ? Quelles devaient être à son égard les idées de l'orpheline du Temple, de la fille de Louis XVI et de Marie-Antoinette, de la duchesse d'Angoulême ? Nous ne prenons parti pour aucun régime, et, aussi éloignés de la Terreur blanche que de la Terreur rouge, nous avons pour principal objectif une impartialité absolue ; mais nous essayons de reproduire fidèlement les milieux dans lesquels vécurent les héroïnes dont nous voulons retracer les destinées et le caractère.

La duchesse d'Angoulême et la duchesse de Berry sont deux types qui forment un curieux contraste. L'une est toujours austère, l'autre est souvent frivole. Mais toutes deux ont des aspirations généreuses, des sentiments patriotiques. L'héroïsme de l'une est grave, religieux, l'héroïsme de l'autre a quelque chose de profane ; la première apparaît comme une sainte, la seconde comme une amazone ; mais en fait de vaillance, de présence d'esprit, de sang-froid, toutes les deux sont au même degré dignes de leur ancêtre Henri IV. Les deux princesses représentent la France légitimiste, l'une sous les côtés grandioses, l'autre sous les côtés gracieux. La première, comme un symbole vivant, personnifie en elle les douleurs et les catastrophes de la royauté. La seconde est, à la cour de Louis XVIII et de Charles X, l'avenir et la jeunesse, le rayon et l'aurore.

Caractère tout d'une pièce, sans inconséquences, sans contradictions, n'ayant rien de la mobilité, de l'inconstance et de la légèreté de la femme, esprit droit et cœur intrépide, âme sans peur et sans reproche, n'ayant jamais commis une mauvaise action, n'ayant eu jamais une mauvaise pensée, comptant, dans une existence de soixante-douze années, trois ans de demi-captivité aux Tuileries, trois ans et quatre mois

1.

de captivité et d'inénarrables angoisses au Temple, et plus de quarante ans d'exil, la fille de Louis XVI est assurément l'une des figures les plus majestueuses et les plus pathétiques de l'histoire. Ainsi que l'a dit Chateaubriand, « une femme de douleur a été souvent chargée du fardeau le plus lourd, comme la plus forte. Il n'y a pas de cœur qui ne se serre à son souvenir. Ses souffrances sont montées si haut qu'elles sont devenues une des grandeurs de la France. » L'homme juste dont parle Horace n'a pas plus d'énergie et de force morale que cette femme. On aurait pu dire d'elle : *Impavidam ferient ruinæ.*

L'orpheline du Temple pardonne, mais n'oublie pas. Les tortures qui ont crucifié sa jeunesse ont jeté sur sa vie tout entière un voile noir. Les Tuileries ne lui apparaissent que comme un lieu fatal qui lui rappelle les lugubres journées du 20 Juin et du 10 Août. Pendant toute la Restauration, elle refuse de passer sur la place Louis XV, la place du crime, où se sont dressés les échafauds de son père, de sa mère, de sa tante, l'incomparable Madame Élisabeth. Par ses allures et par le tour de son esprit, la duchesse d'Angoulême se rapproche plus de Louis XVI que de Marie-Antoinette. Son caractère est, comme celui de son père, un mélange de bonté et de rudesse. Elle n'a pas les instincts élégants et le charme féminin de sa mère. La société du

Petit-Trianon lui aurait déplu. Elle pense que
la couronne doit être, non pas un ornement,
mais un fardeau. Elle ne se soucie ni du théâtre,
ni des parures, ni des fêtes. Le timbre de sa
voix a quelque chose de rauque. Le fond de son
âme est la piété. Rien n'égale sa foi, si ce n'est
son courage. Elle a des sentiments profonds,
mais point de sentimentalité. Le côté romanesque de la douleur la choque. Fatiguée de s'entendre désigner comme la moderne Antigone ou
l'orpheline du Temple, elle se défie de ce qu'on
pourrait appeler les larmes littéraires et les at-
tendrissements de commande. Instruite à l'école
du malheur, et connaissant par une dure expérience toutes les palinodies des courtisans, elle
n'aime pas à donner ses chagrins en spectacle.
Elle les cache dans les replis de son âme, comme
dans un impénétrable sanctuaire, ne confiant ses
regrets et ses peines qu'à Dieu. Elle sent qu'une
douleur comme la sienne n'a besoin ni de commentaires, ni de réclames. Chez la duchesse d'Angoulême, il n'y a rien d'apprêté, rien de théâtral,
rien de factice. Tout est sincère, tout est austère,
et tout est vrai. C'est ce qui donne à cette figure
grandiose, plus respectable que séduisante, et
plus rude que gracieuse, quelque chose de si noble et de si imposant.

La duchesse de Berry se présente sous un autre aspect. Par son caractère romanesque et son
goût pour les arts, elle rappelle les héroïnes de

la cour des derniers Valois. C'est une femme de la Renaissance, plus qu'une femme du dix-neuvième siècle. Digne héritière du Béarnais, elle en a la bonne humeur et la vaillance, l'enjouement et la grâce. Aimable, bonne, charitable, sans apprêt et sans morgue, sans préjugés et sans rancune, amoureuse d'espace, de liberté, de soleil, moitié Napolitaine, moitié Française, elle protège les littérateurs, les peintres, les musiciens. Elle empêche les Tuileries de ressembler à une caserne ou à une prison. La cour est éclairée par son sourire. Le poignard de Louvel interrompt sa carrière de joies et de plaisir. Dans la nuit funèbre du 13 février 1820, elle est sublime de douleur et de désespoir. Cette veuve de vingt et un ans excite les sympathies universelles. On l'adule, on la porte aux nues, quand, dans la même année, elle met au monde le fils que les courtisans appellent l'enfant de l'Europe et l'enfant du miracle. La catastrophe de 1830 éclate. La duchesse de Berry ne se décourage pas. Malgré Charles X, malgré le duc et la duchesse d'Angoulême, elle se jette tête baissée dans les plus audacieuses aventures. Lectrice de Walter Scott, on dirait qu'elle veut ajouter un chapitre aux prouesses jacobites de Diana Vernon, d'Alice Lee et de Flora Mac-Ivor. On lui reproche d'avoir trop facilement ajouté foi aux promesses de ses partisans ; mais on avait fait tant de serments à elle et à son fils ! Une

femme d'imagination, une femme de cœur est-
elle inexcusable de se croire encore au temps
des chevaliers et des troubadours ? La légende
de la duchesse d'Angoulême, c'est le Temple,
et celle de la duchesse de Berry, c'est la Vendée.
La fille de Louis XVI, seule, balayant sa chambre, raccommodant son unique robe, échappant
comme par miracle à une bande de geôliers et
de bourreaux ; la mère du comte de Chambord,
se déguisant en servante, marchant pieds nus,
à travers des nuées d'espions et de gendarmes, se
blottissant, pendant seize heures de suite, sans
manger, presque sans respirer, dans l'étroite cachette de la maison des demoiselles Duguigny,
à Nantes, inspirent l'une et l'autre l'attendrissement et la pitié.

La duchesse d'Angoulême et la duchesse de
Berry ont conservé jusqu'à la fin de leur existence leurs habitudes et leur caractère. La fille
de Louis XVI, dans ses derniers exils, fut ce
qu'elle avait été au Temple et aux Tuileries :
une auguste princesse, une grande chrétienne,
une sainte. La mère du comte de Chambord,
après comme avant ses malheurs, ne cessa jamais
un instant d'être une femme aimable et séduisante. Des catastrophes sous le poids desquelles
tant d'autres princesses auraient succombé ne
brisèrent pas le ressort de son âme. Comme
l'Andromaque d'Homère, elle souriait même
dans les larmes. Lorsque, vers la fin de sa car-

rière, si féconde en vicissitudes de tout genre, on la voyait recevoir avec tant d'affabilité, tant de grâce, quand on assistait aux dîners de gala, aux bals, aux concerts, aux comédies de société qu'elle donnait dans son palais de Venise, on était frappé de son esprit, de sa bonne humeur, de sa gaieté. Personne n'eût pu s'imaginer être devant une femme qui avait passé par tant d'épreuves, tant d'exils, tant de révolutions, une femme dont le mari avait été assassiné, une mère dont le fils avait été privé de son héritage. Aucune princesse dans la prospérité, aucune souveraine sur le trône ne montrait plus d'aménité, plus de charme, plus d'enjouement que cette proscrite.

Avant de commencer l'étude que nous abordons aujourd'hui, jetons un rapide coup d'œil d'ensemble sur la destinée des deux femmes qui en sont les héroïnes principales.

II

La fille de Louis XVI naquit à Versailles le 19 décembre 1778. Sa naissance faillit coûter la vie à sa mère. « Pauvre petite, dit Marie-Antoinette, vous n'étiez pas désirée; mais vous n'en serez pas moins chère. Un fils eût plus particulièrement appartenu à l'État. Vous serez à moi, vous aurez tous mes soins, vous partagerez mon bonheur, et vous adoucirez mes peines. » Le jour où la jeune princesse fit sa première communion, son père lui adressa ces paroles qu'elle ne devait jamais oublier : « Souvenez-vous bien, ma fille que la religion est la source du bonheur et notre soutien dans les peines de la vie. Ne croyez pas que vous en soyez à l'abri. Vous êtes bien jeune, mais vous avez déjà vu votre père affligé plus d'une fois. » Les épreuves avaient commencé bientôt pour la future orpheline du Temple. Au mois de juin 1789, elle avait perdu son frère, le premier dauphin, qui mourait de consomption, comme la monarchie. Dans la terrible nuit du 5 au 6 octobre, elle s'était réveillée toute tremblante, au moment où sa mère s'échappait à demi vêtue, de ses appartements, tandis que la populace s'y précipitait et perçait de piques sanglantes la couche royale. Le matin, elle était à côté de Marie-Antoinette, quand la reine fut contrainte de se présenter au grand balcon du château de Versailles, pour obéir aux ordres d'une multitude folle de rage. Alors on entendit ce cri : « Point d'enfants ! » Point d'enfants,... comme si les forcenés craignaient de perdre quelque chose de leur fureur à la vue de l'innocence. Quelques instants après, la pauvre petite princesse, dans le même carrosse que son père et sa mère, dans ce carrosse que précédaient les hommes à piques portant les gardes du corps massacrés, faisait le fatal trajet de Versailles aux Tuileries, vestibule de la prison et de l'échafaud. Elle accompagnait ses parents, lors de la fuite à Varennes. Elle vit tomber l'héroïque Dampierre, qui mourut en criant : « Vive le roi ! » Après la journée du 20 juin 1792, où la populace avait envahi la résidence royale, un garde national dit à la reine, en lui montrant la jeune princesse : « Quel âge a Mademoiselle ? » Marie-Antoinette répondit : « Un âge où l'on ne sent que trop l'horreur de pareilles scènes. » Le 10 août, la pauvre enfant quitta les Tuileries, en tenant la main de sa mère ; et dans la loge du *Logographe*, dans cet espace de huit pieds carrés sur dix d'élévation, pendant seize heures et par une chaleur suffocante, privée d'air, privée de nourriture, elle assista à l'agonie de la royauté. Quand elle fut enfermée au Temple, elle n'avait pas encore quatorze ans. Elle y entra, avec sa famille, le 13 août 1792. Elle devait y rester jusqu'au 18 décembre 1795. Privée tour à tour de son père, de son frère, de sa mère, de sa tante, elle avait fini par rester seule dans sa prison. Soumise, en un lieu de tortures et d'angoisses, aux rigueurs du régime cellulaire, que ne subissaient point alors les plus grands criminels, elle n'échappa que par un miracle de force morale et d'énergie physique au sort de l'infortuné Louis XVII. Cependant, à la fin de 1795, sa captivité s'adoucit. On laissa quelques personnes amies pénétrer dans le donjon du Temple. Mais la jeune princesse restait inconsolable : « J'aurais été plus heureuse, disait-elle de partager le sort de mes parents que d'être condamnée à les pleurer. » Elle regrettait de n'être pas montée sur l'échafaud. On décida qu'elle serait échangée avec les Conventionnels que Dumouriez avait livrés à l'Autriche. Mais l'exil ne lui paraissait pas plus doux que la captivité. « Je préférerais, disait-elle, la plus petite maison en France aux honneurs qui attendent partout une princesse aussi malheureuse que moi. » Au moment où elle franchissait la frontière, quelqu'un lui dit : « Madame, ici finit la France. » Alors ses yeux s'emplirent de larmes. « Je quitte la France avec regret, s'écria-t-elle, car je ne cesserai jamais de la regarder comme ma patrie. »

Elle arriva à Vienne le 9 janvier 1796. Elle venait d'avoir dix-sept ans. Sa beauté, sanctifiée par le malheur, avait un charme attendrissant, qui inspirait une admiration respectueuse. Elle résida pendant près de trois ans et demi dans la capitale de l'Autriche, où elle n'était pas libre. Elle voulait rejoindre son oncle Louis XVIII. Elle voulait, d'après les dernières volontés de son père et de sa mère, épouser son cousin le duc d'Angoulême, et la cour de Vienne prétendait la marier à l'archiduc Charles. On voulait la garder comme une sorte d'otage, pour faire servir son mariage avec un prince autrichien à

des projets de démembrement de la France. Par
sa présence d'esprit, sa fermeté, son patriotisme,
elle déjoua toutes ces combinaisons. Au mois de
mai 1799, on lui permit enfin de rejoindre son
oncle Louis XVIII en Courlande, à Mittau, et,
le mois suivant, elle y épousa le duc d'Angoulême. Un caprice du czar Paul la chassa, elle et
son oncle, de cet asile où elle avait trouvé un
calme relatif, et qu'elle quitta au mois de janvier 1801. Elle traversa la Lithuanie par une
tempête glaciale, au milieu des tourbillons de
neige. Ce fut à partir de ce moment qu'on l'appela l'Antigone française. « Rien ne peut lui arracher une plainte, écrivait alors le comte
d'Avaray. C'est un ange consolateur pour notre
maître et un modèle de courage pour nous. Ah!
que la fille de Louis XVI et de Marie-Antoinette
a bien profité des leçons et des exemples de son
enfance! » Ce fut une odyssée d'exils : après
Mittau, Memel, Kœnigsberg, Varsovie, puis
encore une fois Mittau, puis, en Angleterre,
Godsfield-Hall et Hartwell. En 1814, il y eut
une éclaircie dans cette destinée sombre. Le
25 mars, jour de l'Annonciation, la duchesse
d'Angoulême apprenait, à Hartwell, que son
mari avait fait une entrée triomphale à Bordeaux.
Le 24 avril, elle débarquait avec Louis XVIII à
Calais. Son long exil était fini. Le 3 mai, dans
une calèche traînée par huit chevaux blancs, elle
arrivait à Paris avec le roi; les rues étaient jon-

chées de fleurs, les maisons tapissées de verdure.
Un enthousiasme indescriptible, un attendrissement général se produisaient sur son passage.
Quand elle franchit le seuil des Tuileries, ce
palais fatal qu'elle n'avait pas revu depuis le
10 août 1792, deux cents femmes vêtues de
blanc, parées de lys, s'agenouillèrent devant elle
en lui disant : « Fille de Louis XVI, bénissez-
nous ! » Alors, vaincue par l'émotion, elle perdit
connaissance.

Cette scène si pathétique fit venir des larmes
dans tous les yeux. Avant d'être royaliste, impérialiste ou républicain, l'on est homme. La pitié
n'est d'aucun parti. Napoléon disait : « L'imagination gouverne le monde. » Il est certain que
la présence de la duchesse d'Angoulême auprès
de son oncle était pour ce prince une force morale, un prestige de la plus haute valeur. Le
vainqueur d'Austerlitz avait montré à la France
la majesté de la gloire. Avec la fille de Louis XVI
et de Marie-Antoinette apparaissait celle du malheur. De toutes les personnes appartenant à la
famille royale, cette femme sainte était celle dont
le nom impressionnait le plus la foule, parce qu'à
la différence de Louis XVIII et du comte d'Artois, qui avaient résidé à l'étranger pendant toute
l'agonie de la monarchie, elle avait pris part à
toutes les angoisses du roi et de la reine martyrs, aux Tuileries, à Varennes, dans le donjon
du Temple.

La duchesse d'Angoulême était déjà une figure légendaire. Elle se trouvait à Bordeaux, lors de la chute de la première Restauration, et peut-être, si elle eût été auprès de son oncle, aurait-elle empêché Napoléon de rentrer à Paris. Elle fit à Bordeaux les efforts les plus énergiques pour défendre la cause royale, et les troupes impérialistes elles-mêmes admirèrent sa fermeté et son courage. Elle dut pourtant repartir pour un nouvel exil, qui ne dura que trois mois. Le 27 juillet 1815, elle était de retour aux Tuileries, mais cette fois elle y revenait avec un sentiment de tristesse profonde. La journée du 20 mars lui avait fait perdre bien des illusions. Les palinodies qui s'étaient produites pendant et après les Cent-Jours lui faisaient voir la nature humaine sous un aspect décourageant. Française, elle était humiliée par l'occupation étrangère, royaliste, elle considérait comme un opprobre pour la royauté la présence d'un régicide dans les conseils de Louis XVIII.

Le 13 février 1820, elle était au lit du duc de Berry poignardé. « Courage, mon frère, lui disait-elle ; mais si Dieu vous appelle à lui, dites à mon père qu'il prie pour la France et pour nous. » Le lendemain de la naissance du duc de Bordeaux, qui avait été une grande consolation pour son âme meurtrie, une personne de sa maison lui disait : « Votre Altesse Royale était bien heureuse hier. » — « Oui, bien heureuse hier, répondit-elle avec un ton mélancolique, mais aujourd'hui je réfléchis aux destinées de cet enfant. » En 1823, elle se félicitait des succès de son mari dans la campagne d'Espagne ; mais en songeant à la délivrance de Ferdinand VII, elle faisait un triste retour sur le sort de Louis XVI. Une de ses lettres se terminait par cette exclamation touchante : « Il est donc prouvé qu'on peut sauver un roi malheureux. »

La duchesse d'Angoulême avait prévu la révolution de 1830. Quand Charles X s'était séparé de M. de Villèle, elle avait dit : « Il est donc vrai que vous laissez partir Villèle. Mon père, vous descendez aujourd'hui la première marche du trône. » Elle était en voyage quand le roi signa les ordonnances qui furent la cause de sa chute. Elle ne put le rejoindre qu'après les trois journées de Juillet. En 1830, comme en 1815, la fatalité avait éloigné la seule femme dont l'énergie aurait pu sauver la cause royale.

Alors commença pour l'infortunée princesse une nouvelle et dernière série d'exils qui ne devaient pas même finir avec sa vie, car elle est exilée jusque dans son tombeau. A Lullworth, à Holyrood, à Prague, à Kirchberg, à Goritz, elle fut ce qu'elle était toujours, un modèle de résignation et de dignité. Un courtisan de l'exil, Chateaubriand, a dit : « Les moments les plus précieux de notre carrière sont ceux que Madame la Dauphine nous a permis de passer auprès d'elle. Au fond de cette àme, le ciel a déposé un trésor de magnanimité et de religion que les prodigalités du malheur n'ont pu tarir. Nous avons donc rencontré une fois des destinées assez supérieures pour leur dire, sans crainte de les blesser, ce que nous pensons de l'état futur de la société. On pourrait causer avec la Dauphine du sort des empires, elle qui verrait passer, sans les regretter, aux pieds de sa vertu, tous les royaumes de la terre, dont plusieurs se sont écroulés aux pieds de sa race. »

La duchesse d'Angoulême perdit son mari le 1er juin 1844. Le comte de Chambord la décida à rester auprès de lui. Il s'était attaché à elle plus qu'à sa propre mère. Comme, après l'abdication de Charles X, son époux, avant d'abdiquer lui-même, s'était trouvé un instant roi, on ne l'appelait jamais autrement que la reine. Les hommes de tous les partis lui témoignaient une estime profonde. Quelque temps après la révolution du 24 Février 1848, elle reçut la visite d'un républicain, M. Charles Didier. « Madame, lui dit le voyageur, il est impossible que vous n'ayez pas vu dans la chute de Louis-Philippe le doigt de Dieu. » Elle répondit : « Il est dans tout. » Son interlocuteur fut frappé des sentiments patriotiques qu'elle témoignait. « On pourrait croire, a-t-il écrit, qu'après avoir tant souffert en France, et par les Français, elle a dû prendre en aversion le pays et les habitants ; il n'en est rien. Phénomène étrange ! Plus elle a souffert en France et par la France, plus elle s'est attachée à elle. Elle ne permettrait pas qu'on l'attaquât en sa présence ; elle-même n'en parle qu'avec amour et avec regret. Son dernier désir, elle le répète souvent, est d'être enterrée en France. Jamais, certes, on ne vit un patriotisme plus vivace ; une telle passion du sol natal rappelle ce Foscari qui adorait Venise au milieu des tortures que Venise lui faisait endurer. » La mort de la fille de Louis XVI fut aussi sainte qu'avait été sa vie. Elle rendit le dernier soupir à Frohsdorff, le 18 octobre 1851, âgée de soixante-douze ans et dix mois. Elle fut inhumée à Goritz, dans la chapelle des Franciscains, à côté de Charles X et du duc d'Angoulême. Sur la pierre sépulcrale on mit cette inscription : « *O vos omnes qui transitis per viam, attendite, et videte si est dolor sicut dolor meus !* — O vous qui passez par le chemin, faites attention, et voyez s'il est une douleur égale à ma douleur ! »

Nous venons de résumer la carrière de la duchesse d'Angoulême. Examinons brièvement celle de la duchesse de Berry.

III

Marie-Caroline-Ferdinande-Louise vient au monde à Naples, le 5 septembre 1798. Son grand-père est le roi des Deux-Siciles, Ferdinand IV, et sa grand'mère Marie-Caroline, sœur de la reine de France Marie-Antoinette. Son père, frère de la princesse Marie-Amélie, qui sera un jour reine des Français, est François-Xavier-Joseph, alors prince royal de Naples, qui, en 1825, deviendra roi des Deux-Siciles, sous le nom de François Ier. Sa mère est l'archiduchesse d'Autriche, Marie-Clémentine, fille de l'empereur Léopold II, tante de l'archiduchesse Marie-Louise qui sera la femme de l'empereur Napoléon. L'enfance de la future duchesse de Berry est marquée par des révolutions et des catastrophes. A deux ans, la petite princesse a déjà traversé deux fois la mer, fuyant avec sa famille et revenant avec elle à Naples. En 1806, elle repart pour Palerme. Son grand-père ne règne plus qu'en Sicile. Après les événements de 1815, il est remis en possession de son double sceptre. La destinée de la princesse brille alors du plus vif éclat. Elle épouse en 1816 le duc de Berry, second fils de Monsieur, qui régnera sous le nom de Charles X, et neveu de Louis XVI et de Louis XVIII. Les Bourbons de France et les Bourbons de Naples tressaillent de joie.

Le 30 mai, la jeune et séduisante princesse fait une entrée triomphale dans le port de Marseille, montée sur une chaloupe dorée, conduite par vingt-quatre rameurs vêtus de satin blanc, à l'écharpe bleue et or, assise sous un dais de velours cramoisi surmonté d'une immense couronne. C'est la même femme qui, seize ans plus tard, sera traquée comme une bête fauve, et fuira, déguisée en servante. La barque s'avance au milieu d'une forêt de vaisseaux couverts de banderolles de verdure. Toutes les fenêtres sont parées de femmes, de drapeaux et de guirlandes. Le canon gronde, les cloches sonnent, la ville entière pousse une immense acclamation. Marseille rivalise d'enthousiasme et de soleil avec l'Italie. Le 15 juin, la duchesse, dont le voyage à travers la France n'a été qu'une série d'ovations, arrive dans la pittoresque et poétique forêt de Fontainebleau. Elle y trouve la famille royale au carrefour de la Croix de Saint-Hérem. C'est une journée d'enchantements et de prestiges. Le lendemain, jour de la Fête-Dieu, la princesse, impatiemment attendue, fait son entrée solennelle à Paris. Elle traverse des rues jonchées de fleurs, ou apparaissent des reposoirs, des arcs de triomphe, des trophées religieux et monarchiques. Le préfet de la Seine lui adresse ces paroles auquel l'avenir donnera un ironique démenti : « Princesse auguste, issue du même sang que nos princes, comme eux éprouvée par le malheur, triomphante comme eux des vicissitudes qui ont désolé le monde, nouveau gage de la légitimité et du retour aux principes, contemplez l'ivresse de tout ce peuple dont les vœux et les espérances appellent une suite de princes doublement issus par vous d'une race adorée. Ajoutez au bonheur d'une auguste famille que nous voudrions voir heureuse, fût-ce même aux dépens de nos jours. Ces murs sont aussi le berceau de vos nobles aïeux. Puissent-ils ne vous offrir que des plaisirs et du bonheur, comme ils ne cesseront de présenter l'image du dévouement et de l'amour pour ses souverains ! »

Le 17 juin, le mariage est célébré à Notre-Dame. Jamais peut-être l'antique métropole n'a été si resplendissante. Paris est enchanté de la princesse. La princesse est enchantée de Paris. Elle s'installe avec son mari à l'Élysée, séjour plus agréable, plus commode et plus gai que les Tuileries. Elle y mène une heureuse existence, et jette sur l'avenir les regards les plus confiants. Ne s'occupant point de politique, elle danse, elle s'amuse, se promène, visite les ateliers, court les théâtres, se soucie peu de l'étiquette, et ressemble plus à une simple particulière qu'à une princesse. Mais bientôt des pressentiments sombres viennent troubler sa gaieté juvénile, et presque enfantine. Le 13 juillet 1817, elle a mis au monde une fille, morte le lendemain ; le 13 septembre 1818, un fils né avant terme, qui est mort deux heures après. Cette date du 13 va reparaître dans sa destinée.

Le 13 février 1820, Paris est en fête. On est en plein carnaval. C'est le Dimanche gras. Depuis quelques jours, les spectacles et les bals se sont succédé avec une animation extraordinaire. Le duc et la duchesse de Berry se rendent à l'Opéra. Ils y reçoivent le meilleur accueil. La représentation est très brillante. Cependant la duchesse, un peu fatiguée d'avoir été au bal la veille, part avant la fin. Le duc l'accompagne jusqu'à sa voiture; mais, après lui avoir dit au revoir, voici qu'au moment où il va rentrer dans la salle, il est frappé d'un coup de poignard. La duchesse entend le cri de douleur qui vient d'échapper à son mari. Son carrosse était encore devant la porte. Elle en descend avec précipitation, au moment où le duc, retirant le fer de sa blessure, le remet à M. de Mesnard. « Je suis mort, s'écrie-t-il. Un prêtre!... Venez, ma femme, que je meure dans vos bras! » La princesse est couverte du sang de son époux. On la conduit d'abord dans le petit salon de sa loge. Le crime a été si rapide que la nouvelle n'en est pas encore parvenue dans l'enceinte du théâtre. On joue le second acte du ballet. A travers un carreau qui donne du salon sur la loge, on peut voir les danses qui continuent. La musique joyeuse retentit encore pendant que la victime agonise. Le roi n'arrive qu'à cinq heures du matin : « Grâce, lui dit le duc, grâce pour l'homme qui m'a frappé! Vierge sainte, faites-moi miséricorde... O ma patrie!... Malheureuse France! » Une heure après, il rend le dernier soupir. Il était né le 24 janvier 1778.

Enceinte d'un enfant, qui sera le duc de Bordeaux, la jeune veuve de vingt et un ans, couverte de ses longs voiles de deuil, excite une sympathie et une pitié universelles. Persuadée qu'elle a pour mission de donner à la France un roi, et religieuse à la manière des Italiennes, elle se croit spécialement protégée par saint Louis. Elle a vu en rêve cet ancêtre, dont la race des Bourbons est si fière, et il lui a promis un fils.

L'enfant de l'Europe, l'enfant du miracle, comme on appelle le nouveau-né, vient au monde, dans le château des Tuileries, le 29 septembre 1820. Un délire de joie s'empare de la France royaliste. Tous les poètes, Victor Hugo et Lamartine en tête, composent des odes enthousiastes, qui sont des cantiques d'actions de grâces. La duchesse de Berry est partout traitée comme une héroïne, comme un être providentiel, qui tient le milieu entre la femme et l'ange. La rhétorique chevaleresque et sentimentale de l'époque pousse à outrance ses hyperboles de louanges. Pendant les dix dernières années de la Restauration, la popularité de la princesse est immense. On déclare que jamais on n'a vu de femme plus aimable. Sa fille et son fils, deux enfants si intéressants et si beaux, sont pour elle une double parure. La famille d'Orléans lui témoigne une respectueuse tendresse. Elle est le mouvement, la vie, l'animation de la cour. Grâce à elle, le pavillon de Marsan, aux Tuileries, de-

vient un séjour enchanteur. Le petit château,
comme on appelle son petit etat-major mondain,
est un centre agréable et brillant entre tous. Elle
donne la mode. Elle protège les arts et le commerce. Elle sauve le théâtre du Gymnase, en lui
permettant de se nommer le théâtre de Madame.
Elle monte dans le premier omnibus. Elle fait
de la plage de Dieppe une plage en vogue. C'est
une fée bienfaisante dont la baguette d'or et de
diamants porte bonheur à tout ce qu'elle touche.
Elle sourit aux gloires de l'Empire, comme à
celles de la royauté, cette princesse qui aurait
été faite pour présider à des tournois et inspirer
les chroniqueurs de la Renaissance, mais qui,
cependant, est moderne par l'éclectisme de ses
idées, par son mépris de l'étiquette, par sa familiarité bienveillante, par sa gaieté bourgeoise,
par ses habitudes et ses goûts de simple particulière. Si une femme pouvait désarmer les haines
et les rancunes des ennemis les plus implacables
de la Monarchie ce serait elle.

En 1828, la séduisante duchesse fait un voyage
triomphal en Vendée. Les défenseurs du trône et
de l'autel l'acclament. Vieux débris des armées
catholiques et royales, étendards troués par les
balles, usés par les batailles, cimetières arborant
le drapeau blanc sur les tombes de ceux qui
sont morts pour le roi, dans la guerre de géants,
comme Napoléon appelait cette lutte formidable,
dont le passage de la Loire fut la Bérésina, clo-

ches qui retentissent dans chaque paroisse, cris de joie frénétiques, ovations qui se renouvellent à chaque pas, tout exalte l'imagination de la princesse, qui parcourt le pays en amazone. Les paysans, en la voyant gouverner avec intrépidité son cheval au milieu des décharges de mousqueterie dont ils saluent son passage, s'écrient : « Ah ! la brave petite femme ; elle n'a pas peur, celle-là ! » Elle considère chaque paysan comme un paladin, qui, s'il le fallait, verserait pour elle jusqu'à la dernière goutte de son sang, et promet aux Vendéens que, si jamais la fortune lui devenait contraire, elle reviendrait, pour leur demander un asile, et leur confier la cause royale. Son voyage de 1828 sera le germe de son expédition de 1832.

La duchesse de Berry est la vaillance même. Quand elle voit Charles X, qu'alourdit la vieillesse, céder si facilement à la révolution, elle s'irrite, elle s'indigne. Le 29 juillet 1830, de l'étage supérieur du château de Saint-Cloud, elle dirige une lunette d'approche vers Paris, dont les monuments se détachent dans le lointain sur un ciel pur. Tout à coup, elle ne voit plus flotter le drapeau blanc sur le faîte des Tuileries. Un autre étendard le remplace. « Ah ! mon Dieu, s'écrie-t-elle, j'aperçois le drapeau tricolore ! » A Saint-Cloud, comme à Rambouillet, elle supplie Charles X de la laisser partir pour Paris avec son fils. Le vieux roi refuse obstinément. « Eh !

bien, dit-elle, je n'emmènerai pas Henri, j'irai seule. » Toutes ses instances sont vaines. On la retient de force. La cause de la branche aînée des Bourbons est à jamais perdue !

Arrivée en Écosse, la duchesse ne peut souffrir l'exil sous ce ciel brumeux et plaintif. Le château d'Holyrood, mélancolique séjour des Stuarts, lui inspire une répulsion profonde. D'ailleurs, elle ne veut pas que les Bourbons de la branche aînée finissent comme ont fini les descendants de Charles Ier et de Jacques II. Les conseils prudents lui semblent être des marques de défaillance et de pusillanimité. Elle quitte la société de Charles X, parce qu'elle ne la trouve pas en harmonie avec son âme ardente, et va préparer, sous le ciel brillant de l'Italie, je ne sais quelle imitation romanesque du retour de l'île d'Elbe. En vain les légitimistes les plus sensés cherchent à la dissuader de son entreprise. Elle n'écoute que les amateurs d'aventures, les têtes chaudes, les officiers démissionnaires de la garde royale, qui rongent leur frein, les gentilshommes de cape et d'épée. On lui dit que la monarchie de Juillet agonise, au berceau, et que la mère d'Henri V n'aura qu'à toucher le sol de la France pour pouvoir dire, comme César : *Veni, vidi, vici*. Elle le croit. Les mirages de l'émigration l'ont trompée. Elle s'imagine naïvement qu'elle va être la plus grande héroïne des temps modernes, qu'elle dépassera la gloire des Jeanne d'Arc et des Jeanne

Hachette, qu'elle saura reconquérir pour son fils la plus belle couronne de l'univers, et justifier ainsi toutes les adulations dont elle avait été l'objet au temps de sa prospérité. Joyeuse, pleine de confiance, elle part pour son aventureuse expédition, comme pour une partie de chasse, et attend avec impatience, le danger qui plaît à sa nature nerveuse et avide d'émotions.

Le 26 avril 1832, à trois heures du matin, la voilà qui s'embarque à Livourne, sur le *Carlo-Alberto*, navire frété par elle. Dans la nuit du 28 au 29, elle aborde au Phare du Planier, en Provence. Mais que de choses changées depuis le jour où, seize années auparavant, elle entrait dans la rade de Marseille, avec un appareil si majestueux ! Il n'y a pas jusqu'à ce contraste qui ne soit un stimulant pour elle. Rien ne la découragera. Le mouvement préparé par les voyageurs marseillais avorte. On la supplie de quitter la France ; elle refuse, et, la nuit, à pied, marchant silencieusement au milieu de ténèbres sans lune et sans étoiles, heurtant à chaque minute des fragments de rochers, elle part pour la Vendée, où elle veut combattre. Tous ses projets échouent. Au lieu d'une prise d'armes générale, il n'y a que des mouvements partiels, facilement réprimés par les troupes du roi Louis-Philippe. Fugitive, traquée par la police, obligée de se déguiser en paysanne et de salir ses mains avec de la poussière, afin que leur blancheur ne la fasse pas reconnaître, elle entre à Nantes, le 9 juin 1832, un jour de marché, accompagnée d'une seule personne, déguisée comme elle, Mlle Eulalie de Kersabiec, et va se réfugier dans la maison des demoiselles Duguigny, rue Haute-du-Château. Elle vivra là cinq mois, au troisième étage, dans une mansarde, avec un pliant servant de lit, ne sortant jamais, craignant à chaque minute d'être découverte.

Le 6 mai 1833, à six heures du soir, au moment où, à travers la lucarne de sa mansarde, la princesse proscrite regarde tranquillement un ciel pur, elle entend des bruits de pas. Ce sont des troupes qui arrivent pour cerner la maison. Il s'y trouve, et c'est pour cela que la duchesse l'a choisie comme refuge, une mystérieuse cachette, vieux reste de la Terreur de 1793, qui, au temps des noyades de Nantes, a offert plus d'une fois un asile aux fugitifs et aux proscrits. Elle est pratiquée dans une des mansardes du troisième étage. Le mur d'une cheminée construite dans un des angles de la mansarde la ferme par devant, et, dans le fond, est le mur extérieur de la maison, sur lequel reposent les chevrons qui forment le dessus de la cachette. La plaque de la cheminée, qui s'ouvre à volonté, y donne entrée. Ce réduit a environ a dix-huit pouces de large à l'une des extrémités, et huit à dix pouces à l'autre, sur une longueur de trois pieds à trois pieds et demi. La hauteur va en diminuant vers l'extrémité la plus étroite, de manière à permettre difficilement à un homme de se tenir debout dans cette partie de la cachette, même en passant la tête entre les chevrons. C'est là que la duchesse va se blottir avec trois autres personnes, le comte de Mesnard, M. Guibourg et Mlle Stylite de Kersabiec. Au moment même où elle vient de pénétrer dans ce réduit, la mansarde est envahie par les soldats et les commissaires de police. Les perquisitions commencent dans toute la maison. Sapeurs et maçons se mettent à sonder les planchers et les murs à grands coups de hache et de marteau. Ils frappent si fort que des morceaux de plâtre se détachent, et tombent, dans la cachette, sur la duchesse, qui entend les imprécations des gens fatigués et furieux de l'inutilité de leurs recherches. « Nous allons être mis en pièces, dit-elle tout bas aux compagnons de son étroite captivité, c'est fini. Ah ! mes pauvres enfants ! C'est cependant pour moi que vous vous trouvez dans cette affreuse position. » Les perquisitions se ralentissent. On croit la duchesse évadée. Elle-même espère son salut. Mais voici un incident inattendu qui va tout perdre. Il fait froid. Les gendarmes restés dans la mansarde allument un grand feu dans la cheminée qui touche à la cachette. Bientôt le mur devient brûlant à ne pas y tenir la main. La plaque est rougie par les flammes. Les prisonniers sont menacés d'être asphyxiés ou brûlés vifs.

Déjà le feu a pris deux fois à la robe de la
duchesse. Elle l'a étouffé avec ses mains, sans se
plaindre des brûlures dont elle conservera longtemps les traces. Le feu prend encore une fois à
sa robe. Elle l'éteint. Mais la plaque a craqué.
« Qui est là ? » dit un gendarme. — Mlle Stylite
de Kersabiec répond : « — Nous nous rendons,
nous allons ouvrir la plaque, ôtez le feu. » Il est
neuf heures et demie du matin. Voilà seize heures
que les prisonniers privés de nourriture, presque
d'air, souffrent d'indicibles angoisses. Encore
quelques secondes, ils mourraient. Les gendarmes
s'élancent sur les bûches qu'ils dispersent à coups
de pied, et la duchesse sort la première, obligée
de toucher le foyer encore brûlant.

La voilà cette princesse si élégante, si adulée,
si admirée, cette enchanteresse qui a passé sous
tant d'arcs de triomphe, qui tant de fois a été
ensevelie sous l'avalanche des fleurs, cette
gracieuse magicienne, cette bonne fée qui, sous
les lambris dorés de l'Élysée et des Tuileries, de
Compiègne et de Fontainebleau, présidait à des
fêtes si brillantes et si magnifiques ; la voilà
l'héritière de Saint-Louis, de Henri IV, de
Louis XIV ; la voilà, la régente de France, qui
descend de sa cachette, au milieu des cendres
non éteintes, avec sa robe déchirée, ses mains et
ses pieds couverts de brûlures ; la voilà prisonnière, livrée, vendue pour un peu d'or, par le
plus infâme de tous les traîtres, par un homme

qu'elle avait comblé de ses bienfaits, par Deutz, nouveau Judas, auquel Victor Hugo adressera l'apostrophe vengeresse :

> Rien ne te disait donc dans l'âme, ô misérable !
> Que la proscription est toujours vénérable,
> Qu'on ne bat pas le sein qui nous donna le lait,
> Q 'une fille des rois dont on fut le valet
> Ne se met point n vente au fond d'un autre infâm ;
> Et que n'étant plus reine elle était encore femme !

C'en est fait ; le marché conclu par M. Thiers avec ce traître est consommé. La duchesse, dans ce moment fatal, ne perd rien de son sang-froid et de sa dignité. Seize heures de supplice n'ont pu lasser son courage. Elle fait demander le général Dermoncourt. Il entre : « Général, lui dit-elle avec calme, j'ai rempli les devoirs d'une mère pour reconquérir l'héritage de son fils. » Il lui offre le bras pour la conduire au château de Nantes, où elle va être incarcérée. « Ah ! général s'écrie-t-elle, en regardant une dernière fois avant de quitter la maison, la plaque de la cheminée funeste, si vous ne m'aviez fait une guerre à la Saint-Laurent, ce qui par parenthèse, est au-dessous de la générosité militaire, vous ne me tiendriez pas sous votre bras à l'heure qu'il est. »

Du château de Nantes, la prisonnière est amenée dans la citadelle de Blaye, où sa captivité si émouvante aura pour narrateur un de ses médecins, le spirituel docteur Ménière. Rien ne ait mieux connaître la duchesse que le journal

de ce médecin, observateur sagace, mais au fond
bienveillant, et même quelquefois attendri par son
illustre et toujours aimable cliente. Elle a parmi
ses geôliers, si toutefois l'on peut donner un
pareil nom à des héros, un général et un jeune
officier, qui tous deux deviendront maréchaux de
France, qui seront l'un le vainqueur d'Isly,
l'autre le vainqueur de l'Alma, et qui raconteront
dans leur correspondance la captivité de la
duchesse et son état psychologique, avec ses alter-
natives de colère et de gaieté, de gémissements et
de sourires. Alors sa situation se complique d'un
incident que personne ne prévoyait, et dont ses
ennemis profiteront. Le gouvernement apprend
qu'elle est enceinte, et veut que l'enfant qu'elle
porte dans son sein naisse dans la citadelle de
Blaye. A Paris, les ministres de Louis-Philippe
ont décidé que l'accouchement devrait être
constaté par leurs fonctionnaires. Ils s'imaginent
que c'est là un triomphe pour la monarchie de
Juillet.

La duchesse de Berry se désespère. Mais
comment nierait-elle l'évidence ? Elle est obligée
de se soumettre. Alors elle déclare avoir con-
tracté un mariage secret avec un diplomate
napolitain, le comte Lucchesi-Palli, et le 10 mai
1833, elle accouche d'une fille, dans la citadelle
de Blaye. Le 8 juin, elle sort enfin de sa prison,
et s'embarque pour la Sicile. Elle est libre, après
tant de souffrances. Mais Charles X lui en veut.

La réconciliation entre elle et le vieux monarque est difficile. C'est Chateaubriand qui se charge de cette négociation délicate : « Oui, a-t-il écrit, je partirai pour la dernière et la plus glorieuse de mes ambassades ; j'irai, de la part de la prisonnière de Blaye, trouver la prisonnière du Temple ; j'irai négocier un nouveau pacte de famille, porter les embrassements d'une mère captive à des enfants exilés, et présenter les lettres par lesquelles le courage et le malheur m'accréditent auprès de l'innocence et de la vertu. »

Pauvre mère ! On lui avait su bien peu de gré, même dans sa propre famille, de tout ce qu'elle avait souffert pour défendre la cause de son fils ! Les princesses sont vraiment malheureuses dans la France du dix-neuvième siècle. Si elles ne résistent pas aux révolutions, on les accuse de défaillance ; si elles luttent, on leur reproche leur résistance comme une folie. Charles X, qui avait été si timide en 1830, regardait l'énergie d'une femme comme une critique indirecte de sa propre conduite, et l'austère duchesse d'Angoulême, qui comprenait l'expédition de Vendée, admirait le courage de l'héroïne, mais ne comprenait pas la faiblesse féminine cruellement exploitée par les ministres de Louis-Philippe. Cependant la petite cour du monarque exilé s'adoucit. La réconciliation eut lieu, mais plus officielle que réelle. Le rôle politique de la duchesse de Berry était terminé. Elle ne vit plus son fils qu'à de rares intervalles, quelques jours par an, tandis que le prince ne quittait pour ainsi dire jamais la duchesse d'Angoulême, qui était pour lui une seconde mère, plus influente, plus écoutée que la véritable. La duchesse de Berry passa dans une tranquillité relative les dernières années d'une vie dont les débuts et le milieu avaient été si agités. Elle faisait très bon ménage avec le comte Lucchesi-Palli, dont elle eut quatre enfants, et qui avait pour elle tous les respects d'un prince-époux. Soit en Styrie, où elle possédait le château de Brunsée, près de Gratz ; soit à Venise, où elle acheta en 1843, le beau palais Vendramini, qui est situé sur le Grand-Canal, elle recevait avec une extrême affabilité, et ses fêtes rappelaient par leur élégance l'époque où elle habitait l'Elysée et le pavillon de Marsan. En 1847, à Venise, elle donna une comédie de société ; il y avait parmi les acteurs ou les spectateurs vingt-sept personnes appartenant à des familles impériales ou royales. Généreuse au delà de ses ressources, elle dépensait beaucoup, mais son fils payait les dettes qu'elle avait faites par excès de charité. A sa place, une femme au caractère morose aurait vécu dans un deuil éternel ; une femme vindicative aurait pris la nature humaine en horreur. La duchesse de Berry, au contraire, après tant de catastrophes, tant de douleurs, tant de déceptions, ne perdit aucune des qualités gracieuses et séduisantes qui avaient fait son succès en France. Elle continua à aimer les arts, la littérature, la société, le monde. Elle eut jusqu'à la fin de sa vie cette bienveillance, cette indulgence, cette aménité qui caractérisent les véritables grandes dames. Princesse des pieds à la tête, elle joua toujours son rôle avec une distinction exquise, en exil, comme sur les marches du trône. Elle eû t trouvé que les doléances n'étaient pas de bonne compagnie. Une plainte contre sa destinée lui paraissait indigne d'une race aussi élevée que la sienne.

Elle eut pourtant, dans les dernières années de sa vie, à subir des épreuves non moins douloureuses que celles de sa jeunesse. Le 26 mars 1854, le duc de Parme, marié à la fille qu'elle avait eue du duc de Berry, la princesse Louise, fut mortellement frappé par le stylet d'un assassin. Le crime de Louvel se renouvelait à trente-quatre ans de distance. Le mari et le gendre de la duchesse de Berry eurent la même agonie, majestueuse et pieuse. Le duc de Parme, après avoir béni ses quatre enfants : le prince Robert, la princesse Marguerite, la princesse Alix, le comte de Bardi, exprima les mêmes sentiments que la victime de Louvel. Quelques jours après la mort tragique de son beau-frère, le comte de Chambord écrivait : « Celui qui vient d'être frappé si cruellement n'a eu que des paroles de pardon pour son meurtrier, et n'a cessé d'être, jusqu'au dernier soupir, admirable de foi, de piété, de courage et de résignation chrétienne. C'est là notre unique consolation dans cette catastrophe aussi affreuse qu'imprévue. » En 1864, deux nouveaux malheurs vinrent déchirer le cœur de la duchesse de Berry. Le 1er février, elle perdit sa bonne et charmante fille, la princesse Louise de France, duchesse de Parme, morte à quarante-quatre ans, et deux mois après, jour pour jour, le 1er avril, son mari, le comte Hector Lucchesi-Palli, duc Della Grazia. Ce double deuil la mit au désespoir.

« J'ai été si éprouvée, écrivait-elle, que ma pauvre tête s'en est ressentie. La perte de ma bonne et sainte fille m'avait rendue presque folle ; mais les bons soins du duc m'avaient un peu calmée, quand Dieu l'a rappelé à lui. Il est mort comme un saint dans mes bras, entouré de ses enfants, me souriant, et me montrant le ciel. Oui, mon cher ami, vous avez raison de dire que notre seule consolation est de lever les yeux au ciel, où ceux que nous aimons nous attendent. Mais nous, sur la terre, que de douleurs ! » A mesure que la femme qui avait eu tant de deuils et subi tant d'épreuves avait avancé dans la vie, ses sentiments religieux s'étaient accentués. Le malheur, ce grand maître, lui avait donné tant de leçons ! Elle pouvait faire tant de réflexions sur les vicissitudes humaines, cette petite nièce de la reine Marie-Antoinette, cette veuve d'un prince assassiné, cette mère d'un prince dépossédé, cette belle-mère d'un gendre poignardé, cette bru de Charles X, cette cousine germaine de l'impératrice Marie-Louise, cette nièce de la reine Marie-Amélie ! Elle mourut subitement à Brunsée le 16 avril 1870, d'une attaque d'apoplexie, la même mort que sa grand'mère, la reine de Naples, Marie-Caroline. Elle était âgée de soixante et onze ans. Si elle eût été encore vivante en 1873, elle aurait sans doute donné à son fils d'autres conseils que ceux qu'il suivit.

Mais la Providence avait décidé que la mission des Bourbons de la branche aînée était finie en France. La duchesse d'Angoulême et la duchesse de Berry !... En résumé, quels types intéressants ! Quelles personnifications d'une des époques les plus instructives et les plus émouvantes de l'histoire ! Que de souvenirs, que de drames, que de légendes se rattachent au nom de ces deux femmes ! La duchesse d'Angoulême, c'est le Temple, c'est la Terreur, c'est l'exil, c'est la Restauration, d'abord avec ses enivrements, ensuite avec ses amertumes, ses déceptions, ses cataclysmes. La duchesse de Berry, c'est l'espérance bientôt déçue, l'illusion rapidement envolée ; c'est la magie d'une société qui eut ses défaillances, ses erreurs, ses infatuations, mais qui fut aimable et gracieuse ; c'est le prestige d'une époque où de grandes fautes furent commises, mais qui sut allier les élégances de l'ancien régime aux garanties des libertés modernes, faire briller en même temps la cour et

la tribune, produire une merveilleuse moisson
de grandes œuvres, et se recommander à la
postérité par une incomparable pléiade d'hommes
de talent, d'hommes de génie. La duchesse
d'Angoulême, c'est la pureté de la tradition, c'est
la majesté du passé, c'est la légende de la sainteté
et du malheur. La duchesse de Berry, type moins
vénérable, mais plus féminin, c'est l'image d'une
société troublée, c'est la transition entre le
passé et l'avenir, la femme des contrastes, qui
tantôt apparaît étincelante sous les voûtes de
Notre-Dame, dans une robe de brocart, avec les
diamants de la Couronne, tantôt se déguise en
paysanne, sur le chemin de Nantes, et cherche
inutilement un refuge dans l'étroite cachette de
la maison mystérieuse des demoiselles Duguigny.
C'est tour à tour la fiancée triomphante, l'épouse
adulée, la mère idolâtrée, la fugitive, la vaincue,
la proscrite, qui tombe, après des angoisses de
tout genre, dans les pièges de la trahison et de
l'infamie. Autour de ces deux femmes, actrices
principales de ce grand drame de l'histoire, que
de figures disparates : les bourreaux de la
Terreur, les émigrés, les soldats de la garde
royale, les Vendéens, les innombrables courtisans
des Tuileries, puis les rares courtisans de l'exil,
qui assistent respectueusement aux derniers
jours et aux funérailles de l'ancienne monarchie
française!

Il est une autre femme dont nous nous

occuperons aussi, car elle est également une femme des Tuileries, où elle résida dans son enfance, depuis 1820 jusqu'en 1830. C'est la princesse Louise de France qui naquit le 2 septembre 1819, une année avant son frère le duc de Bordeaux. Les vieillards qui ont vécu à Paris du temps de la Restauration se rappellent la sympathie avec laquelle on regardait la gentille petite princesse, quand on la voyait, donnant la main à son frère, parcourir, aux Tuileries, la terrasse du bord [de l'eau, ou se promener sous les ombrages du beau parc de Saint-Cloud. Sa mère la chérissait. De la citadelle de Blaye, la prisonnière écrivait à l'auteur du *Génie du Christianisme :* « Je vous demande de porter à mes chers enfants l'expression de toute ma tendresse pour eux. Dites bien à Henri que je compte plus que jamais sur tous ses efforts pour devenir de jour en jour plus digne de l'admiration et de l'amour des Français. Dites à Louise combien je serais heureuse de l'embrasser, et que ses lettres ont été pour moi ma seule consolation. » La jeune princesse, depuis la révolution de 1830 jusqu'à son mariage, ne quitta jamais sa tante, la duchesse d'Angoulême. Chateaubriand, qui fit, en 1833, le voyage de Prague, asile des Bourbons exilés, écrivait à cette époque : « J'ai vu le frère et la sœur, semblables à deux jolies gazelles errant parmi les ruines. Mademoiselle rappelle un peu son père : ses cheveux sont blonds; ses yeux bleus ont une expression fine. Toute sa personne est un mélange de l'enfant, de la jeune fille et de la princesse. Elle regarde, baisse les yeux, sourit avec une coquetterie naïve ; on ne sait si on doit lui dire des contes de fée, ou lui parler avec respect, comme à une reine. »

Le 10 novembre 1845, un an avant le mariage de son frère, le comte de Chambord, la princesse Louise épousait le prince héréditaire de Lucques, issu, comme elle, de la maison de Bourbon, et dont le père régnait dans le duché de Lucques, en attendant de régner dans le duché de Parme, dont la souveraineté n'appartenait qu'à titre viager à l'impératrice Marie-Louise. La veuve de Napoléon mourut en 1847, et le duc Charles-Louis, cédant le duché de Lucques à la Toscane, devint duc de Parme. En 1849, il fut chassé de ses nouveaux États par une insurrection, et abdiqua en faveur de son fils, Charles III, mari de la princesse Louise de France. Les analogies entre les destinées de cette princesse et celles de sa mère sont frappantes. Comme la duchesse de Berry, elle pleura son époux, poignardé par un assassin ; comme la duchesse de Berry, elle défendit énergiquement les droits de son fils. Mais, tandis que la duchesse de Berry n'avait été régente que de nom, la duchesse de Parme fut régente en fait de 1854 à 1860, au nom de son fils, le jeune duc de Parme. Elle gouverna le pays avec une rare intelligence. Mais la fatalité poursuivait sa race. Le mouvement unitaire emporta le petit trône de Parme. Le duc Robert eut le même sort que le comte de Chambord, son oncle, et, en 1860, ses États furent, malgré les protestations de sa mère, annexés au nouveau royaume d'Italie.

L'histoire que nous commençons est une oraison funèbre, mais une oraison funèbre avec des passages gais et lumineux, une tragi-comédie, où, de même que dans la vie humaine, le sourire se mêle aux larmes, l'espérance au découragement, la joie à la douleur. Ce n'est pas seulement dans les livres, les mémoires, les manuscrits, les journaux, les actes officiels, les lettres particulières que nous puiserons nos renseignements. Nous demanderons des informations inédites à beaucoup de personnes qui ont eu l'honneur de vivre dans l'intimité des princesses dont nous essaierons de faire des portraits exacts, et non des portraits de fantaisie. Le grand avantage qu'on trouve en traitant des sujets rapprochés de notre époque, c'est qu'on peut consulter les témoins oculaires de la plupart des événements qu'il faut retracer, et que le contrôle de ces personnages oblige à un respect absolu de la vérité. Autrefois, on hésitait à aborder l'histoire contemporaine. Aujourd'hui, on la recherche de préférence à celle des âges lointains. Chaque fois que meurt un homme qui a joué un rôle, nous nous disons : Quel malheur qu'on n'ait pas encore plus profité de ses souvenirs ! L'histoire n'est-elle pas comme une vaste instruction judiciaire qui réclame la comparution du plus grand nombre possible de témoins ?

Le dix-huitième siècle est maintenant connu non seulement dans son ensemble, mais dans ses moindres détails. C'est le dix-neuvième qui appelle les investigations. Si l'on mettait dans de pareilles études l'esprit de parti qui a le triste privilège de gâter tout ce qu'il touche, on ne ferait rien de sérieux ; mais si l'on demeure fidèle à la devise : « Vérité, rien que la vérité, toute la vérité ; » si l'on ne relève que de sa conscience ; si, tout en ayant pitié des souffrances, et en constatant avec les fautes les circonstances atténuantes, on n'a jamais d'autres conclusions que celles de la morale, de la justice et de l'honneur, il est permis d'aborder sans crainte des sujets qui, au premier abord, auraient pu paraître scabreux. Sans doute, ce qui se rapporte à l'existence intime des princesses célèbres a quelque chose de particulièrement délicat. Leurs historiographes ne doivent jamais oublier ce qui est dû à des femmes, et surtout à des femmes malheureuses. Mais ce ne serait pas rendre un réel hommages à leur mémoire, que de continuer, après leurs infortunes, des adulations dont elles furent les victimes au temps de leurs prospérités. Le respect n'exclut pas la franchise, et l'historien ne doit jamais se transformer en courtisan.

PREMIÈRE PARTIE

LA CAPTIVITÉ

I

LA TOUR DU TEMPLE

A l'apogée de la Terreur, les révolutionnaires
les plus ardents, les plus travaillés par la haine
et par les passions régicides, ne passaient pas
sans un certain trouble devant la tour du Temple.
Le grand squelette de pierre, datant du dou-
zième siècle, et rappelant la funeste histoire de
l'ordre des Templiers, avait une apparence plus
fantastique, plus lugubre que jamais. Ce donjon,
qui remplaçait pour les héritiers de Louis XIV
Versailles et les Tuileries, semblait un lieu fatal,
où Louis XVI n'était plus depuis le matin du
21 janvier 1793, mais où se trouvaient encore la
reine Marie-Antoinette, sa belle-sœur Madame
Élisabeth, sa fille Madame Royale (la future
duchesse d'Angoulême), son fils que les royalistes de France et que toute l'Europe appelaient
Louis XVII, mais que les geôliers appelaient

Capet. On savait vaguement que la famille royale endurait dans ce séjour maudit des souffrances indicibles, et si les royalistes, en contemplant les murailles gigantesques, sentaient les larmes leur monter aux yeux, plus d'un républicain essayait en vain de se défendre contre cet attendrissement involontaire. Les personnes qui avaient vu la famille royale resplendir dans les carrosses de gala, les jours de visites triomphales à la bonne ville de Paris, ne pouvaient s'empêcher de faire des réflexions sur les vicissitudes humaines et sur des catastrophes que nul prophète de malheur ne se serait avisé de prédire. On se rappelait le 24 mai 1785, jour où la reine, qui, le 27 mars précédent, avait mis au monde l'enfant destiné à s'appeler Louis XVII, était venue au Temple dans de bien autres conditions. Ce jour-là, l'éblouissante déesse — car, au dire du Père Duchesne lui-même, le peuple la regardait alors comme une divinité — faisait une entrée solennelle à Paris, pour célébrer ses relevailles. Cinquante gardes du corps accompagnaient sa voiture attelée de huit chevaux blancs. Le canon des Invalides tonnait. Elle se rendit à Notre-Dame, puis à Sainte-Geneviève, puis aux Tuileries, où elle dîna. Le soir, elle alla souper au Temple. La fête se termina par un feu d'artifice, que le comte d'Aranda fit tirer, en présence de la reine, sur les combles de son hôtel situé place Louis XV. Le Temple et la place Louis XV, que de réflexions dans ces seuls mots !

Marie-Antoinette avait toujours eu je ne sais quelle répulsion instinctive pour le sombre donjon auquel se rattachaient tant de tragiques souvenirs. Elle le regardait avec une vague inquiétude, comme saisie d'un pressentiment. Rien de plus lugubre que cet édifice, décor tout préparé pour les drames les plus sinistres de l'histoire. Il se composait d'un donjon quadrangulaire, dont la hauteur dépassait cent cinquante pieds non compris le comble, et dont les murs avaient neuf pieds d'épaisseur. Flanqué de quatre tourelles rondes, à ses quatre angles, il était, du côté du nord, accompagné d'un massif de petite dimension, que surmontaient deux autres tourelles beaucoup plus basses. Ce massif, appelé la petite tour, était adossé à la grosse tour, sans communication intérieure. Une profonde mélancolie planait sur l'ensemble de ce monument à l'aspect sépulcral. Aucune inscription, aucun ornement, des murs nus, je ne sais quoi de glacial et de maudit, quelque chose comme un lieu hanté par les fantômes.

L'intérieur était peut-être plus triste encore. La grosse tour formait quatre étages voûtés et soutenus au milieu par un pilier depuis le bas jusqu'au quatrième. Le rez-de-chaussée, où se tenaient les municipaux, ne formait qu'une vaste pièce. Il en était de même du premier étage, qui

servait de corps de garde. Le second étage, où
avait demeuré le roi, et où était la prison de son
fils, avait été divisé par des cloisons en quatre
pièces distinctes. Le troisième étage, où logeaient
Marie-Antoinette, sa fille Madame Royale et sa
belle-sœur, Madame Élisabeth, était la reproduction du second. L'antichambre, placée juste
au-dessus de celle de l'appartement de Louis XVI,
était également précédée de deux portes, l'une
de chêne, l'autre de fer. Le papier y représentait
des pierres de taille superposées. De là, on entrait
dans la chambre de la Reine, où une croisée
grillée et masquée par un soufflet laissait passer
à peine les rares lueurs d'un jour sombre, descendant sur le carrelage à petits carreaux, sur le
papier aux zones vertes et bleues d'un ton pâle.
Une pendule, représentant la Fortune et sa roue,
était placée sur la cheminée. C'est le hasard qui
avait fait mettre là une pendule vraiment sym-
bolique. Marie-Antoinette et sa fille, la jeune
Marie-Thérèse (Madame Royale), habitaient
toutes les deux cette chambre, à côté de laquelle
était la tourelle qui leur servait de cabinet de
toilette. Le lit de la reine se trouvait juste au-
dessus de la place que le lit de Louis XVI avait
occupée à l'étage au-dessous, et la tourelle servant de cabinet de toilette à la reine se trouvait
au-dessus de celle qui avait été l'oratoire de la
royale victime du 21 janvier. Le lit de Marie-
Antoinette, la couchette à deux dossiers de sa

fille, une commode en bois d'acajou, un petit canapé, une glace de 45 pouces sur 36, un paravent en bois de quatre feuilles, telle était la composition du mobilier. A gauche de cette chambre était celle de Madame Élisabeth, avec un lit en fer, une commode, une table en bois de noyer, une cheminée, une glace de 45 pouces sur 32, deux chaises, deux fauteuils couverts en perse, deux flambeaux. Le quatrième étage, qui n'était pas occupé, ne se composait que d'une vaste pièce, où étaient relégués des meubles de rebut et des planches. Entre les créneaux et le toit il y avait une galerie, qui servait quelquefois de promenade aux prisonniers. Les entre-deux des créneaux avaient été garnis de jalousies sans treillis, qui ne laissaient point au promeneur la possibilité de voir ou d'être vu.

Dans deux de nos précédents ouvrages : « Marie-Antoinette et l'Agonie de la Royauté » — « la Dernière année de Marie-Antoinette », nous avons raconté avec de minutieux détails tout ce qui s'était passé au Temple depuis l'arrivée de la famille royale, le 13 août 1792, à sept heures du soir, jusqu'au départ de Marie-Antoinette pour la Conciergerie, le 2 août 1793, à deux heures du matin. C'est le moment où commence notre récit.

Nous allons laisser la parole à l'héroïne de cette étude, à Marie-Thérèse de France, Madame Royale, la future duchesse d'Angoulême. Cette

jeune fille de quatorze ans écrivit, dans sa captivité, un journal qu'elle intitula : « Récit des
événements arrivés au Temple depuis le 13 août
1792 jusqu'à la mort du Dauphin Louis XVII. »
« Elle l'écrivait, a dit Sainte-Beuve, d'un style
simple, correct, précis, sans un mot de trop,
sans une phrase, comme il sied à un cœur profond et à un esprit juste, parlant en toute sincérité des douleurs vraies, de ces douleurs
véritablement ineffables et qui surpassent tout
ce qu'on peut dire. Elle s'y oublie elle-même et
sans affectation le plus qu'elle peut. Tout espri
de parti se désarme et expire, en lisant ce récit,
et il n'y a place qu'à une compassion et à une
admiration profondes. La douceur, la piété, la
pudeur animent ces pages de la jeune fille
froissée. »

Voici comment Marie-Thérèse raconte la nuit
terrible du 2 août 1793 : « Le 2 août, à 2 heures
du matin, on vint nous éveiller pour lire à ma
mère le décret de la Convention qui ordonnait
que, sur la réquisition du procureur de la Commune, elle serait conduite à la Conciergerie pour
qu'on lui fît son procès. Elle entendit la lecture
de ce décret sans s'émouvoir, et sans leur dire
une seule parole. Ma tante et moi, nous demandâmes de suite à suivre ma mère ; mais on ne
nous accorda pas cette grâce. Pendant qu'elle
fit le paquet de ses vêtements, les municipaux ne
la quittèrent point ; elle fut même obligée de

s’habiller devant eux. Ils lui demandèrent ses poches qu’elle donna : ils les fouillèrent et prirent tout ce qu’il y avait dedans, quoique cela ne fût pas du tout important. Ils en firent un paquet, qu’ils dirent qu’ils enverraient au tribunal révolutionnaire, où il serait ouvert devant elle. Ils ne lui laissèrent qu’un mouchoir et un flacon dans la crainte qu’elle ne se trouvât mal. Ma mère, après m’avoir tendrement embrassée, et recommandé de prendre courage, d’avoir bien soin de ma tante, et de lui obéir comme à une seconde mère, me renouvela les mêmes instructions que mon père ; puis, se jetant dans les bras de ma tante, elle lui recommanda ses enfants. Je ne lui répondis rien, tant j’étais effrayée de l’idée de la voir pour la dernière fois : ma tante lui dit quelques mots bien bas. Alors ma mère partit sans jeter les yeux sur nous, de peur sans doute que sa fermeté ne l’abandonnât. Elle s’arrêta encore au bas de la tour, parce que les municipaux y firent un procès-verbal, pour décharger la concierge de sa personne. En sortant, elle se frappa la tête au guichet, ne pensant pas à se baisser : on lui demanda si elle s’était fait du mal. « — Oh ! non, dit-elle, rien à présent ne peut me faire du mal. »

Ce fut ainsi que Marie-Antoinette quitta le fatal donjon, où elle venait de passer une année de larmes et d’angoisses. Lorsque, le 13 août

1792, elle avait appris qu'elle allait y être trans-
férée, elle s'était écriée : « J'avais toujours
demandé au comte d'Artois de faire abattre
cette vilaine tour du Temple ; elle m'a toujours
fait horreur. »

II

MADAME ÉLISABETH

Marie-Thérèse n'avait plus pour compagne de
sa captivité que Madame Élisabeth. « Ma tante
et moi, a-t-elle écrit dans son journal, nous
étions inconsolables, et nous passâmes bien des
jours et des nuits dans les larmes. On avait cependant assuré ma tante, lorsque ma mère était
partie, qu'il ne lui arriverait rien. C'était une
grande consolation pour moi de n'être pas séparée de ma tante, que j'aimais tant ; mais hélas !
tout changea encore, et je l'ai perdue aussi. »
La fille et la sœur de Louis XVI allaient rester
ensemble dans la grosse tour du Temple jusqu'au 9 mai 1794, jour du départ de Madame
Élisabeth pour la Conciergerie, vestibule de la
guillotine. Pendant neuf mois, la jeune femme
allait exhorter sa jeune nièce et lui inspirer des
principes destinés à être la règle de toute son

existence. La jeune princesse était l'élève de sa tante, qui, si l'on peut parler ainsi, fut pour elle plus qu'une mère.

Ce nom seul est comme un symbole de piété ; Madame Élisabeth ! Il y a dans l'histoire bien peu de figures aussi sympathiques, aussi suaves, bien peu de têtes qui soient entourées d'une si pure et si lumineuse auréole. De pareils types ne sont-ils pas, dans les époques sinistres, comme la compensation du mal et comme l'expiation du crime ? Au moment où sur le Golgotha les bourreaux poussent des cris de rage, on regarde avec attendrissement les saintes femmes qui pleurent sur les souffrances du Christ. Au moment où les Terroristes arrivent au paroxysme de la fureur, on contemple Madame Élisabeth, et la vue de cette pieuse victime réconcilie avec l'humanité. Agneau sans tâche, ange d'innocence, modèle des sœurs, modèle des tantes, elle unissait à la candeur d'une vierge toutes les vertus d'une mère. Sa force affective, comprimée par le célibat, avait pris sa revanche dans une maternité d'adoption aussi profonde, et peut-être plus touchante encore que la maternité de la nature.

Née le 3 mai 1764, Madame Élisabeth avait vingt-neuf ans, quand Marie-Antoinette, quittant le Temple pour la Conciergerie, lui confia sa fille. La reine savait par expérience tout ce qu'il y avait de dévouement, de courage, de sain-

teté dans l'âme de sa belle-sœur. Orpheline de
père et de mère, avant l'âge de trois ans,
Madame Élisabeth avait reporté sur ses frères, particulièrement sur l'aîné, celui qui devait s'appeler Louis XVI, l'affection qu'elle aurait eue pour
ses parents. Dans tout l'éclat de la jeunesse et
de la beauté, elle avait refusé les plus brillants
partis. « Je ne puis épouser, disait-elle alors, que
le fils d'un roi, et le fils d'un roi doit régner sur
les États de son père ; je ne serais plus Française,
je ne veux pas cesser de l'être. Mieux vaut rester
ici, au pied du trône de mon frère, que de monter sur un autre trône. » Elle n'avait pas voulu
suivre ses frères et ses tantes dans l'émigration et
se mettre à l'abri du danger. « Partir eût été, disait-
elle, une barbarie et en même temps une platitude. » Associée volontairement à tous les périls
et à toutes les angoisses de l'agonie de la royauté,
elle avait été, pendant le voyage de Varennes, admirable de fermeté, de présence d'esprit et de sang-
froid. Le 20 août 1792, lorsqu'une foule énorme
envahissait le château des Tuileries, elle s'était
attachée à son frère, en déclarant qu'à aucun
prix elle ne s'en séparerait. Des assassins, armés
de piques, l'avaient prise pour Marie-Antoinette,
et voulaient la percer de leur fer. Des voix criant :
« Arrêtez! C'est Madame Élisabeth. » — « Pourquoi les détromper ? avait dit l'héroïque princesse.
Cette erreur peut sauver la reine. » Au Temple,
elle fut, comme l'a dit la duchesse de Tourzel

« la consolation de son auguste famille, et nom-
mément de la reine, qui, moins pieuse qu'elle en
entrant au Temple, eut le bonheur d'imiter cet
ange de vertu ». Mgr Darboy, dont la fin a été
tragique autant que celle de Madame Élisabeth,
a dit: « De cette captivité commune, il faut dater
l'amitié intime qui s'établit entre la reine et
Madame Élisabeth; la piété de l'une et la virile résignation de l'autre furent un lien précieux et un
mutuel encouragement. Madame Elisabeth devint
une seconde mère pour son neveu et sa nièce,
qu'elle environna des soins les plus délicats et
les plus dévoués. Aussi l'infortuné Louis XVI
leur recommanda souvent de la regarder comme
telle, et, lorsque, la veille de sa mort, il se sépara d'eux pour ne plus les revoir, il les mit encore avec la reine sous la tutelle de sa sœur, ange
gardien de la lugubre prison. »

Madame Élisabeth récitait, chaque matin, au
Temple, cette prière qu'elle y avait composée :
« Que m'arrivera-t-il, aujourd'hui, ô mon Dieu ?
Je n'en sais rien, tout ce que je sais, c'est qu'il
ne m'arrivera rien que vous n'ayez prévu, réglé,
voulu et ordonné de toute éternité. Cela me suffit. J'adore vos desseins éternels et impénétra-
bles ; je m'y soumets de tout mon cœur pour l'a-
mour de vous. Je veux tout, j'accepte tout, je
vous fais un sacrifice de tout, et j'unis ce sacrifice à celui de mon divin Sauveur. Je vous demande en son nom et par ses mérites infinis la

patience dans mes peines et la parfaite soumission qui vous est due pour tout ce que vous voulez ou permettez. » Cette prière, Dieu devait l'exaucer. Madame Élisabeth allait porter la résignation, la patience, le pardon des injures jusqu'à une perfection vraiment sublime. Revenons maintenant au journal de sa nièce, qui, à son école, devint, elle aussi, une sainte.

« Le lendemain du départ de ma mère, écrit Marie-Thérèse, ma tante demanda instamment, en son nom et au mien, d'être réunie à elle ; mais elle ne put l'obtenir, et pas même de savoir de ses nouvelles. Comme ma mère, qui n'avait jamais bu que de l'eau, ne pouvait pas supporter celle de la Seine, parce qu'elle lui faisait du mal, nous priâmes les municipaux de lui faire porter de l'eau de Ville-d'Avray, qui passait tous les jours au Temple ; ils y consentirent, et prirent un arrêté en conséquence ; mais il arriva un autre de leurs collègues qui s'y opposa. Peu de jours après, ma mère, pour avoir de nos nouvelles, essaya d'envoyer demander quelques choses qui lui étaient utiles, et entre autres un tricot, parce qu'elle avait entrepris de faire une paire de bas pour mon frère ; nous le lui envoyâmes ainsi que tout ce que nous trouvâmes de soie et de laine, car nous savions combien elle aimait à s'occuper ; elle avait toujours eu autrefois l'habitude de travailler sans cesse, excepté aux heures de représentation. Aussi avait-elle fait une énorme quan-

tité de meubles, et même un tapis et une infinité
de gros tricot de laine de toutes les espèces.
Nous rassemblâmes donc tout ce que nous pûmes; mais nous apprîmes depuis qu'on ne lui
avait rien remis, dans la crainte, disait-on,
qu'elle ne se fît mal avec les aiguilles. »

Marie-Thérèse n'était pas moins inquiète du
sort de son frère que de celui de sa mère. L'enfant demeurait au-dessous d'elle, au second
étage de la grosse tour du Temple, et cependant
on refusait de lui en donner des nouvelles. Mais
le persécuteur de l'innocente victime, le savetier
Simon, élevait si haut la voix que ses jurons et
ses blasphèmes montaient jusqu'au troisième
étage. Ce qui mettait le comble à la douleur des
pieuses princesses, c'est qu'on voulait non seulement persécuter l'enfant, mais le corrompre.
« Nous l'entendions tous les jours, ajoute Marie-
Thérèse, chanter avec Simon *la Carmagnole*, l'air
des Marseillais, et mille autres horreurs. Simon
lui mit le bonnet rouge et une carmagnole sur le
corps; il le faisait chanter aux fenêtres pour être
entendu par la garde, et lui apprenait à prononcer des jurements affreux contre Dieu, sa famille
et les aristocrates. Ma mère, heureusement, n'a
pas entendu toutes ces horreurs. Oh! mon Dieu!
quel mal cela lui aurait fait! Avant son départ, on
était venu chercher les habits de mon frère; elle
avait dit qu'elle espérait qu'il ne quitterait pas le
deuil; mais la première chose que fit Simon fut

de lui ôter son habit noir. Le changement de vie et les mauvais traitements rendirent mon frère malade vers la fin d'août. Simon le faisait manger horriblement, et boire de force beaucoup de vin qu'il détestait. Tout cela lui donna bientôt la fièvre; il prit une médecine qui réussit mal, et sa santé se dérangea tout à fait. »

Vers le même temps, la jeune princesse fut souffrante, elle aussi. « Au commencement de Septembre, dit-elle, j'eus une indisposition, qui n'avait d'autre cause que mon inquiétude sur le sort de ma mère. Je n'entendais pas le tambour sans craindre un nouveau 2 Septembre. Nous montions sur la tour tous les jours. Les municipaux faisaient exactement la visite trois fois par jour; mais leur sévérité n'empêchait pas que nous ne sussions des nouvelles du dehors, et particulièrement de ma mère, parce que nous avons toujours trouvé quelques bonnes âmes à qui nous inspirions de l'intérêt. Nous apprîmes qu'on accusait ma mère d'avoir eu des correspondances au dehors. Aussitôt nous jetâmes nos écritures, nos crayons, et tout ce que nous écrivions encore, craignant qu'on ne nous fît déshabiller devant la femme de Simon, et que les choses que nous avions ne compromissent ma mère, car nous avions toujours conservé de l'encre, du papier, des plumes et des crayons, malgré les fouilles les plus exactes dans nos chambres et dans nos meubles. Les municipaux vinrent nous demander du linge pour ma mère, mais sans vouloir nous donner des nouvelles de sa santé. On nous ôta les morceaux de tapisserie qu'elle avait faits et ceux auxquels nous travaillions, sous le prétexte qu'il pouvait y avoir dans ces ouvrages des caractères mystérieux et une manière particulière d'écrire. »

Cependant, la captivité des deux princesses devenait de plus en plus rigoureuse : « Tous les jours, dit Marie-Thérèse, nous étions visitées et fouillées par les municipaux ; le 4 septembre, ils arrivèrent à quatre heures du matin pour faire une visite complète, et ôter l'argenterie et la porcelaine. Ils emportèrent ce qu'il en restait chez nous, et, n'ayant pu trouver le compte, ils eurent l'indignité de nous accuser d'en avoir volé, tandis que c'étaient leurs collègues qui l'avaient cachée. Ils trouvèrent derrière les tiroirs de la commode de ma tante un rouleau de louis ; ils s'en emparè-rent sur-le-champ avec une avidité extraordinaire. »

Bientôt les deux captives furent privées de presque tout. Il n'y avait plus pour elles d'égards ou de ménagements d'aucune sorte. On s'atta-chait à les traiter comme des criminelles Le 21 septembre 1793, à une heure du ma-tin, Hébert, substitut du procureur de la Commune, se présentait à la tour du Temple avec quelques municipaux, pour mettre à exécu-tion un arrêté portant que les deux princesses seraient encore plus tourmentées qu'elles ne l'avaient été jusqu'alors ; qu'elles n'auraient plus qu'une chambre ; que Tison, qui faisait encore le gros ouvrage, serait mis en prison dans la tourelle ; que les captives seraient réduites au strict nécessaire ; qu'excepté le porteur d'eau et de bois, personne n'entrerait dans leur chambre. « Nous faisions nous-mêmes nos lits, écrit Marie-Thérèse dans son journal, et nous fûmes obligées de balayer la chambre, chose qui durait long-temps par le peu d'habitude que nous en avions dans le commencement. Nous n'eûmes plus per-sonne pour nous servir. Hébert dit à ma tante que, dans la République française, l'égalité était la première des lois, et que, dans les prisons, les autres détenus n'ayant personne pour les servir, il allait nous ôter Tison. Pour nous traiter avec plus de dureté, on nous priva de tout ce qui nous était commode, par exemple, du fauteuil dont se servait ma tante ; nous ne pûmes pas même avoir ce qui était nécessaire. Quand nos repas arrivaient, on fermait brusquement la porte pour que nous ne vissions pas ceux qui nous les appor-taient. Nous ne pûmes plus savoir aucune nou-velle, si ce n'est par les colporteurs, mais indis-tinctement, quoique nous écoutassions bien. On nous défendit de monter sur la tour, et on nous ôta nos grands draps, de peur que, malgré les grands barreaux, nous ne descendissions par les fenêtres ; c'était là le prétexte. On nous rendit des draps sales et gros. »

L'arrêté de la Commune en date du 22 septembre 1793 portait que la nourriture des deux prisonnières serait de beaucoup réduite. Au premier repas qui suivit cet arrêté, Madame Élisabeth, loin de se plaindre, dit à sa mère : « C'est le pain du pauvre, nous sommes pauvres aussi. Combien d'infortunés en ont moins encore ! »

Lisons maintenant dans le journal de Marie-Thérèse le récit de l'interrogatoire qu'elle subit quelques jours avant le supplice de sa mère : « Le 8 octobre, à midi, comme nous étions occupées à faire nos chambres et à nous habiller, arrivèrent Pache, Chaumette et David, membres de la Convention, avec plusieurs municipaux. Ma tante n'ouvrit que lorsqu'elle fut habillée. Pache, se tournant vers moi, me pria de descendre. Ma tante voulut me suivre ; on le lui refusa. Elle demanda si je remonterais. Chaumette l'en assura, en disant : « Vous pouvez compter sur la parole d'un bon républicain ; elle remontera. » J'embrassai ma tante, qui était toute tremblante, et je descendis. J'étais très embarrassée. C'était la première fois que je me trouvais seule avec des hommes. J'ignorais ce qu'ils voulaient, mais je recommandai mon âme à Dieu. »

Madame Élisabeth tressaillait. Jamais, depuis son arrivée au Temple, elle n'y avait été tout à fait seule. Privée tour à tour de son frère, de son neveu, de sa belle-sœur, allait-elle perdre aussi

la dernière compagne de sa captivité ? Sa nièce
allait-elle lui être arrachée sans retour ? Jusqu'à
présent, ceux qui étaient descendus n'étaient
point remontés.

« Arrivée chez mon frère, ajoute la jeune princesse, je l'embrassai tendrement ; mais on l'arra-
cha de mes bras, en me disant de passer dans
l'autre chambre. Chaumette me fit asseoir ; il se
plaça en face de moi... Il m'interrogea ensuite
sur une foule de vilaines choses dont on accusait
ma mère et ma tante. Je fus atterrée par une
telle horreur, et si indignée, que, malgré toute la
peur que j'éprouvais, je ne pus m'empêcher de
dire que c'était une infamie. Il y a des choses que
je n'ai pas comprises ; mais ce que je comprenais
était si horrible, que je pleurais d'indignation. Il
m'interrogea sur Varennes, et me fit beaucoup
de questions auxquelles je répondis le mieux que
je pus sans compromettre personne. J'avais toujours entendu dire à mes parents qu'il valait
mieux mourir que compromettre qui que ce
soit. Enfin, mon interrogatoire finit à trois
heures ; il avait commencé à midi. Je demandai
avec chaleur à Chaumette à être réunie à ma
mère, lui disant avec vérité que je l'avais demandé plus de mille fois à ma tante. — Je n'y
puis rien, me dit-il. — Quoi ! monsieur, vous
ne pouvez pas l'obtenir du conseil général ? —
Je n'y ai aucune autorité. — Il me fit ensuite
reconduire chez moi par trois municipaux, en

me recommandant de ne rien dire à ma tante qu'on allait aussi faire descendre... En arrivant, je me jetai dans ses bras ; mais on nous sépara, et on lui dit de descendre. Elle remonta à quatre heures. Son interrogatoire n'avait duré qu'une heure, et le mien trois. C'est que les députés virent qu'ils ne pouvaient pas l'intimider, comme ils avaient espéré faire d'une personne de mon âge ; mais la vie que je menais depuis quatre ans, et l'exemple de mes parents, m'avaient donné plus de force d'âme. »

M. Ferrand a dit (dans l'Éloge historique de Madame Élisabeth, publié en 1794 à Ratisbonne) : « Toutes les infamies dont on allait accuser la reine envers son fils furent articulées et répétées devant l'angélique Élisabeth, comme elles l'avaient été devant sa nièce. On contraignit l'innocence à entendre des horreurs qui outrageaient et faisaient frémir la nature. On ne se flattait pas, sans doute, d'obtenir un aveu contraire à la vérité. Mais avait-on pu même espérer de surprendre quelques mots dont il fut possible d'abuser ? La défense de Madame Élisabeth fut ce qu'avait été celle de Marie-Thérèse : vraie, simple, pure comme elles. Après une séance qui ne remplit pas l'attente des bourreaux de la reine, mais qui excitera à jamais l'exécration de tous les siècles, les deux princesses se trouvèrent ensemble, encore épouvantées des images dont on avait souillé leur chaste imagination. « O mon enfant ! » s'écria

Madame Élisabeth en tendant les mains à sa
nièce. Un silence morne exprima mieux que
toutes les paroles les sentiments qu'elles éprou-
vaient. Pour la première fois, leurs regards évi-
taient de se rencontrer. Enfin, leurs bouches
s'ouvrirent pour laisser échapper les mêmes
paroles, et elles tombèrent à genoux, comme si
c'était à elles d'expier tout ce qu'elles avaient
rougi d'écouter. »

Que devenait Marie-Antoinette ? Les deux
captives, qui avaient d'abord eu quelques renseignements sur l'infortunée reine, allaient bientôt
être plongées dans une incertitude complète.
Quelques personnes sensibles avaient, pendant
plusieurs semaines, trouvé moyen, au risque de
leur vie, de faire parvenir aux prisonnières des
nouvelles de la Conciergerie, par l'intermédiaire
de Turgy, employé au service intérieur de la tour
du Temple. Un des anciens officiers de la chambre
de Louis XVI avait eu le courage de pénétrer
jusque dans l'intérieur de la Conciergerie. Mme Richard, femme du portier de la prison, lui avait
tendu la main, et, le conduisant dans un endroit
écarté : « — Fiez-vous à moi, lui avait-elle dit.
Qui êtes-vous ? Qui vous amène ? Ne me dissi-
mulez rien. » Encouragé par cette invitation
amicale, Hue s'était ouvert à cette femme. Elle
répondit avec complaisance à toutes ses questions.
« — Vous voyez, lui dit-il, le motif qui m'amène.
Faire passer à la reine des nouvelles de ses en-

fants, informer ses enfants et Madame Élisabeth de l'état où la reine se trouve est mon unique objet. Il est digne de vous de me seconder. » Mme Richard le promit, et tint parole. Elle apprit à Marie-Antoinette que François Hue avait pénétré jusque dans sa prison. « — Quoi! jusqu'ici ! » s'écria la reine. Le succès avait justifié la hardiesse du dévoué serviteur, et pendant quelques semaines il eut la consolation de procurer aux captives du Temple des nouvelles de la captive de la Conciergerie. Mais cela cessa bientôt. Turgy, l'intermédiaire de cette mystérieuse correspondance, fut renvoyé du Temple comme suspect. Madame Élisabeth lui adressa ce dernier billet : « Le 11 octobre 1793, à deux heures un quart. — Je suis bien affligée ; ménagez-vous pour le temps que nous serons plus heureux, et où nous pourrons vous récompenser. Emportez la consolation d'avoir bien servi de bons et malheureux maîtres. Recommandez à Fidèle (Toulan) de ne pas trop se hasarder pour nos signaux (par le cor). Si le hasard vous fait voir Mme Mallemain, dites-lui de nos nouvelles, et que je pense à elle. Adieu, honnête homme et fidèle sujet. »

Le surlendemain 13 octobre, Hue était arrêté. Madame Élisabeth et sa nièce ne savaient plus rien. Tout le monde recula devant l'idée de jeter au milieu des angoisses du Temple l'immense douleur contenue dans cette parole : « La reine est montée sur l'échafaud. » Marie-Thérèse a

écrit dans son journal : « Nous ignorions, ma
tante et moi, la mort de ma mère ; quoique nous
eussions entendu crier sa condamnation par un
colporteur, l'espérance, si naturelle aux malheureux, nous fit penser qu'on l'avait sauvée.
Nous nous refusions à croire à un abandon
général. Au reste, je ne sais pas encore comment
les choses se sont passées au dehors, ni si moi-
même je sortirai jamais de cette prison, quoiqu'on
m'en donne l'espérance. Il y avait des instants
où, malgré notre espoir dans les puissances, nous
avions de vives inquiétudes pour ma mère, en
voyant la rage de ce malheureux peuple contre
nous tous. Je suis restée dans ce cruel doute
pendant un an et demi ; alors seulement j'ai
appris mon malheur et la mort de ma respectable mère. »

Voyons maintenant ce qui se passa au Temple
après le supplice de la reine, et laissons encore la
parole à la jeune captive, dont le récit est plus
attendrissant que tous les commentaires : « Nous
apprîmes par les colporteurs la mort du duc
d'Orléans ; ce fut la seule nouvelle qui nous
parvint pendant l'hiver. Cependant les fouilles
recommencèrent, et l'on nous traita avec beaucoup de dureté. Ma tante, qui, depuis la Révolution, avait un cautère au bras, eut beaucoup
de peine d'obtenir ce qui était nécessaire pour
le soigner, on le lui refusa longtemps ; enfin, un
jour, un municipal remontra l'inhumanité de ce

procédé, et envoya chercher de l'onguent. On me priva aussi des moyens de faire des jus d'herbes que ma tante me faisait prendre le matin pour ma santé. N'ayant plus de poissons, elle demanda des œufs ou d'autres plats pour les jours maigres; on les lui refusa, en disant que pour l'égalité il n'y avait pas de différence dans les jours; qu'il n'y avait plus de semaines, mais des décades. On nous apporta un nouvel almanach, nous n'y regardâmes pas.

« Un autre jour que ma tante demanda encore du maigre, on lui répondit : — « Mais citoyenne, tu ne sais donc pas ce qui se passe ; il n'y a plus que des sots qui croient à tout cela. » Elle ne fit plus aucune demande. On continua les fouilles particulièrement au mois de novembre. Il fut ordonné de nous fouiller tous les jours trois fois. Il y en eut une qui dura depuis quatre heures jusqu'à huit heures et demie du soir. Les quatre municipaux qui la firent étaient tout à fait ivres. On ne peut se faire une idée de leurs propos, de leurs injures, de leurs juremens, pendant quatre heures. Ils nous emportèrent des bagatelles, comme nos chapeaux, des cartes avec des rois, et des livres où il y avait des armes, cependant ils laissèrent les livres de religion, après avoir proféré mille impuretés et mille sottises... On nous tutoya beaucoup pendant l'hiver. Nous méprisions toutes les vexations ; mais ce dernier degré de grossièreté faisait toujours rougir ma tante et moi. »

Au milieu de tant de souffrances, la jeune Marie-Thérèse avait encore une consolation suprème : la présence de Madame Élisabeth. Cette sainte femme projetait dans les ténèbres de la prison je ne sais quelle pure et suave lumière. Le Temple méritait son nom ; c'était vraiment un sanctuaire, le sanctuaire de la piété et de la douleur. Les conversations de la tante et de la nièce se tenaient souvent dans les ténèbres. Le calme de la nuit donnait un ton encore plus persuasif, plus attachant, aux exhortations de la sublime institutrice. « Les souffrances de cette vie, disait-elle, n'ont aucune proportion avec la gloire future qu'elles nous font mériter. Jésus-Christ n'a-t-il pas marché devant nous chargé de la croix ? Souvenez-vous, mon enfant, des paroles que votre père vous adressait la veille du jour où, pour la première fois, vous alliez recevoir le sang de l'Agneau. Il vous disait : « La Religion est la source du bonheur et notre « soutien dans l'adversité ; ne croyez pas que « vous en soyez à l'abri ; vous ne savez pas, ma « fille, à quoi la Providence vous destine. »

Les sermons d'aucun prêtre n'auraient pas plus frappé l'imagination et plus touché le cœur de Marie-Thérèse que les conseils de Madame Élisabeth. La jeune captive lisait et relisait sans cesse les livres de prières qu'on lui avait laissés et dont la conduite de sa tante était un vivant commentaire. « Ma tante, dit-elle dans son journal, fit son carême entier, quoique privée d'aliments maigres ; elle ne déjeunait pas ; elle prenait à dîner une écuelle de café au lait (c'était son déjeuner qu'elle gardait), et le soir elle ne mangeait que du pain. Elle m'ordonnait de manger ce qu'on m'apportait, n'ayant pas l'âge fixé pour l'abstinence ; mais pour elle rien n'était plus édifiant. Depuis le temps où on lui avait refusé du maigre, elle n'avait pas pour cela interrompu les devoirs prescrits par la religion. Au commencement du printemps, on nous ôta la chandelle, et nous nous couchions lorsqu'on n'y voyait plus. » Avec le printemps était venue l'époque où l'orpheline du Temple allait être privée pour toujours des consolations de Madame Élisabeth et rester seule dans sa prison.

LA MORT DE MADAME ÉLISABETH

Depuis quelques semaines, il ne s'était produit aucun incident au Temple. Les deux captives pouvaient croire que le bourreau les oubliait. Mais que se passa-t-il le 9 mai ? Le journal de Marie-Thérèse nous l'apprend. « Ce jour-là, au moment où nous allions nous mettre au lit, on ouvrit les verrous, et on vint frapper à notre porte. Ma tante dit qu'elle passait sa robe ; on lui répondit que cela ne pouvait pas être si long, et on frappa si fort qu'on pensa enfoncer à la porte. Elle ouvrit quand elle fut habillée. On lui dit. « — Citoyenne, veux-tu bien descendre ? — Et ma nièce ? — On s'en occupera après. » — Ma tante m'embrassa, et me dit de me calmer, qu'elle allait remonter. « Non, citoyenne, tu ne remonteras pas, lui dit-on ; prends ton bonnet et descends. » — Alors on l'accabla d'injures et de grossièretés ;

elle les souffrit avec patience, prit son bonnet, m'embrassa encore, et me dit d'avoir du courage et de la fermeté, d'espérer toujours en Dieu, de me servir des bons principes de religion que mes parents m'avaient donnés, et de ne point manquer aux dernières recommandations de mon père et de ma mère. Elle sortit. Arrivée en bas, on lui demanda ses poches, où il n'y avait rien ; cela dura longtemps, parce que les municipaux firent un procès-verbal pour se décharger de sa personne. Enfin, après mille injures, elle partit avec l'huissier du tribunal, monta dans un fiacre, et arriva à la Conciergerie, où elle passa la nuit. »

Le lendemain, 10 mai 1794, Madame Élisabeth comparaissait devant le tribunal révolutionnaire. Le président Dumas lui posa ces questions : « Quel est votre nom ? — Élisabeth-Marie. — Votre âge ? — Trente ans. — Où êtes-vous née ? — A Versailles. — Où résidez-vous ? — A Paris. »

On lut ensuite l'acte d'accusation :

« Antoine-Quentin Fouquier expose que c'est à la famille des Capet que le peuple doit tous les maux sous le poids desquels il a gémi pendant tant de siècles. C'est au moment où l'excès de l'oppression a forcé le peuple de briser ses chaînes que toute cette famille s'est réunie pour le plonger dans un esclavage plus cruel encore que celui dont il voulait sortir. Les crimes de tout genre, les forfaits amoncelés de Capet, de la Messaline Antoinette, des deux frères Capet et d'Élisabeth, sont trop connus pour qu'il soit nécessaire d'en retracer ici l'horrible tableau ; ils sont écrits en caractères de sang dans les annales de la Révolution, et les atrocités inouïes exercées par les barbares émigrés ou les sanguinaires satellistes des despotes, les meurtres, les incendies, les ravages, enfin ces assassinats inconnus aux monstres les plus féroces, qu'ils commettent sur le territoire français, sont encore commandés par cette détestable famille, et pour livrer une grande nation au despotisme et aux fureurs de quelques individus. Élisabeth a partagé tous ces crimes ; elle a coopéré à toutes les trames, à tous les complots formés, par ses infâmes frères, par la scélérate et l'impudique Antoinette, et toute la horde de conspirateurs qui s'étaient réunis autour d'eux...

« Élisabeth avait médité avec Capet et Antoinette le massacre des citoyens de Paris dans l'immortelle journée du 10 août ; elle veillait dans l'espoir d'être témoin de ce carnage nocturne ; elle aidait la barbare Antoinette à mordre des balles, et encourageait par ses discours des jeunes personnes que des prêtres fanatiques avaient conduites au château pour cette horrible occupation...

« Enfin on l'a vue, depuis le supplice mérité du plus coupable des tyrans qui ont déshonoré la nature humaine, provoquer le rétablissement de la tyrannie en prodiguant, avec Antoinette, au fils de Capet les hommages de la royauté et les prétendus honneurs du trône... »

Après la lecture de l'acte d'accusation, le président interrogea Madame Élisabeth. Voici plusieurs des questions et des réponses : « — Voudriez-vous nous dire ce qui vous a empêchée de vous coucher dans la nuit du 9 au 10 août ? — Je ne me suis pas couchée parce que les corps constitués étaient venus faire part à mon frère de l'agitation, de la fermentation des habitants de Paris. — N'avez-vous pas donné des soins en pansant vous-même les blessures des assassins envoyés aux Champs-Élysées par votre frère contre les braves Marseillais ? — Je n'ai jamais su que mon frère eût envoyé des assassins contre qui que ce soit ; s'il m'est arrivé de donner des secours à quelques blessés, l'humanité seule a pu me conduire dans le pansement de leurs blessures ; je n'ai point eu besoin de m'informer de la cause de leurs maux pour m'occuper de leur soulagement, je ne m'en fais pas un mérite, et je n'imagine pas que l'on puisse m'en faire un crime. »

Le président Dumas reprit : « L'accusée Élisabeth, dont le plan de défense est de nier tout ce qui est à sa charge, aura-t-elle la bonne foi de convenir qu'elle a bercé le petit Capet dans l'espoir de succéder au trône de son père, et qu'elle a ainsi provoqué la royauté ? — Je causais familièrement avec cet infortuné, qui m'était cher à plus d'un titre, et je lui administrais en conséquence les consolations qui me paraissaient capables de le dédommager de la perte de ceux qui lui avaient donné le jour. »

Chauveau-Lagarde eut ensuite le courage de défendre l'accusée. Il dit que ses réponses, loin de la condamner, devaient l'honorer à tous les yeux, puisqu'elles ne prouvaient rien autre chose que la bonté de son cœur et l'héroïsme de son amitié. L'intrépide avocat termina son discours en déclarant qu'au lieu d'une défense, il n'aurait plus à présenter pour Madame Élisabeth que son apologie ; mais que, dans l'impuissance où il était d'en trouver une qui fût digne d'elle, il ne lui restait plus qu'une seule observation à faire, c'est que la princesse, qui avait été à la cour de France le plus parfait modèle de toutes les vertus, ne pouvait pas être l'ennemie des Français.

Alors, le président Dumas apostropha avec fureur Chauveau-Lagarde, en lui reprochant d'avoir eu l'audace de parler des « prétendues vertus de l'accusée, et d'avoir ainsi corrompu la morale publique ». Il fut aisé de s'apercevoir que Madame Élisabeth, qui jusqu'alors était restée calme et comme insensible à ses propres dangers, fut émue de ceux auxquels son défenseur venait de s'exposer.

Le président posa ensuite aux jurés les questions suivantes : « Est-il constant qu'il a existé des complots et conspirations formés par Capet, sa femme, sa famille, ses agents et ses complices, par suite desquels des provocations à la guerre extérieure de la part des tyrans coalisés, à la guerre civile dans l'intérieur ont été formées, des secours en hommes et en argent ont été fournis aux ennemis, des troupes ont été rassemblées, des dispositions ont été faites, des chefs nommés pour assassiner le peuple, anéantir la liberté et rétablir le despotisme ? Est-il constant qu'Élisabeth en est convaincue ? » Les jurés ayant répondu affirmativement, la sainte princesse fut condamnée à mort. Le même jour, à quatre heures du soir, elle quittait la Conciergerie pour être conduite à l'échafaud.

Au moment où elle sortait du tribunal, Fouquier-Tinville dit au président : « — Il faut avouer cependant qu'elle n'a pas poussé une plainte. — De quoi se plaindrait-elle donc, Élisabeth de France ? répondit Dumas avec un gaieté ironique et lugubre. Ne lui avons-nous pas formé aujourd'hui une cour d'aristocrates digne d'elle ? Et rien ne l'empêchera de se croire encore dans les salons de Versailles, quand elle va se voir, au pied de la sainte guillotine, entourée de toute cette fidèle noblesse. »

La cour d'aristocrates dont parlait l'accusateur public, c'étaient les vingt-trois victimes condamnées à périr sur le même échafaud que la princesse, entre autres : la marquise de Sénozan, âgée de soixante-seize ans ; la marquise de

Crussol d'Amboise, âgée de soixante-quatre ;
Mme de Montmorin, veuve du ministre des affaires étrangères ; son fils âgé de vingt ans ;
M. de Loménie, ancien ministre de la guerre ; la
comtesse Rosset. Les vingt-quatre victimes furent conduites dans la salle des condamnés à
mort, pour y attendre la fatale charrette. Alors
Madame Élisabeth exhorta ses compagnons et
compagnes de supplice « avec une présence d'esprit, une élévation et une onction qui les fortifia
tous, » comme a dit sa nièce. Mme de Montmorin s'écriait avec des sanglots : « Je veux bien
mourir, mais je ne puis voir mourir mon enfant. — Vous aimez votre fils, lui dit alors Madame Élisabeth, et vous ne voulez qu'il vous accompagne ! Vous allez trouver les félicités du
ciel, et vous voulez qu'il demeure sur cette
terre, où il n'y a aujourd'hui que tourments et
douleurs ! » A ces mots, la pauvre mère, plon-
gée dans l'extase du martyre, serra avec transport son enfant dans ses bras : « Viens ! viens !
s'écria-t-elle, nous monterons ensemble à l'é-
chafaud. »

Madame Élisabeth reprit ses saintes exhortations. « On n'exige point de nous, dit-elle, comme
des anciens martyrs, le sacrifice de nos croyances ; on ne nous demande que l'abandon de notre misérable vie ; faisons à Dieu ce faible sacrifice avec résignation. »

Ainsi parlait la sainte princesse, dans la salle

des condamnés à mort, dans cette salle longue, étroite, obscure, séparée du greffe par une porte et une cloison vitrées, sans autre mobilier que des bancs de bois adossés à la muraille. La vue de la Conciergerie réveillait dans son âme le souvenir de tout ce que Marie-Antoinette y avait souffert. Personne, toutefois, ne s'était senti encore le courage de dire à la sœur de Louis XVI comment la reine martyre avait péri. Son incertitude sur le sort de l'auguste victime devait durer encore quelques moments. On allait la conduire sur la place de la Révolution, — la place où elle savait qu'on avait supplicié son frère, et où elle allait bientôt apprendre par un propos de la foule que là aussi avait péri la reine.

Le dernier appel se fait entendre. Les portes de la prison s'ouvrent. Madame Élisabeth monte dans la même charrette que Madame de Sénozan et Madame de Crussol d'Amboise. Quand elle passe par le pont Neuf, le mouchoir blanc qui couvre sa tête se détache. Sa tête nue fixe tous les regards et l'on peut contempler le calme et la sérénité de ses traits. Arrivée à la place de la Révolution, — l'ancienne place Louis XV, — elle descend la première. Les vingt-trois autres victimes descendent ensuite. Toutes sont rangées devant la guillotine. Toutes vont être admirables de courage. Les exhortations de la princesse ont porté leurs fruits. Le premier nom prononcé par l'exécuteur est celui de Madame de Crussol d'Amboise. Elle s'incline devant Madame Élisabeth : « Ah ! madame, lui dit-elle, si Votre Altesse Royale daignait m'embrasser, je serais au comble de mes vœux. — Bien volontiers, lui répond la princesse, et de tout mon cœur. » Toutes les autres condamnées obtiennent le même honneur. Quant aux hommes, ils baisent avec vénération la main de la sœur de Louis XVI. Les supplices commencent. Plusieurs têtes sont déjà tombées, quand, dans la foule qui se presse autour de la guillotine, une voix goguenarde s'écrie : « On a beau lui faire des salamalecs, la voilà maintenant comme l'Autrichienne. » Madame Élisabeth comprend. C'est ainsi qu'elle est informée du sort de sa belle-sœur et qu'elle se dit à elle-même : « Puissions-nous nous retrouver au ciel ! »

Les victimes gravissent une à une l'échafaud, et se rendent au baptême du sang avec un recueillement pieux, comme des fidèles qui vont à la sainte table. Pendant que le couperet tranche les têtes, Madame Élisabeth récite le *De Profundis.* C'est elle qui doit être suppliciée la dernière. Les bourreaux ont sans doute espéré que la vue de vingt-trois têtes tombant avec la sienne lui enlèveraient son courage et sa dignité dans la mort. Les bourreaux se sont trompés dans leurs prévisions. Mourant comme elle avait vécu, Madame Élisabeth sera sublime jusqu'à la dernière heure, jusqu'à la dernière minute de sa sainte existence. Quand la vingt-troisième victime vient s'incliner devant elle : « Courage et foi dans la miséricorde de Dieu ! » dit la sœur de Louis XVI. Son tour est enfin venu.

Une souveraine montant les degrés de son trône aurait moins de majesté que la pieuse princesse gravissant les degrés de l'échafaud, piédestal d'une gloire immortelle. Au moment où elle est attachée à la planche fatale, son fichu tombe à terre, et laisse apercevoir une médaille d'argent de la sainte Vierge. L'aide du bourreau veut lui enlever ce signe de piété, au lieu de lui remettre le fichu sur la poitrine. « Au nom de votre mère, monsieur, couvrez-moi ! » Tel est le dernier mot de la princesse. Sa tête tombe, mais cette fois, la foule ne se livre pas à ses fureurs habituelles. Les cris de : vive la République ! ne retentissent pas. Tout le monde a la conscience que le sang de l'innocence vient de couler.

Marie-Thérèse n'apprendra que plusieurs mois après le sort de sa vénérable tante. Quand on lui annoncera la nouvelle, elle n'y voudra pas croire, un pareil crime lui paraissant invraisemblable, même après tous les forfaits de la Terreur. Alors, elle écrira dans son Journal cette page profondément émue, hommage touchant d'admiration et de reconnaissance éternelles : « Marie-Philippine-Élisabeth-Hélène, sœur du roi Louis XVI,

mourut le 10 mai 1794, âgée de trente ans,
après avoir toujours été un modèle de vertus.
Depuis l'âge de quinze ans, elle s'était donnée à
Dieu, et ne songeait qu'à son salut. Depuis 1790,
que j'ai été plus en état de l'apprécier, je n'ai vu
en elle que religion, amour de Dieu, horreur du
péché, douceur, piété, modestie, et grand attachement à sa famille, pour qui elle a sacrifié sa
vie, n'ayant jamais voulu quitter le roi et la reine.
Enfin ce fut une princesse digne du sang dont
elle sortait. Je n'en puis dire assez de bien pour
les bontés qu'elle a eues pour moi, et qui n'ont
fini qu'avec sa vie. Elle me regarda et me soi-
gna comme sa fille; et moi je l'honorai comme
une seconde mère; je lui en ai voué tous les
sentiments. On disait que nous nous ressem-
blions beaucoup de figure. Je sens que j'ai de son
caractère. Puissé-je avoir toutes ses vertus, et
l'aller rejoindre un jour, ainsi que mon père et
ma mère dans le sein de Dieu, où je ne doute
pas qu'ils ne jouissent du prix d'une mort qui
leur a été si méritoire ! »

IV

LA SOLITUDE

Quand Madame Élisabeth fut partie, Marie-Thérèse se trouva seule dans sa prison. Successivement elle avait perdu ses compagnons et ses compagnes de captivité : son père, son frère, sa mère, sa tante. Désormais le régime cellulaire, l'isolement, la solitude. Qu'éprouva-t-elle alors ? Elle va nous le raconter elle-même :

« Je restai dans ma grande désolation quand je me vis séparée de ma tante ; je ne savais ce qu'elle était devenue, et on ne voulut pas me le dire. Je passai une bien cruelle nuit, et cependant, bien que je fusse très inquiète sur son sort, j'étais loin de croire que j'allais la perdre dans quelques heures. Quelquefois, je me persuadais qu'on la conduisait hors de France ; mais quand je me rappelais la manière dont on l'avait emmenée, toutes mes craintes renaissaient. Le lendemain,

je demandai aux municipaux ce qu'elle était
devenue ; ils me dirent qu'elle avait été prendre
l'air ; je renouvelai la demande d'être réunie à
ma mère, puisque j'étais séparée de ma tante, ils
me répondirent qu'ils en parleraient. » Ainsi,
Marie-Antoinette était morte depuis sept mois,
et sa malheureuse fille ne se savait pas encore
orpheline. Personne, parmi les terroristes les
plus farouches, n'avait osé lui donner la fatale
nouvelle.

« On vint ensuite, ajoute la jeune captive
m'apporter la clef de l'armoire où était le linge
de ma tante ; je demandai de le lui faire passer,
parce qu'elle n'en avait point ; on me dit qu'on
ne le pouvait pas. Voyant que lorsque je
demandais aux municipaux d'être réunie à ma
mère et de savoir des nouvelles de ma tante, ils
me répondaient toujours qu'ils en parleraient ; et
me souvenant que ma tante m'avait dit que si
jamais je restais seule, mon devoir était de demander une femme, je le fis pour lui obéir, mais
avec répugnance, bien sûre d'être refusée, ou de
n'obtenir que quelque vilaine femme. En effet,
quand je fis cette demande aux municipaux, ils
me dirent que je n'en avais pas besoin. Ils
redoublèrent de sévérité pour moi, et m'ôtèrent
les couteaux qui m'avaient été rendus, en me
disant : « — Citoyenne, dis-nous donc, as-tu
beaucoup de couteaux ? — Non, messieurs, deux
seulement. — Et dans ta toilette, tu n'en as pas,

ni des ciseaux ? — Non, messieurs.— Une autre
fois, ils m'ôtèrent le briquet ; ayant trouvé le
poêle chaud, ils me dirent : — Peut-on savoir
pourquoi tu as fait du feu ? — Pour mettre mes
pieds dans l'eau. — Avec quoi as-tu allumé le
feu ? — Avec le briquet. — Qui te l'a donné ?—
Je ne sais pas. — Précisément, nous allons te
l'ôter. C'est pour ta santé, de peur que tu ne
t'endormes et ne te brûles auprès du feu. Tu
n'as pas autre chose ? Non, messieurs. » Les
visites et de pareilles scènes se renouvelaient
souvent ; mais, excepté lorsque j'étais interrogée
positivement, je ne parlais jamais, ni à ceux qui
m'apportaient à manger. »

Le lendemain de la mort de Madame Élisabeth, un homme auquel les municipaux témoignaient de grands égards se présenta dans la
prison de la jeune princesse. Elle ne le connaissait pas. Se doutant qu'elle avait devant elle un
individu du pouvoir, elle ne lui adressa pas un
seul mot, mais lui remit un papier sur lequel ces
lignes étaient tracées : « Mon frère est malade ;
j'ai écrit à la Convention pour obtenir d'aller le
soigner ; la Convention ne m'a pas encore répondu ; je réitère ma demande. » L'homme,
c'était Robespierre. La prisonnière, après lui
avoir donné le papier, reprit sa lecture, sans lever
les yeux sur lui. C'est ainsi que, dans son journal,
elle a raconté cette visite : « Il vint un jour un
homme, je crois que c'était Robespierre ; les

municipaux avaient beaucoup de respect pour lui. Sa visite fut un secret pour les gens de la tour, qui ne surent pas qui il était, ou qui ne voulurent pas me le dire ; il me regarda insolemment, jeta les yeux sur les livres, et, après avoir cherché avec les municipaux, il s'en alla. »

Marie-Thérèse, depuis le départ de sa tante, passa près de quinze mois seule, livrée à sa douleur et aux plus amères réflexions, ne demandant rien, et raccommodant elle-même jusqu'à ses bas et ses souliers. Cette gracieuse et touchante captive dans sa seizième année s'impose à l'imagination, et attendrit les âmes. On se la figure la nuit, dans sa cruelle solitude, prêtant l'oreille à quelque bruit lointain, qui est peut-être un signal de délivrance, plus probablement un signal de mort. Elle écoute avec attention. C'est un passant qui, en parcourant les rues voisines, fredonne, au risque de sa vie, quelque vieux refrain royaliste, dont l'écho arrive jusqu'à la prisonnière. D'autres fois, ce sont des colporteurs qui crient dans l'ombre d'odieux pamphlets, d'immondes journaux, ou des ivrognes qui chantent la *Marseillaise,* hurlent le *Ça ira.* Mais il y a une voix angélique dont la pieuse harmonie s'élève au-dessus de tous les bruits humains. Cette voix, —celle de Madame Élisabeth,— l'oreille ne l'entend pas, mais l'âme l'entend. La morte parle encore. *Defuncta adhuc loquitur.* Et dans le silence de la solitude, dans les ténèbres, l'écho de cette voix d’outre-tombe, de cette voix mystérieuse et sublime, pénètre dans la lugubre tour du Temple, pour inspirer à l’orpheline les vrais sentiments d’une chrétienne. Madame Élisabeth continue après sa mort l’œuvre commencée de son vivant, et c’est elle qui donne à sa nièce l’énergie morale et matérielle indispensable pour supporter de pareilles tortures.

Au mois de septembre 1795, la duchesse de Tourzel, autorisée à faire une visite à la prisonnière, lui demandera comment elle avait pu faire, elle si sensible, pour ne pas succomber sous le poids de tant de malheurs. Alors la fille de Louis XVI et de Marie-Antoinette répondra : « Sans religion, c’eût été impossible. La religion fut mon unique ressource, et me procura les seules consolations dont mon cœur pût être susceptible. J’avais conservé les livres de piété de ma tante Élisabeth, je les lisais, je repassais ses avis dans mon esprit, je cherchais à ne pas m’en écarter, à les suivre exactement. En m’embrassant pour la dernière fois, et m’excitant au courage et à la résignation, elle me recommanda positivement de demander que l’on mît une femme auprès de moi. Quoique je préférasse infiniment ma solitude à celle que l’on y aurait mise alors, mon respect pour les volontés de ma tante ne me permit pas d’hésiter. On me refusa, et j’avoue que j’en suis bien aise.

« Ma tante, qui ne prévoyait que trop le malheur

auquel j'étais destinée, m'avait accoutumée à me servir seule et à n'avoir besoin de personne. Elle avait arrangé ma vie de manière à en employer toutes les heures : le soin de ma chambre, la prière, la lecture, le travail, tout était classé. Elle m'avait habituée à faire mon lit seule, me coiffer, m'habiller, et elle n'avait, de plus, rien négligé de ce qui pouvait entretenir ma santé. Elle me faisait jeter de l'eau pour rafraîchir l'air de ma chambre, et avait exigé, en outre, que je marchasse avec une grande vitesse pendant une heure, la montre à la main, pour empêcher la stagnation des humeurs. »

La jeune fille suivit à la lettre ces prescriptions d'hygiène morale et physique. Ce fut là ce qui la sauva, comme par miracle. « Pour moi, dit-elle dans son journal, je ne demandais que le simple nécessaire ; souvent on me le refusait avec dureté. Mais au moins je me tenais propre ; j'avais du savon et de l'eau. Je balayais la chambre tous les jours ; j'avais fini à neuf heures, quand les gardes entraient pour m'apporter à déjeuner. Je n'avais pas de lumière ; mais dans les grands jours je souffrais moins de cette privation. On ne voulait plus me donner de livres ; je n'en avais que de piété et de voyages que j'avais lus mille fois ; j'avais aussi un tricot qui m'ennuyait beaucoup. »

Malgré une énergie, véritablement prodigieuse chez une si jeune personne, la fille de Louis XVI faillit mourir au Temple, comme son frère.

« Quand elle entendait battre la générale, est-il
dit dans les Mémoires de la duchesse de Tourzel,
elle éprouvait un rayon d'espérance ; car dans sa
triste situation, et sans crainte de la mort, tout
changement ne pouvait que lui être favorable.
Elle se crut un jour au bout de ses peines, et vit
arriver la mort avec le calme de l'innocence et de
la vertu. Elle se trouva mal jusqu'à perdre connaissance, et se réveilla comme d'un profond
sommeil, sans savoir combien de temps elle était
restée dans ce triste état. Malgré tout son courage,
elle nous avoua qu'elle était si fatiguée de sa profonde solitude, qu'elle se disait à elle-même:
« Si l'on finit par mettre auprès de moi une
personne qui ne soit par un monstre, je sens que
je ne pourrai m'empêcher de l'aimer. »

Le jour de la chute de Robespierre — 9 thermidor (27 juillet 1794) — Marie-Thérèse, effrayée
par le tumulte dont les échos arrivaient jusqu'au
Temple, se crut perdue. « J'entendis battre la
générale, dit-elle, et sonner le tocsin ; je fus très
inquiète. Les municipaux qui étaient au Temple
ne bougèrent pas. Quand on m'apporta à dîner,
je n'osai demander ce qui se passait. »

Barras, nommé commandant en chef de la
force armée par la Convention, au moment où
cette Assemblée, menacée par l'émeute, semblait
devoir périr, marchait à minuit sur l'Hôtel de
Ville occupé par les insurgés, les mettait hors la loi,
et faisait arrêter Robespierre avec ses complices.

A peine celui-ci fut-il abattu que Barère, — l'Anacréon de la guillotine, comme on l'appelait, — se déchaîna contre lui, au sein de la Convention restée en permanence. « Il eut l'audace, a dit Barras dans ses Mémoires non encore publiés, d'accuser le tyran d'avoir voulu rétablir le fils de Louis XVI sur le trône, et d'avoir, pour son propre compte, projeté d'épouser Mademoiselle, fille de ce monarque... » A la suite du rapport de Barère, et dans ce système de mensonges destinés au peuple, que les gouvernements les plus différents semblent se passer l'un à l'autre dans la même vue de déception, les comités répandaient le bruit que les détenus du Temple, les infortunés enfants de Louis XVI, s'étaient évadés. » Les deux comités, dont la majorité se composait encore de jacobins, avaient semé cette fausse nouvelle pour rendre suspect de royalisme le parti thermidorien.

Barras voulut de ses propres yeux s'assurer de l'état des choses. Le 10 thermidor, à six heures du matin, il se rendit au Temple avec plusieurs membres des comités et quelque députés de la Convention en grand uniforme. Il voulait se montrer, suivi de son cortège, aux principaux postes de Paris, et faire renouveler aux troupes le serment d'être fidèles à la Convention. Il s'arrêta au poste du Temple en fit doubler la garde, ordonna aux municipaux d'y rester en permanence, et d'y exercer la surveillance la plus sévère puis il monta dans la grosse tour, où il vit, successivement, Louis XVII et sa sœur.

Voici ce que Marie-Thérèse écrit dans son journal, au sujet de cette visite : « Le 10 thermidor, à six heures du matin, j'entendis un bruit affreux au Temple ; la garde criait aux armes, le tambour rappelait, les portes s'ouvraient et se fermaient. Tout ce tapage était occasionné par une visite des membres de l'Assemblée nationale qui venaient s'assurer si tout était tranquille. J'entendis les verrous de la porte de mon frère qu'on ouvrait. Je me jetai hors de mon lit, et j'étais habillée quand les membres de la Convention arrivèrent chez moi. Barras était du nombre ; ils étaient en grand costume, ce qui m'étonna, n'étant pas accoutumée à les voir ainsi et craignant toujours quelque chose. Barras me parla, m'appela par mon nom ; il fut étonné de me trouver levée, et me dit encore plusieurs choses auxquelles je ne répondis pas. Ils partirent, et je les entendis haranguer les gardes sous les fenêtres, et leur recommander d'être fidèles à la Convention nationale. Il s'éleva mille cris de : « Vive la République ! vive la Convention ! » La garde fut doublée. »

Quelques heures après la visite de Barras au Temple, Robespierre et ses principaux complices étaient conduits à l'échafaud, au milieu des cris de joie et des malédictions du peuple. Le lendemain, 11 thermidor, les comités de Salut public et de Sûreté générale ratifiaient le choix qu'avai fait Barras d'un gardien pour les enfants de Louis XVI. Ils arrêtèrent que « le citoyen Laurent, membre du comité révolutionnaire du Temple, serait provisoirement chargé de la garde des enfants du tyran ». Les deux comités réunis lui recommandaient « la plus exacte surveillance ».

Laurent fut installé le jour même de sa nomination, le 11 thermidor, vers neuf heures et demie du soir, par quelques membres de la municipalité. Son premier soin fut de se rendre dans la prison de Marie-Thérèse : « J'étais dans mon lit, dit-elle, n'ayant point de lumière, et ne dormant pas, tant j'avais d'inquiétude sur ce qui se passait ; on frappa à ma porte pour me montrer à Laurent, commissaire de la Convention, chargé de garder mon frère et moi. Je me levai, ces messieurs firent une grande visite en montrant tout à Laurent, puis ils s'en allèrent.

« Le lendemain, à dix heures, Laurent entra dans ma chambre ; il me demanda avec politesse si je n'avais besoin de rien. Il entrait tous les jours trois fois chez moi, toujours avec honnêteté, et ne me tutoyait pas. Il ne fit jamais la visite des bureaux et commodes... Je lui demandai bientôt ce qui m'intéressait si vivement, c'est-à-dire des nouvelles de mes parents, dont j'ignorais la mort, et d'être réunie à ma mère. Il me répondit avec un air très peiné que cela ne le regardait pas.

« Le lendemain, vinrent des gens en écharpe, auxquels je fis les mêmes questions. Ils me répondirent aussi que cela ne les regardait pas, et qu'ils ne savaient pas pourquoi je demandais à n'être plus ici parce qu'il leur paraissait que j'y étais très bien. « — Il est affreux, leur dis-je, d'être séparée de sa mère depuis un an, sans avoir de ses nouvelles, ainsi que de sa tante. — Vous n'êtes pas malade ? — Non monsieur, mais la plus cruelle maladie est celle du cœur. — Je vous dis que nous n'y pouvons rien ; je vous conseille de prendre patience, et d'espérer en la justice et la bonté des Français. — Je ne répondis plus rien. »

Cependant, une certaine amélioration se produisait dans l'attitude des gardiens de la princesse. Elle a dit en parlant de Laurent : « Je n'ai eu qu'à me louer de ses manières pendant tout le temps qu'il a été de service. Il me demandait souvent si je n'avais besoin de rien ; il me priait de lui dire ce que je voudrais, et de le sonner quand j'aurais besoin de quelque chose. Il me rendit un briquet et de la chandelle.

« A la fin d'octobre (1794), à une heure du matin, je dormais, lorsqu'on frappa à ma porte ; je me levai à la hâte, et j'ouvris, toute tremblante de frayeur. Je vis deux hommes du comité avec Laurent ; ils me regardèrent et sortirent sans rien dire.

« L'hiver se passa assez tranquillement. J'étais

satisfaite de l'honnêteté de mes gardiens ; ils voulurent faire mon feu, et me donnèrent du bois à discrétion, ce qui me fit plaisir. Ils m'apportèrent aussi les livres que je demandais ; Laurent m'en avait déjà procuré. Mon plus grand malheur était de ne pouvoir obtenir d'eux des nouvelles de ma mère et de ma tante ; je n'osais pas leur en demander de mes oncles et de mes grand'tantes, mais j'y pensais sans cesse. »

Malgré un adoucissement relatif dans les rigueurs de sa captivité, Marie-Thérèse continuait à ne voir personne, excepté ses gardiens au moment où ils lui apportaient ses repas, et, de temps à autre, des commissaires de la Convention, qui venaient s'assurer qu'elle était toujours prisonnière. La duchesse de Tourzel écrira dans ses mémoires : « Je demandai un jour à Madame si elle n'avait jamais été incommodée pendant le temps de sa profonde solitude. — Ma personne m'occupait si peu, dit-elle, que je n'y faisais pas grande attention. — Ce fut alors qu'elle nous parla de cet évanouissement dont j'ai fait mention plus haut, en y ajoutant des réflexions si touchantes sur le peu de cas qu'elle faisait de la vie, qu'on ne pouvait l'entendre sans être profondément ému. Je ne puis rappeler ces détails sans attendrissement ; mais je me reprocherais de ne pas faire connaître le courage et la générosité de cette jeune princesse. Loin de se plaindre de tout ce qu'elle avait eu à souffrir dans cette horrible tour, qui lui rappelait tant de malheurs, elle n'en parlait jamais d'elle-même, et son souvenir ne put jamais effacer de son cœur l'amour d'un pays qui lui fut toujours cher. » Ses parents lui avaient appris le pardon des injures. Elle était aussi bonne Française qu'elle était bonne chrétienne, et son patriotisme égalait seul sa religion.

V

LES DERNIERS JOURS DE LOUIS XVII

Nous venons de raconter ce qui s'était passé au troisième étage de la grosse tour du Temple, depuis le départ de Marie-Antoinette pour la Conciergerie. Examinons maintenant ce qui se passait au second étage de la même tour. Les cercles de l'enfer du Dante ne présentent pas de spectacle plus horrible que celui des tortures qu'y subissait le fils de Louis XVI. Son cachot n'était pas une prison ordinaire. C'était je ne sais quel chenil, infect et repoussant, lieu d'abomination et de désolation, sépulcre plein de terreurs, où le pauvre petit captif joignait au sentiment de la vie les angoisses d'une mort continuelle. L'atmosphère empoisonnée qu'il respirait lui avait enlevé l'appétit, et corrompait la misérable pâture qu'on lui apportait. Sa chambre n'était plus qu'un cloaque pestilentiel, infesté de rats et de souris. De grosses araignées noires couraient la nuit sur sa couche. Pour se délivrer de leurs hideux attouchements, il se levait, se plaçait sur sa chaise et passait le reste de la nuit les deux coudes appuyés sur la table. D'autres fois, il déposait au milieu de sa chambre son chapeau, après l'avoir rempli de débris de viande et de croûtes de pain. Alors les rats et les souris s'y blottissaient, et lui permettaient ainsi de prendre un peu de repos.

Il est dit dans le livre de Simien-Despréaux, renseigné par Gagnié, le chef de cuisine du Temple : « Le jeune prince végétait dans une malpropreté dégoûtante... Ses bras, ses cuisses et ses jambes s'étaient singulièrement allongés aux dépens du buste et du corps ; trois tumeurs, auxquelles personne ne daignait faire attention, s'étaient établies, l'une au genou, l'autre au poignet, la troisième au bras. Une humeur âcre et violente y séjournait, et corrodait les chairs ; une espèce de gale lui rongeait le cou, et ses beaux cheveux, d'un châtain clair, avaient pris, pour ainsi dire, racine dans les cavités que l'humeur purulente avait formées... Son cou, depuis l'extrémité inférieure jusqu'à la naissance des cheveux, était couvert d'une gale invétérée, devenue plus douloureuse encore, parce que le malheureux enfant, par un mouvement naturel, y portait les doigts, l'écorchait sans cesse, et faisait saigner les plaies avec ses ongles devenus fort longs. »

On s'imaginait que M. de Beauchesne, dans son livre si éloquent et si touchant, avait tout dit sur le martyre de Louis XVII. On se trompait. L'ouvrage publié par M. Chantelauze sous ce titre : « Louis XVII, son enfance, sa prison et sa mort au Temple, d'après des documents inédits des Archives nationales, » a fait connaître beaucoup de détails nouveaux sur cette captivité, l'une des plus touchantes, des plus douloureuses dont l'histoire ait gardé le souvenir. Certes le savetier Simon avait été pour le fils de Louis XVI un persécuteur cruel. Eh bien ! le malheureux enfant en était venu à regretter ce bourreau. Le régime cellulaire était encore plus terrible que la présence d'un pareil monstre. La femme Simon était peut-être une mégère, pourtant elle avait eu quelquefois pitié du petit prisonnier, et tout en le rudoyant, elle le peignait, le lavait, faisait son lit, balayait sa chambre. Mais, le 19 janvier 1794, l'odieux instituteur, obligé d'opter entre ses fonctions au Temple et sa position de membre du Conseil général, quitta les premières pour conserver la seconde. Alors on décida que le savetier n'aurait point de successeur. Le ménage Simon disparut, et le royal enfant à partir du 20 janvier 1794, fut soumis au régime cellulaire dans ce qu'il a de plus rigoureux. On considéra que la totalité du deuxième étage de la grosse tour serait une prison beaucoup trop vaste pour lui. On restreignit donc son logement à une seule chambre, celle du fond, autrefois occupée par Cléry. La porte qui séparait cette pièce de l'antichambre fut coupée à hauteur d'appui, garnie de barreaux, de grillages, de plaques de fer et scellée à clous et à vis. Sur la partie inférieure de la porte, et aussi à hauteur d'appui, l'on posa une tablette à double saillie, au-dessus de laquelle s'ouvrait un guichet à barreaux de fer croisés qu'on fermait avec un solide cadenas. Par ce guichet l'on faisait passer à l'enfant ses grossiers repas, soupes à l'eau où flottaient quelques lentilles, morceaux de bœuf bouilli et desséché, du pain noir, une cruche d'eau, jamais de vin. C'est sur le rebord de la tablette que le petit prisonnier devait déposer la vaisselle de terre dont il s'était servi.

Jamais de feu dans la cheminée; la nuit, jamais de lumière. L'obscurité, la solitude, la terreur. Le voilà, le descendant de tant de rois, l'héritier de Saint-Louis, de Henri IV, de Louis XIV, le voilà tremblant de tous ses membres, plus à plaindre que le plus triste des mendiants. Le voilà, type de la douleur, cadavre vivant, chargé de prouver jusqu'où peuvent aller les misères humaines. Ses jambes, à cause de l'enflure de ses genoux, sont serrées, comme par un étau, dans un pantalon trop étroit, qu'il est contraint de garder nuit et jour, sans se dépouiller non plus de sa carmagnole grise tout en loques. Pauvre enfant! Sa morne, son affreuse solitude n'est interrompue que par les rondes nocturnes des commissaires qui viennent s'assurer par eux-mêmes de sa présence dans son cachot. « Dors-tu, Capet ? Lève-toi ! Viens ici ! » — Et le petit prisonnier, réveillé en sursaut, mourant de peur, saute à bas du lit, et, les pieds nus, sur les carreaux glacés, accourt. — « Me voilà, citoyen ; que me voulez-vous ? — Te voir. Et maintenant va te coucher, louveteau. » Ce n'est qu'à ces moments qu'il voit figures humaines. Traité comme un lépreux, comme un pestiféré, il n'aperçoit pas même la main de l'individu qui lui fait passer sa sordide pitance par le trou ménagé dans la porte. Il n'entend d'autre bruit que celui des verrous. Pauvre enfant ! pauvre enfant ! Ses souffrances morales ne sont pas moins atroces que ses souffrances physiques. Malgré tout ce qu'on a fait pour l'hébéter et l'avilir, il lui reste encore assez d'intelligence pour comparer le passé au présent, se rendre compte de tout ce qu'il a perdu, avoir conscience de la profondeur des abîmes dans lesquels il est précipité. Son âme, comme celle du Christ, est triste jusqu'à la mort. Les sueurs de l'agonie ne cessent de couler sur son visage. Et, aussi comme le Christ, il se plaint, se lamente, et s'écrie, dans son désespoir : « Mon Dieu ! mon Dieu ! pourquoi m'avez-vous abandonné ? » *Deus ! Deus ! meus ! utquid dereliquisti me ?* Ce qui serait au-dessus des forces de l'homme le plus robuste et le plus courageux, faut-il donc qu'un enfant rachitique le supporte ?

Hélas ! nous n'exagérons rien. Écoutons le récit de la sœur de la victime : « J'ai su qu'on avait eu la cruauté de laisser mon pauvre frère seul. Barbarie inouïe, et qui n'a sûrement jamais eu d'exemple, d'abandonner ainsi un malheureux enfant de huit ans, déjà malade, et de le tenir enfermé dans sa chambre, sous clef et verrous, sans autre secours qu'une mauvaise sonnette qu'il ne tirait jamais, tant il avait frayeur des gens qu'il aurait appelés, et aimant mieux manquer de tout que de demander la moindre chose à ses persécuteurs. Il était dans un lit qu'on n'avait pas remué pendant plus de six mois, et qu'il n'avait plus la force de faire ; les puces et les punaises le couvraient, son linge et sa personne en étaient pleins. On ne l'a pas changé de bas et de chemise pendant plus d'un an ; ses ordures restaient aussi dans sa chambre ; jamais personne ne les a emportés pendant tout ce temps. Sa fenêtre, fermée au cadenas avec des barreaux, n'était jamais ouverte, et l'on ne pouvait tenir dans sa chambre à cause de l'odeur infecte. Il est vrai que mon frère se négligeait, il aurait pu avoir un peu plus de soin de sa personne, et se laver au moins, puisqu'on lui mettait une cruche d'eau ; mais ce malheureux enfant mourait de peur ; il ne demandait jamais rien, tant Simon et les autres gardiens le faisaient trembler. Il passait la journée à ne rien faire. On ne lui donnait point de lumière. Cet état faisait beaucoup de mal à son moral et à son physique. Il n'est pas étonnant qu'il soit tombé dans un marasme effrayant. Le temps qu'il a été en bonne santé et qu'il a résisté à tant de cruautés prouve sa forte constitution. »

Un instant, le 19 janvier 1794, — Madame Élisabeth était encore au Temple, — Marie-Thérèse avait cru que son frère était sorti de la prison. « Le 19 janvier, dit-elle dans son journal, nous entendîmes chez mon frère un grand bruit qui nous fit conjecturer qu'il s'en allait du Temple, et nous en fûmes convaincues quand, regardant par le trou de la serrure, nous vîmes emporter des paquets. Les jours d'après nous entendîmes ouvrir la porte et marcher dans la chambre, et nous restâmes toujours persuadées qu'il était parti. Nous crûmes qu'on avait mis en bas quelque personnage considérable ; mais j'ai su depuis que c'était Simon qui était parti. Forcé d'opter entre la place de municipal et celle de gardien de mon frère, il avait préféré la première. »

Le bruit qui avait occasionné l'erreur des deux captives, c'était le bruit fait par les ouvriers, qui, du 19 au 21 janvier, avaient travaillé à la formation de l'étroit cachot de Louis XVII. Ils terminèrent leur œuvre le 21 janvier 1794, premier anniversaire de la mort de Louis XVI.

De temps en temps, Marie-Thérèse avait des nouvelles de son frère par quelques âmes compatissantes, par le porte-clefs Baron, par Caron, le servant de cuisine. Mais on ne lui disait pas tout. Elle aurait trop souffert. Ah ! pourquoi ne lui permettait-on pas de descendre au deuxième étage, de se faire ouvrir la porte de la chambre où gémissait le pauvre enfant, de le secourir, de le consoler, de le soigner, de le sauver ? Elle serait son bon ange, elle l'arracherait à la misère et à la mort. Pour accomplir cette œuvre de délivrance et de salut, il lui faudrait seulement descendre quelques marches et on le lui interdisait ! Quel supplice pour cette jeune fille sublime qui aurait donné mille fois sa vie pour sauver celle de son frère !

Le 27 juillet 1794 (10 thermidor II) quand Barras visita le Temple, il voulut voir le petit prince. La porte de fer du cachot fut descellé, et, pour la première fois depuis plus de six mois, elle roula sur ses gonds rouillés. L'enfant, toujours terrifié, s'écria : « — Je ne dis pas de mal de mes surveillants. » — Barras, stupéfait de l'horrible spectacle dont il était témoin, répondit : « — Et moi, je porterai de vives plaintes sur la malpropreté de cette chambre. » Il interrogea ensuite le jeune prince avec beaucoup de douceur sur l'état de sa santé.

Le petit prisonnier se plaignit d'éprouver de très vives douleurs au genou et de ne pouvoir plus le plier. Barras reconnut, en effet, qu'une tumeur y avait produit de grands ravages, et que

la situation de l'enfant, qui avait perdu l'appétit
et le sommeil, était désespérée. Broyé, brisé par
la souffrance, le corps ployé en deux, comme
celui d'un vieillard, l'œil terne, la figure blême,
le fils des rois ressemblait à un spectre. Où est
le temps où, sous les ombrages de Versailles, des
Tuileries ou de Saint-Cloud, il apparaissait si
gracieux, avec son œil doux et profond, ses cheveux bouclés, son teint diaphane, éblouissant et
comme éclairé par une flamme intérieure ? Cet
enfant radieux, angélique, beau comme sa mère,
beau comme le jour, hélas! qu'était-il devenu ?
Le fumier de Job avait été moins lamentable que
le cloaque où gémissait cet innocent.

Les hommes de Thermidor, malgré un commencement de réaction, restaient encore sau-
vages. Comme le bruit s'était répandu qu'une
amélioration se produisait dans le sort des
enfants de Louis XVI, le Comité de sûreté générale venait lui-même déclarer devant la Convention qu'il n'avait donné aucune instruction
dans ce sens. « Le Comité, disait-il, a été tout à
fait étranger à l'idée d'améliorer la captivité des
enfants de Capet. Le Comité et la Convention
savent comme on fait tomber la tête des rois;
mais ils ignorent comment on élève leurs
enfants. »

Malgré les injonctions de Barras, Laurent, le
nouveau gardien de Louis XVII, soit par négli-
gence, soit plutôt par crainte de se compro-

mettre, laissa s'écouler un mois et quatre jours avant de nettoyer la chambre du malheureux enfant. Le 1er septembre 1794, assisté de plusieurs personnes, notamment de Gagnié, chef de cuisine, il fit desceller la porte de fer et briser le guichet en forme de tour. En entendant les coups de marteau et le grincement des verrous, le petit prisonnier trembla comme une feuille. On le trouva étendu sur son grabat, pâle, livide, les yeux éteints, le dos voûté, les bras et les jambes d'une longueur démesurée pour son âge, les genoux et les poignets gonflés de tumeurs, les ongles des pieds et des mains longs comme les griffes d'une bête fauve. Sur une petite table était son dîner auquel il n'avait pas touché. Gagnié lui dit : « — Monsieur Charles — on ne l'appelait plus Capet, — pourquoi ne mangez-vous pas ? Vous devriez manger. — Non, mon ami, reprit l'enfant ; non, je veux mourir. » Caron, le garçon de cuisine, lui coupa les cheveux, qui s'étaient introduits dans les plaies. On lui coupa les ongles, qui avaient la dureté de la corne. On le dépouilla de ses vêtements pleins de vermine, et, en attendant que sa chambre fut nettoyée à fond, on l'installa dans l'ancienne chambre occupée par son père. On diminua le nombre des abat-jour pour répandre un peu de clarté. On ouvrit les châssis pour donner de l'air ; on substitua du linge propre à des draps à moitié pourris. On descendit du troisième étage un des deux lits qui se trouvaient dans la chambre de Marie-Thérèse, et l'on y fit entrer le petit prisonnier. Un chirurgien venait de temps en temps pour panser et bassiner ses plaies. Quand la chambre eut été nettoyée, on y réinstalla l'enfant, mais on l'y laissa seul.

Marie-Thérèse continuait à n'avoir aucune espèce de communication avec son frère. Elle était destinée à ne plus jamais le revoir. Il était formellement interdit de laisser se promener en même temps le frère et la sœur. Non seulement ils ne devaient jamais se rencontrer, mais les gardiens avaient l'ordre de leur cacher qu'ils étaient détenus dans le même lieu. Louis XVII n'avait jamais de nouvelles de sa sœur, et Marie-Thérèse ne recevait parfois quelques détails sur Louis XVII que par suite de dérogation aux ordres les plus sévères. Aucune modification n'était encore apportée au régime alimentaire des enfants de Louis XVI. L'arrêté du 22 septembre 1793, qui les condamnait à la plus grossière nourriture, à celle des voleurs et des assassins, était rigoureusement maintenu. On ne rendit pas même à Louis XVII la demi-bouteille de vin à laquelle il avait droit par ce même arrêté et que l'on donnait à sa sœur. Et, pendant ce temps, du matin au soir, les municipaux et les geôliers faisaient ripaille aux frais de l'État.

Étiolé, rachitique, n'étant plus qu'une sorte de fantôme, le malheureux enfant était encore.

aux yeux de toute l'Europe et de bien des Français, Sa Majesté Très Chrétienne le roi de France et de Navarre. Le pauvre petit prisonnier avait dans Paris même un très grand nombre de partisans. Cet enfant si chétif faisait peur à la terrible Convention. Elle ne voulait, à aucun prix, le rendre à la liberté. Dans la séance du 22 janvier 1795, Cambacérès lisait, au nom des deux comités, un rapport qui concluait ainsi : « Un ennemi est bien moins dangereux lorsqu'il est en votre puissance que lorsqu'il passe aux mains de ceux qui soutiennent sa cause ou qui ont embrassé son parti. Supposons que l'héritier de Capet se trouve placé au milieu de nos ennemis, bientôt vous apprendrez qu'il est présent sur tous les points où nos légions auront des ennemis à combattre. Lors même qu'il aurait cessé d'exister, on le retrouvera partout, et cette chimère servira longtemps à nourrir les coupables espérances des Français traîtres à leur pays... Il y a peu de danger à tenir en captivité les individus de la famille Capet; il y en a beaucoup à les expulser. L'expulsion des tyrans a presque toujours préparé leur rétablissement, et si Rome eût retenu les Tarquins, elle n'aurait pas eu à les combattre. »

Cependant, les Vendéens combattaient au nom de Louis XVII, et, à Paris, les agents secrets de la police constataient un réveil de l'opinion en faveur du jeune prince. On prononçait son nom

dans les halles et dans les faubourgs. Tout le
monde se préoccupait de ce qui se passait au
Temple. Tantôt on disait que le petit prisonnier
avait été enlevé, tantôt qu'on allait le proclamer
roi. On affichait ces vers au Jardin National :

> Nation coupable, égarée,
> Aux plus cruels fléaux livrée,
> Veux-tu chasser de ton giron
> Et la famine et la misère ?
> Rétablis le petit mitron
> Dans la boutique de son père.

Une certaine amélioration s'était produite dans
le traitement du fils de Louis XVI. Gomin,
adjoint comme gardien à Laurent, le 8 novembre
1794, et Lasne, qui remplaça Laurent le 1er avril
1795, témoignèrent à l'enfant des égards auxquels
depuis longtemps il n'était plus accoutumé. On
fit cesser, de temps à autre, son cruel isolement
On lui donna des cartes, on causa avec lui. On
le fit monter sur la plate-forme de la tour et y
prendre un peu d'air. Mais cela venait trop tard.
L'enfant, broyé par la douleur, était irrévocable-
ment perdu. Les soins de Gomin et de Lasne ne
pouvaient plus avoir d'effet. La duchesse de
Tourzel a écrit dans ses Mémoires : « Gomin me
dit que lorsqu'on leur avait remis le jeune prince
entre les mains, il était dans un état d'abandon
qui faisait mal à voir, et dont il éprouvait les plus
fâcheux inconvénients. Il était tombé dans un état
d'absorbement continuel, parlant peu, ne voulant
ni marcher, ni s'occuper de quoi que ce pût être,

Il avait cependant quelques éclairs de génie surprenants. Il aimait à quitter sa chambre, et on lui faisait plaisir quand on le portait dans la chambre du conseil et qu'on l'asseyait auprès de la fenêtre. Le pauvre Gomin qui, malgré sa bonne volonté, ne s'entendait pas au soin des malades, ne s'aperçut pas d'abord que cet état d'absorbement tenait à une maladie dont le pauvre petit prince était atteint, et qui était la suite des mauvais traitements, du défaut d'air et d'exercices plus nécessaires à cet enfant qu'à tout autre, car, en parlant de la beauté de son visage qui s'est conservée au delà même de sa vie, il faisait l'éloge de deux petites pommes rouges qu'il avait sur les joues, et qui n'annonçaient que trop la fièvre interne qui le consumait. Il ne tarda cependant pas à s'apercevoir que l'enfant avait des grosseurs à toutes les articulations, et il demanda à plusieurs reprises qu'on le fît voir à un médecin. On ne tint aucun compte de ses instances, et on ne lui envoya Desault, chirurgien en chef de l'Hôtel-Dieu, que lorsque les secours lui étaient devenus totalement inutiles. »

Le 6 mai 1795, le docteur Desault, qui était l'un des médecins les plus célèbres de l'époque, arrivait au Temple, et prodiguait ses soins à l'innocente victime. Le jeune prince s'en montrait reconnaissant, en rompant avec le bon docteur le silence qu'il gardait avec ses geôliers et les commissaires de la municipalité. Lorsque ceux-ci

annonçaient que la visite allait cesser, l'enfant,
ne voulant pas s'adresser à eux pour la prolonger, retenait Desault par le pan de son habit.
Mais le médecin devait mourir avant le jeune
malade. « Desault, dit encore la duchesse de
Tourzel, éprouva la plus vive émotion en voyant
l'état déplorable où était réduit cet auguste et
malheureux enfant. Il avait le plus grand désir
de le rappeler à la vie, et y employait tous ses
soins. Il n'avait que cette pensée dans l'esprit,
ne dormait ni jour ni nuit, et passait tout son
temps à chercher s'il ne pourrait trouver quelque
moyen d'y parvenir. Son imagination s'échauffa
tellement que sa santé s'en ressentit. Il éprouva
une fonte d'humeur considérable. La crainte de
se voir remplacer par un individu qui ne parta-
gerait pas ses sentiments lui fit prendre les
moyens de l'arrêter; ses humeurs s'enflammèrent,
et il fut atteint d'une dysenterie qui le conduisit
en peu de jours au tombeau. » Dans la nuit du
29 au 30 mai 1795, Desault tombait gravement
malade. Le 1ᵉʳ juin, il expirait. Des bruits
étranges coururent sur cette mort subite. On
prétendit que, sur son refus d'empoisonner le
petit prince, le médecin avait été empoisonné
lui-même. D'autres essayèrent de répandre l'ab-
surde rumeur qu'ayant administré au jeune
malade un poison lent, pour obéir à un ordre
secret, on l'avait empoisonné à son tour pour
effacer la trace du crime.

Louis XVII arrivait enfin au terme de ses maux. « La maladie de mon frère empirait de jour en jour, écrit Marie-Thérèse, son esprit même se ressentait de la dureté qu'on avait si longtemps exercée envers lui, et s'affaiblissait insensiblement. Le Comité de sûreté générale envoya pour le soigner le médecin Desault; il entreprit de le guérir, quoiqu'il reconnût que sa maladie était bien dangereuse. Desault mourut; on lui donna pour successeur Dumangin et le chirurgien Pelletan. Ils ne conçurent aucune espérance. On lui fit prendre des médicaments qu'il avala avec beaucoup de peine. Heureusement sa maladie ne le faisait pas beaucoup souffrir; c'était plutôt un abattement et un dépérissement que des douleurs vives. » Hélas! cette dernière phrase était une illusion de la jeune princesse. Au contraire, le malheureux enfant éprouva jusqu'à la fin de sa vie les plus cruelles tortures. « Que je suis malheureux de vous voir souffrir comme cela! » lui dit Gomin. « Consolez-vous, répondit le jeune martyr, je ne souffrirai pas toujours. » Quelques minutes avant de rendre l'âme, il pencha la tête vers ses deux gardiens, et, d'une voix éteinte, murmura ces dernières paroles : « Mettez-moi dans un endroit où je ne souffre pas autant. »

Marie-Thérèse termine son journal du Temple en mentionnant cette mort dans les termes suivants : « Ainsi mourut, le 9 juin 1795, à trois heures de l'après-midi, Louis XVII, âgé de dix ans et deux mois. Les commissaires le pleurèrent amèrement tant il s'était fait aimer d'eux par ses qualités aimables. Il avait eu beaucoup d'esprit ; mais la prison et les horreurs dont il a été victime l'avaient bien changé ; et même, s'il eût vécu, il est à craindre que son moral n'en eût été affecté.

« Je ne crois pas qu'il ait été empoisonné, comme on l'a dit, et comme on le dit encore ; cela est faux, d'après le témoignage des médecins qui ont ouvert son corps, où ils n'ont pas trouvé le moindre vestige de poison. Les drogues qu'il avait prises dans sa dernière maladie ont été décomposées et se sont trouvées saines. Le seul poison qui ait abrégé ses jours, c'est la malpropreté jointe aux horribles traitements, à la cruauté et aux duretés sans exemple qu'on a exercé envers lui.

« Telles ont été la vie et la fin de mes vertueux parents pendant leur séjour au Temple et dans les autres prisons.

« Fait à la tour du Temple. »

On cacha quelque temps à Marie-Thérèse la mort du pauvre petit prince. L'enfant gisait inanimé à deux pas d'elle, dans la chambre même qui était située au-dessous de la sienne, et elle l'ignorait, ne sachant encore rien de cette mort, pas plus que de celle de Marie-Antoinette et de Madame Élisabeth. Quand elle apprit plusieurs semaines après qu'elle avait perdu sa mère, sa tante, son frère, elle demeura inconsolable de n'avoir pu soigner l'innocente victime qui avait tant souffert. Pendant toutes les nuits qui précédèrent sa mort, le pauvre enfant n'avait eu personne pour le veiller. Il n'était permis à ses gardiens de le voir que le jour. C'est à trois heures de l'après-midi, dans les bras de Lasne, qu'il exhala son dernier souffle. S'il avait expiré la nuit, il se serait éteint dans une solitude absolue. Le règlement barbare qui interdissait de le veiller pendant la nuit ne fut supprimé que quelques heures après sa mort. Son corps, placé sur un brancard, fut porté au cimetière Sainte-Marguerite et jeté dans la fosse commune. Telle fut la fin du descendant et de l'héritier de Louis XIV.

Ce n'était point assez de tant de catastrophes et de si douloureux souvenirs pour la fille de Louis XVI. Elle devait être encore tourmentée toute sa vie par des importuns, par de soi-disant Louis XVII, qui la poursuivaient de leurs incessantes réclamations. Elle déclarait un jour avoir reçu des lettres de vingt-huit personnes différentes, dont chacune se disait son frère. L'histoire des faux Louis XVII ne rentre pas dans le cadre de cette étude. M. Chantelauze, dans son ouvrage si consciencieux et si remarquable, M. Ernest Bertin, dans d'excellents articles publiés par les *Débats* des 17, 27 et 31 janvier

1885, ont mis à néant des fables qui ne sauraient plus faire illusion à la crédulité publique. Un écrivain, tout à fait oublié aujourd'hui, Regnault Warin, détermina la vocation de la plupart des faux Louis XVII par un roman qu'il fit paraître en 1798 sous le titre de *Cimetière de la Madeleine*. Il y supposait que deux émissaires de Charette avaient apporté au Temple, dans le creux d'un cheval de bois offert au petit prince, un enfant engourdi avec de l'opium: qu'ils avaient substitué cet enfant à Louis XVII et remporté ce dernier dans le panier d'emballage du cheval de bois. D'après le même roman, Louis XVII, après avoir été réclamé, puis abandonné par l'armée vendéenne, s'embarquait pour l'Amérique, était pris en mer, ramené en France et jeté en prison, où il mourait. « Le romancier tuait Louis XVII, a dit M. Ernest Bertin: les prétendants ne poussèrent pas si loin leur plagiat. Le cheval de bois frappa surtout leur imagination, et tous y entrèrent pour s'échapper du Temple. »

Le plus fameux des prétendus Louis XVII est Naundorff, qui mourut, en Hollande, le 10 août 1845. Au mois d'août 1850, sa veuve et ses enfants assignèrent, devant le tribunal de la Seine, la duchesse d'Angoulême et les enfants du duc de Berry pour revendiquer la filiation de Louis XVI. Ils perdirent leur procès en 1851, en appelèrent en 1874 et le perdirent encore. Les personnes qui s'intéressent à cette cause étrange peuvent en lire les détails dans la *Gazette des Tribunaux*.

L'ouvrage de M. Chantelauze confirme par des faits précis et par des arguments topiques les conclusions des juges français. L'historien s'est surtout servi des témoignages recueillis par le préfet de police comte Anglès, dans une enquête ordonnée par Louis XVIII au début de la seconde Restauration, et qui avait pour but de rechercher, d'interroger et de récompenser toutes les personnes qui avaient montré quelque humanité dans leurs rapports avec les prisonniers du Temple. Ce sont les procès-verbaux de ces interrogatoires que M. Chantelauze a retrouvés dans les cartons des Archives nationales, et qui lui ont permis de détruire les légendes des faux Louis XVII. Pour établir la possibilité de l'évasion du fils de Louis XVI, on avait invoqué un témoignage de la veuve de Simon et le mutisme de l'enfant mort au Temple. La veuve Simon avait allégué, en 1817, que le docteur Desault, s'étant fait présenter le cadavre du prétendu Louis XVII, avait dit qu'il ne reconnaissait point le corps du jeune prince. Or, cette femme oubliait ou ne savait pas que Desault était mort le 1er juin 1795, huit jours avant Louis XVII. L'histoire de l'enfant muet n'a pas plus de consistance. De nombreuses personnes, entre autres les gardiens Gomin et Lasne, les commissaires Bellanger et Dumont, ont déclaré avoir entendu parler Louis XVII dans les derniers jours de sa vie. Deux des soi-disant fils de Louis XVI, Richemont et Naundorff, déclaraient avoir été sauvés par le comte de Frotté. Richemont disait avoir été sauvé par lui en juin 1794. Or, dans une lettre adressée à une dame Atkym, au mois de mars 1795, M. de Frotté rappelait avec tristesse l'impossibilité d'une pareille délivrance. Naundorff affirmait avoir été salué comme roi au milieu des soldats de Charette. Or, Charette, en 1796, accusait dans une proclamation officielle, les républicains d'avoir fait périr Louis XVII par le poison.

Oui, le véritable Louis XVII est, croyons-nous, le malheureux enfant qui mourut au Temple, le 9 juin 1795. Mais le seul fait des doutes qui ont plané sur sa mort, du mystère dont ses restes ont été entourés dans la fosse commune, n'est-il pas saisissant ? Comment ! le fils des Bourbons et des Habsbourg, l'héritier de Saint Louis, de Henri IV, de Louis XIV, l'enfant dont le berceau avait été entouré de tant d'adulations, ce dauphin d'une beauté idéale, d'une intelligence rare, qui, chaque fois qu'on le montrait à la foule attendrie, excitait une admiration, un enthousiasme général, voilà dans quel silence, dans quelles ténèbres il disparaît ! Qui constatera l'identité du descendant de tant de rois ? Sont-ce les hauts et puissants seigneurs, les personnages pourvus des grandes charges de cour ? Non, ce sont de pauvres gens, d'obscurs gardiens, des hommes du peuple. Comparez à la mort de Louis XVII sa naissance. Que de choses changées en dix ans, et quel plus mémorable exemple des vicissitudes de ce monde !

VI

L'ADOUCISSEMENT DE LA CAPTIVITÉ

La nouvelle de la mort de Louis XVII avait causé une impression profonde. Épuisée par ses propres fureurs, la Convention elle-même sentait ses colères se calmer et ses haines s'adoucir. Le 18 juin 1795, une députation de la ville d'Orléans venait à sa barre, et réclamait la mise en liberté de la fille de Louis XVI par une pétition où il était dit : « Citoyens représentants, tandis que vous avez rompu les fers de tant de malheureuses victimes d'une politique ombrageuse et cruelle, une jeune infortunée, condamnée aux larmes, privée de toute consolation, de tout appui, réduite à déplorer ce qu'elle avait de plus cher, la fille de Louis XVI languit encore au fond d'une horrible prison. Orpheline si jeune encore, si jeune encore abreuvée de tant d'amertume, de tant de deuils, qu'elle a douloureusement

expié le malheur d'une si auguste naissance !
Hélas ! Qui ne prendrait pitié de tant de maux,
de tant d'infortunes, de son innocence, de sa
jeunesse ? »

La pétition se terminait ainsi : « Venez, en-
tourez tous cette enceinte, formez un cortège
pieux, vous, Français sensibles, et vous tous qui
reçûtes des bienfaits de cette famille infortunée ;
venez, mêlons nos larmes, élevons nos mains
suppliantes et réclamons la liberté de cette jeune
innocente, nos voix seront entendues ; vous allez
la prononcer, citoyens représentants, et l'Europe applaudira à cette résolution, et ce jour sera
pour nous, pour la France entière, un jour d'allégresse et de joie. »

Quelques semaines auparavant, les auteurs
d'une pareille pétition eussent été condamnés à
mort, et maintenant on les laissait exprimer leurs
vœux à la barre de la Convention. Une réaction
incontestable s'était manifestée dans les esprits.
A partir de ce moment, les rigueurs de la captivité de Marie-Thérèse furent notablement atté-
nuées. Nous trouvons les détails de ces adoucissements dans le livre de François Hue : *Les
Dernières Années de Louis XVI,* dans les Mémoires de
la duchesse de Tourzel, et dans deux œuvres
magistrales : *Louis XVII,* par M. de Beauchesne.
la *Vie de Marie-Thérèse de France,* par M. Nettement.

La solitude de l'orpheline du Temple cessa.

Un arrêté du Comité de sûreté générale, en date du 13 juin 1795, décida « qu'il serait placé auprès de la fille de Louis Capet une femme pour lui servir de compagnie, et le Comité, faisant son choix entre « trois femmes recommandables par leurs vertus morales et républicaines », désigna « la citoyenne Madeleine-Élisabeth-Renée-Hilaire La Rochette, femme du citoyen Bocquet de Chantereine, demeurant à Paris, rue des Rosiers, n° 24, section des Droits de l'homme ». Cette dame avait environ trente ans. Il était dit, dans les renseignements fournis sur son compte : « Ses mœurs sont douces et honnêtes, son extérieur est décent. Quoique ayant habité longtemps la campagne, elle n'est point déplacée à la ville. Ses sociétés, sans être très brillantes, ont toujours été très choisies. Elle parle bien le français, l'écrit avec facilité et correctement. Elle sait aussi l'italien et un peu d'anglais. L'étude des langues, de l'histoire, de la géographie, la musique, le dessin, les travaux amusants et utiles de son sexe, ont été les occupations de sa vie. Sa commune, qu'elle n'a quittée que depuis peu de mois, est celle de Gouiily, près de Meaux. Elle y était remarquée par sa popularité et jamais l'on n'a douté de son civisme. »

Marie-Thérèse fit bon accueil à Madame de Chantereine. Elle rencontrait enfin une femme qui lui dirait la vérité sur les êtres chers à son cœur. Alors s'engagea ce dialogue entre la jeune princesse et sa nouvelle compagne : « — Où est ma mère ? — Madame n'a plus de mère. — Et mon frère ? — Plus de frère ? — Et ma tante ? Plus de tante. — Eh quoi! Élisabeth aussi ? Mais qu'ont-ils pu lui reprocher ? »

Le 28 juillet 1795, Madame de Chantereine écrivait au Comité de sûreté générale : « Citoyens représentants, j'ai différé jusqu'à présent à correspondre avec vous, pour acquérir le temps, les moyens de vous donner des notions justes de ma conduite avec la fille de Louis Capet, près de laquelle le Comité m'a placée. Dès les premiers instants de mon séjour ici je me suis flattée du succès de mes soins; aujourd'hui j'ose assurer qu'il passe mes espérances; je le dois à l'heureux naturel de ma compagne. Pour peu que je la seconde, je n'ai qu'à applaudir. Les vertus les plus estimables ont chez elle devancé l'âge. Ses qualités aimables et ses talents ne demandent qu'à être developpés et exercés. Elle joint à une touchante sensibilité de cœur la fermeté et l'énergie de l'âme. »

L'adoucissement du sort de la jeune prisonnière coïncidait avec l'arrivée de Madame de Chantereine au Temple. Un arrêté du 20 juin 1795 permit de donner quelques vêtements à la fille de Louis XVI. Elle put enfin quitter la robe de soie puce, qui n'était plus qu'une guenille, et que, depuis plus d'un an, elle ne cessait de raccommoder. « Maintenant, a dit le gardien

Gomin, sa mise était très convenable. Le matin, dans sa chambre, elle était en redingote de basin blanc ; toute la journée en robe de nankin ; le dimanche elle se mettait en robe de linon, et toutes les fêtes solennelles elle se parait d'une robe de soie verte. Sa belle chevelure, si abondante que les femmes à la mode de l'époque prétendaient qu'elle portait perruque, flottait, comme par le passé, dans un aimable négligé, retenue avec grâce par un ruban et quelquefois par un fichu attaché sur le devant de la tête. » On remit à la jeune princesse du papier, des crayons, de l'encre de Chine, des pinceaux, l'*Histoire de France* de Velly, *Les Mondes* de Fontenelle, les *Œuvres* de Racine et de Boileau, les *Lettres* de Madame de Sévigné et de Madame de Maintenon. Ses gardiens eurent la permission de la faire descendre dans le jardin du Temple. Un petit épagneul, que lui avait donné Laurent, l'y suivait. Du haut des fenêtres des maisons voisines, on pouvait alors apercevoir la jeune captive.

Tout près de la tour et du jardin il y avait une grande maison ovale qu'on appelait la Rotonde, et qui se trouvait comprise dans l'enceinte du Temple. Le fidèle François Hue s'empressa d'y louer une chambre, afin de pouvoir contempler la princesse à l'heure où elle se promenait dans le jardin.

« De mes fenêtres, a-t-il dit, je voyais Madame, et je pouvais en être aperçu ; elle put même entendre chanter dans cette chambre une romance qui lui annonçait que bientôt les portes de sa prison allaient s'ouvrir.

> Calme-toi, jeune infortunée.
> Bientôt ces portes vont s'ouvrir.
> Bientôt, de tes fers délivrée,
> D'un ciel pur tu pourras jouir.
> Mais en quittant ce lieu funeste,
> Où régna le deuil et l'effroi,
> Souviens-toi du moins qu'il y reste
> Des cœurs toujours dignes de toi.

« L'auteur de cette romance était M. Lepitre, officier municipal. C'est là aussi que j'amenais Mademoiselle de Brevannes, pour qu'elle essayât, en faisant de la musique, de distraire cet ange de douceur et de vertu. Mademoiselle de Brevannes a composé à cette occasion la complainte suivante de la *Jeune prisonnière* (paroles et musique), qu'elle a chantée en cet endroit avec beaucoup d'autres :

> Au fond de cette tour obscure
> Où m'a confiné le malheur,
> Vainement toute la nature
> Me paraît sourde à ma douleur.
> Ah ! cependant des cœurs sensibles,
> Que je sais s'occuper de moi,
> Rendent mes chaînes moins pénibles,
> En me prouvant encor leur foi.
>
> L'intérêt, ni la flatterie,
> N'ont point inspiré leurs accents ;
> Par eux je fus toujours chérie,
> Je dois tout à leurs sentiments.
> Oui, seule, je les intéresse ;
> Sans l'éclat pompeux des grandeurs,

Sans récompense ni promesse,
Je règne à jamais sur leurs cœurs.

« On chantait aussi aux fenêtres de la rue de
la Corderie, qui longeait l'enclos du Temple,
du côté de la tour. Malgré leur sympathie pour
la princesse, les deux gardiens Gomin et Lasne
crurent devoir se mettre en règle avec le Comité
de sûreté générale en lui dénonçant ce petit com-
plot harmonieux. Ils lui écrivirent, le 11 août
1795 : « Citoyens représentants, nous avons remarqué aujourd'hui que, des croisées de la rue
de la Corderie qui ont vue sur le jardin, on a
chanté une romance. Ayant cru nous apercevoir
que l'on répétait cette romance à la vue de la
jeune détenue, nous avons dirigé notre promenade d'un autre côté. Salut et fraternité. »

Le 15 août 1795, jour de la fête de Marie-
Thérèse, les chants recommencèrent à la fenêtre
de la chambre que François Hue avait louée
dans la Rotonde. La princesse fut sensible à
cette attention, et fit au jardin une promenade
plus longue que de coutume. Le surlendemain,
Gomin était mandé au Comité de sûreté générale : « — On donne des concerts, lui dit-on. —
Citoyens, répondit-il, c'est une actrice qui répète ses rôles. » L'affaire en resta là pour le moment. Mais le gouvernement fit prévenir indirec-
tement François Hue que l'hommage rendu au
malheur ne serait respecté que si les choses
n'allaient pas plus loin. Alors les chants cessè-

rent, pour n'être repris que quelques semaines plus tard. Le 25 août, Marie-Thérèse espérait qu'en l'honneur de la fête de saint Louis elle entendrait encore la romance qui l'avait tant émue le jour de l'Assomption. Dans cet espoir, elle descendit au jardin, et, comme nul chant ne parvenait à son oreille, elle fut inquiète et attristée de ce silence.

Le 3 septembre 1795, troisième anniversaire des massacres, préludes horribles des plus grands crimes, la jeune captive reçut au Temple la visite de deux femmes dont la vue lui rappelait de cruels souvenirs, mais pour qui elle avait la plus vive affection. C'étaient la marquise de Tourzel, gouvernante des enfants de France (nommée duchesse par Louis XVIII en 1816), et sa fille Pauline, compagne d'enfance de la princesse.

La marquise de Tourzel, fille du duc de Croy-Havré et d'une Montmorency - Luxembourg, avait alors quarante-six ans. C'était un modèle de piété, de dévouement et de courage. Au lendemain de la prise de la Bastille, elle avait remplacé, comme gouvernante des enfants de France, la duchesse de Polignac qui partait pour l'émigration. Le sentiment des malheurs de la famille royale, le spectacle de l'abandon où beaucoup de ceux qui l'entouraient l'avaient déjà laissée, décidèrent Madame de Tourzel à accepter ce poste périlleux. Ainsi que sa fille l'a écrit dans les *Sou-*

venirs de quarante ans, « elle se résigna au sacrifice qu'on lui demandait. C'en était un alors, et un bien grand ; on pouvait déjà prévoir quelques-uns des malheurs cachés dans l'avenir, » Marie-Antoinette avait dit à la nouvelle gouvernante : « Madame, j'avais confié nos enfants à l'amitié ; je les confie maintenant à la vertu. » Madame de Tourzel assista aux scènes des 5 et 6 octobre 1789, à tout le voyage de Varennes, aux tragédies des 20 juin et 10 août 1792, à toutes les angoisses de l'agonie de la royauté. Elle suivit la famille royale dans la loge du Logographe et au couvent des Feuillants. Ce fut dans ce couvent qu'elle entendit la reine, devant qui l'on venait de prononcer le nom du Temple, lui dire tout bas : « Vous verrez qu'ils me mettront dans la tour, dont ils feront pour nous une véritable prison. J'ai toujours eu une telle horreur pour cette tour que j'ai prié mille fois M. le comte d'Artois de la faire abattre, et c'était sûrement un pressentiment de tout ce que nous aurons à y souffrir. » Et comme la gouvernante des enfants de France cherchait à écarter de la malheureuse mère une pareille idée : « Vous verrez si je me trompe ! » répliqua Marie-Antoinette. Hélas ! elle ne se trompait pas.

Madame de Tourzel était entrée au Temple avec la famille royale le 13 août 1792. Mais on l'en avait arrachée dans la nuit du 19 au 20 août, à son grand désespoir, car elle regrettait la captivité autant que d'autres regrettent la liberté. Elle n'échappa que par miracle au couteau des septembriseurs. Pendant l'interrogatoire qu'elle subit, on lui reprocha d'avoir accompagné, lors du voyage de Varennes, le Dauphin, son élève. Elle eut le courage de répondre : « J'avais fait le serment de ne jamais le quitter, je ne pouvais m'en séparer. Je lui étais d'ailleurs trop attachée pour ne pas chercher à conserver sa vie, même aux dépens de la mienne. » A la prison de la Force, un homme, ayant aperçu qu'elle portait au doigt un anneau, lui demanda de lire elle-même ce qu'il y avait autour. Elle lut alors : « *Domine salvum fac Regem Delphinum et Sororem!* Seigneur, sauvez le Roi, le Dauphin et sa Sœur ! » Un mouvement de colère se manifesta dans la foule. On cria : « Jetez à terre l'anneau ! » — « C'est impossible ! dit alors la gouvernante des Enfants de France. Tout ce que je puis faire, si vous êtes fâchés de le voir, c'est de le mettre dans ma poche. Je suis tendrement attachée à Mgr le Dauphin et à Madame. Je donne, depuis plusieurs années, des soins particuliers au premier, et je l'aime comme mon enfant ; je ne puis renier le sentiment que je porte dans mon cœur, et vous me mépriseriez, j'en suis sûre, si je faisais ce que vous me proposez. »

Madame de Tourzel, incarcérée de nouveau avec sa fille Pauline, au mois de mars 1794, ne sortit de prison qu'à la fin du mois d'octobre de la même année, trois mois après la mort de Robespierre. Dans ses Mémoires, c'est à peine si elle dit quelques mots de cette dernière captivité. Elle n'est occupée que des malheurs de la famille royale. « Nous eûmes la douleur de pleurer Madame Élisabeth, cet ange de courage et de vertu. Elle était le soutien, l'appui et la consolation de Madame. Nous étions dans la plus vive inquiétude de cette jeune princesse. Nous nous représentions ce cœur si sensible, seule dans cette horrible tour, livrée à elle-même, sans consolation, et au milieu des peines les plus vives que le cœur puisse ressentir. Les nôtres étaient déchirés en pensant à sa situation et à celle de notre cher petit prince traités l'un et l'autre avec une barbarie sans exemple, et privés même de la douceur de pleurer ensemble sur les malheurs dont ils étaient accablés. Nous n'avons jamais pensé à nous plaindre de notre sort, nous étions trop occupées de celui du jeune roi et de Madame. »

C'était le 3 septembre 1795. Après de nombreuses démarches, Madame de Tourzel venait enfin d'obtenir du Comité de salut public l'autorisation de se rendre au Temple avec sa fille et d'y faire une visite à Madame Royale. « Je demandai à Gauthier, a-t-elle écrit dans ses Mémoires, si Madame avait connaissance de toutes les pertes qu'elle avait faites ; il nous dit qu'il n'en savait rien ; et nous eûmes tout le long du chemin du Comité, qui se tenait à l'hôtel de Brienne, jusqu'au Temple, l'inquiétude d'avoir peut-être à lui apprendre qu'elle avait perdu tout ce qui lui restait de plus cher au monde.

« En arrivant au Temple, je remis ma permission aux deux gardiens de Madame, et je demandai à voir Madame de Chantereine en particulier. Elle me dit que Madame était instruite de tous ses malheurs et que nous pouvions entrer. Je la priai de dire à Madame que nous étions à la porte. Je redoutais l'impression que pouvait produire sur cette princesse la vue des deux personnes qui, à son entrée au Temple, accompagnaient ce qu'elle avait de plus cher au monde, et dont elle était réduite à pleurer la perte ; mais heureusement, la sensibilité qu'elle éprouva n'eut aucune suite fâcheuse. Elle vint à notre rencontre, nous embrassa tendrement, et nous conduisit à sa chambre, où nous confondîmes nos larmes sur les objets de ses regrets. »

On comprend combien dut être pathétique l'entrevue de la jeune princesse et de son ancienne gouvernante. Que de choses lugubres elles avaient à se dire ! Si la fille de Louis XVI et de Marie-Antoinette, la nièce de Madame Élisabeth, la sœur de Louis XVII, pouvait raconter à Madame de Tourzel les drames du Temple, Madame de Tourzel pouvait lui raconter ceux de la prison de la Force ; elle pouvait lui parler de la princesse de Lamballe dont elle avait été la compagne de captivité jusqu'à l'heure du massacre. La gou-

vernante des enfants de France avait autant souffert que la famille royale elle-même. De combien
de victimes n'allait-elle pas avoir à retracer la
fin tragique ! Que de funestes nouvelles à apprendre à la jeune captive ! Oh ! quelle revue ré-
trospective ! Que de détails sinistres ! Quel océan
de larmes ! Peut-on imaginer confidences plus
amères et dialogue plus déchirant ? Le décor lamentable, cette fatale, cette horrible tour, ajoutait à la morne tristesse des propos échangés. La
vue seule de Madame de Tourzel rappelait à la prisonnière toutes les catastrophes des années terribles : journées d'octobre, voyage de Varennes,
20 Juin, 10 Août, égorgement des Suisses,
arrivée à la tour du Temple, massacres de Septembre.

De son côté, Madame de Tourzel, devant l'orpheline du Temple, était saisie d'un sentiment
d'admiration, de vénération et de tendresse. Elle
aurait voulu se prosterner aux pieds de l'héroïque et angélique princesse dont le front lui
semblait comme entouré d'une auréole. « Nous
avions laissé, dit-elle, Madame faible et délicate,
et, en la revoyant au bout de trois ans de malheurs sans exemple, nous fûmes bien étonnées
de la trouver belle, grande et forte, et avec cet
air de noblesse qui fait le caractère de sa figure.
Nous fûmes frappées, Pauline et moi, d'y retrouver les traits du roi, de la reine, et même de
Madame Élisabeth. Le Ciel, qui la destinait à être

le modèle de ce courage qui, sans rien ôter à la sensibilité, rend cependant capable de grandes actions, ne permit pas qu'elle succombât sous le poids de tant de malheurs.

Madame en parlait avec une douceur angélique. Nous ne lui vîmes jamais un seul sentiment d'aigreur contre les auteurs de tous ses maux. Digne fille du roi son père, elle plaignait encore les Français, et elle aimait toujours ce pays où elle était si malheureuse ; et sur ce que je lui disais que je ne pouvais m'empêcher de désirer sa sortie de France pour la voir délivrée de son affreuse captivité, elle me répondit avec l'accent de la douleur : « — J'éprouve encore de la consolation, en habitant un pays où reposent les cendres de ce que j'avais de plus cher au monde. » — Et elle ajouta, fondant en larmes, et du ton le plus déchirant : « — J'aurais été plus heureuse de partager le sort de mes bien-aimés parents que d'être condamnée à les pleurer. »

Marie-Thérèse parla d'abord du roi-martyr. « Mon père, dit-elle, avant de se séparer de nous pour jamais, nous fit promettre à tous de ne jamais penser à venger sa mort, et il était bien assuré que nous regardions comme sacré l'accomplissement de sa dernière volonté. Mais la grande jeunesse de mon frère lui fit désirer de produire sur lui une impression encore plus forte. Il le prit sur ses genoux et lui dit : « — Mon fils, vous avez entendu ce que je viens de dire, mais comme le serment est encore quelque chose de plus sacré que les paroles, jurez, en levant la main, que vous accomplirez la dernière volonté de votre père. »

Après avoir parlé de Louis XVI, l'orpheline parla de Louis XVII et des mauvais traitements qu'il essuyait journellement. « Ce barbare Simon, dit-elle, le maltraitait pour l'obliger à chanter la *Carmagnole* et des chansons détestables, de manière que les princesses pussent l'entendre, et quoi qu'il eût le vin en horreur, il le forçait d'en boire lorsqu'il voulait l'enivrer. C'est ce qui arriva le jour où il lui fit dire devant Madame et Élisabeth les horreurs dont il fut question dans le procès de notre malheureuse reine. A la fin de cette scène atroce, le malheureux petit prince, commençant à se désenivrer, s'approcha de sa sœur, et lui prit la main pour la baiser ; l'affreux Simon, qui s'en aperçut, lui envia cette légère consolation, et l'emporta sur-le-champ, laissant les princesses dans la consternation de ce dont elles venaient d'être témoins. »

La jeune captive raconta ensuite avec l'attendrissement le plus profond tout ce qu'elle devait à sa tante, Madame Élisabeth. « Ces détails si intéressants à entendre de la bouche de Madame, a dit la gouvernante des enfants de France, nous faisaient fondre en larmes ; nous admirions le courage de cette sainte princesse et cette prévoyance qui s'étendait sur tout ce qui pouvait être utile à Madame... Non contente de s'occuper de ceux qui lui étaient chers, elle employa ses derniers moments à préparer à paraître devant Dieu les personnes condamnées à partager son sort; et elle exerça la charité la plus héroïque jusqu'à l'instant où elle alla recevoir les récompenses promises à une vertu aussi éclatante et aussi éprouvée que l'avait été celle de cette vertueuse et sainte princesse. Madame eut bien de la peine à se persuader qu'elle en était privée pour toujours. Elle n'avait jamais cru qu'on pût pousser la fureur jusqu'à attenter aux jours d'une princesse qui ne pouvait avoir eu aucune part au gouvernement... Il n'en était pas de même de la Reine; elle l'avait vue trop en butte aux méchancetés ; on redoutait trop son courage et son titre de mère du jeune roi, pour qu'elle pût se flatter de se retrouver un jour entre ses bras. Aussi ses adieux furent-ils déchirants. »

Après avoir ainsi parlé de sa famille, Marie-Thérèse demanda des nouvelles de toutes les personnes qui lui avaient été attachées, ainsi qu'à la reine et à la famille royale, et particulièrement des jeunes filles qu'elle voyait autrefois chez sa gouvernante. Son cœur n'oubliait rien de ce qui pouvait les intéresser. Madame de Tourzel et sa fille prirent ensuite congé de la princesse, en lui promettant de revenir au Temple trois fois par décade, ainsi que le Comité de salut public leur en avait donné la permission.

La même autorisation fut accordée à la baronne de Mackau, sous-gouvernante des enfants de France, dont la fille, la marquise de Bombelles, avait été la meilleure amie de Madame Élisabeth. Gomin a raconté ainsi la première visite de la sous-gouvernante au Temple. « Madame de Mackau, qui était fort âgée, et dont une détention très longue avait altéré la santé, paraissait souffrante, et avait de la peine à se soutenir. Madame, prévenue de son arrivée, cède à l'impatience de la voir, et, courant au-devant d'elle, se trouve dans ses bras. L'ancienne sous-gouvernante veut s'excuser de n'avoir pu arriver jusqu'à la tour avant que Madame eût quitté son appartement. — Comment! s'écrie Madame, aurai-je pu différer d'une seconde le plaisir de vous embrasser ? — C'est juste, répond Madame de Mackau, Madame a descendu les marches bien plus vite que je n'aurais pu les monter. — Il y a trois ans, un mois et un jour, que je n'ai eu le bonheur de vous voir, s'écrie encore la princesse, en embrassant sa gouvernante, puis elle prend son bras, le passe dans le sien, avec une grâce affectueuse, et l'aide ainsi à marcher. » Après l'avoir conduite jusqu'au troisième étage de la tour du Temple, elle s'exprima à peu près en ces termes : « Pleurons, mais non sur mes parents ; leur tâche est achevée : ils en ont touché le prix : on ne leur ôtera pas la couronne que Dieu leur a mise maintenant sur la tête. Prions, non pour

eux, mais pour ceux qui les ont fait périr. Quant
à moi, ces années si dures ne m'auront point été
inutiles ; j'ai eu le temps de réfléchir devant Dieu
et avec moi-même. Je suis plus forte contre le
mal. Je suis loin de confondre la nation française avec ceux qui m'ont enlevé tout ce que j'aimais le plus au monde. Sans doute, je serais
charmée de quitter la prison, mais je préférerais
la plus petite maison en France aux honneurs
qui attendent partout une princesse aussi malheureuse que moi. »

Le lendemain de sa première visite au Temple,
la marquise de Tourzel avait écrit une lettre à
Louis XVIII. Dans sa réponse, ce prince chargea
l'ancienne gouvernante des enfants de France de
pressentir Marie-Thérèse sur le désir qu'il avait
de lui faire épouser le duc d'Angoulême, son
neveu, fils du comte d'Artois. Ce mariage, s'al-
liait si bien à l'attachement que la jeune princesse conservait pour sa famille, et même pour
cette France qui l'avait si mal traitée, qu'elle
y était portée d'elle-même. « Un motif bien puissant pour son cœur, ajoute Madame de Tourzel,
vint encore à l'appui : c'était le vœu bien prononcé du roi son père et de la reine de conclure
ce mariage à l'instant de la rentrée des princes,
et je lui rapportai les propres paroles de la reine,
quand Leurs Majestés me donnèrent la marque
de confiance de me parler de leurs projets à cet
égard. — On s'est plu, me dit cette princesse, à

donner à mes frères des impressions défavorables au sentiment que nous leur portons. Nous leur prouverons le contraire en donnant sur-le-champ la main de ma fille au duc d'Angoulême, malgré sa grande jeunesse, qui aurait pu nous faire désirer d'en retarder le moment. »

Marie-Thérèse écouta ce récit avec émotion, et demanda pourquoi ses parents ne lui avaient jamais parlé du mariage projeté par eux. Madame de Tourzel répondit : « C'était de leur part une mesure de prudence de ne pas occuper votre imagination de pensées de mariage qui auraient pu nuire à l'application qu'exigeaient vos études. »

Du moment où Marie-Thérèse connut le vœu formé par son père et sa mère, l'orpheline se considéra comme définitivement fiancée au prince qu'une volonté sacrée désignait à son choix. L'idée d'unir ses malheurs à ceux de sa famille et d'être encore utile à son pays, en prévenant les prétentions qu'aurait pu soulever un prince étranger à l'occasion de son mariage, lui avait fait en outre une très vive impression. Quelques jours après, comme le bruit se répandait que la jeune princesse se rendrait bientôt à Vienne, pour y épouser l'archiduc Charles, Madame de Mackau lui dit : « Si cette mesure politique doit contribuer à ramener Madame en France, je veux m'en réjouir. » — « Ah ! répondit Marie-Thérèse, je ne connais de mesures politiques que les dernières volontés de mes parents ; je n'épouserai jamais que le duc d'Angoulême. »

Les visites de Madame de Tourzel au Temple se succédaient régulièrement. L'ancienne gouvernante des enfants de France vivait en assez bonne intelligence avec Madame de Chantereine, mais non sans éprouver contre cette dame un peu de rivalité qui se produit presque toujours dans l'entourage des princesses, même des princesses exilées. « Madame de Chantereine, dit-elle, ne manquait pas d'esprit, et paraissait avoir reçu de l'éducation. Elle savait l'italien, ce qui avait été agréable à Madame, à qui on l'avait fait apprendre pendant son éducation. Elle était adroite et brodait bien, ce qui était une ressource pour cette jeune princesse, à qui elle donnait des leçons de broderie. Mais, élevée dans une petite ville de province, dans la société de laquelle elle brillait, elle y avait pris un ton de suffisance et une si grande idée de son mérite qu'elle croyait devoir être le mentor de Madame, et prendre avec elle un ton de familiarité dont la bonté de cette princesse l'empêchait de s'apercevoir. Nous cherchions, Pauline et moi, à lui montrer le respect qu'elle lui devait par celui que nous lui témoignions, mais ce fut inutilement. Elle avait si peu d'idée des convenances qu'elle se croyait autorisée à prendre des airs d'autorité qui nous faisaient mal à voir. Elle était, de plus, très susceptible, aimait qu'on lui fît la cour et nous regarda de très mauvais œil quand elle vit que nous nous bornions vis-à-vis d'elle aux seuls égards de politesse. Madame l'avait prise en amitié et lui donna les soins les plus touchants dans une violente attaque de nerfs qu'elle éprouva un jour où nous étions au Temple. Elle paraissait s'être attachée à Madame, et dans les circonstances où l'on se trouvait, on devait être heureux de voir auprès d'elle une personne qui paraissait lui être agréable et à qui on ne pouvait refuser des qualités. Elle nous laissa seules avec Madame dans les premières visites que nous rendîmes à cette princesse : mais elle se mit ensuite presque toujours en tiers avec nous. »

Tout ce qui s'était passé au Temple intéressait au plus haut degré Madame de Tourzel ; mais ce qui la préoccupait, surtout, c'était le sort de Louis XVII. Elle se demandait parfois si le royal enfant était réellement mort. « Ne pouvant soutenir, dit-elle, l'idée d'une perte qui m'était aussi sensible, et conservant quelques doutes sur sa réalité, je voulus m'assurer positivement s'il fallait perdre tout espoir. Je connaissais depuis mon enfance le médecin Jeanroi, vieillard de plus de quatre-vingts ans, d'une probité peu commune, et profondément attaché à la famille royale. Il avait été choisi pour assister à l'ouverture du corps du jeune roi, et pouvant compter sur la vérité de son témoignage comme sur le mien propre, je le fis prier de passer chez moi.

Sa réputation l'avait fait choisir par les membres de la Convention pour fortifier de sa signature la preuve que le jeune roi n'avait pas été empoisonné. Ce brave homme refusa d'abord de se rendre au Temple pour constater les causes de sa mort, les avertissant que, s'il apercevait la moindre trace de poison, il en ferait mention au risque même de sa vie. — « Vous êtes précisément l'homme qu'il nous est essentiel d'avoir, lui dirent-ils, et c'est pour cette raison que nous vous avons préféré à tout autre. »

Madame de Tourzel demanda au vieux médecin s'il avait bien connu le jeune prince avant son entrée au Temple. Jeanroi répondit qu'il l'avait vu rarement, et ajouta : « La figure de cet enfant, dont les ombres de la mort n'avaient point altéré les traits, était si belle et si intéressante qu'elle est toujours présente à ma pensée. Je le reconnaîtrais parfaitement, si l'on m'en montrait un portrait. » Madame avait du prince un portrait qui était d'une ressemblance frappante. Elle le fit voir à Jeanroi, qui s'écria : « On ne peut s'y méprendre, c'est lui-même; on ne peut le méconnaître. »

La gouvernante des enfants de France contemplait avec émotion les différentes pièces de la tour comme autant de stations d'un calvaire. Marie-Thérèse lui offrit un jour de la mener au deuxième étage, où avaient demeuré Louis XVI et Louis XVII. La princesse y entra avec un saint respect, suivie de Mademoiselle Pauline de Tourzel. La perte du jeune roi était si récente que sa gouvernante ne se sentit pas le courage de revoir un lieu où il avait tant souffert. Mais elle entra avec la princesse dans les appartements de la petite tour où elle avait été elle-même enfermée depuis le 13 jusqu'au 20 août 1792. Marie-Thérèse lui dit alors : « Si vous aviez la curiosité de feuilleter le registre qui est sur cette table, vous y verriez le compte rendu par les commissaires depuis notre entrée au Temple. » Madame de Tourzel ne se fit pas prier. Elle se mit sur-le-champ à feuilleter le registre. Elle y vit les rapports adressés jour par jour à la Convention sur la famille royale, et notamment sur la maladie, la mort et la sépulture de Louis XVII. « Ils ne me confirmèrent que trop, a-t-elle dit, qu'on ne pouvait raisonnablement conserver le plus léger espoir sur la vie du jeune roi. »

Infatigable dans son dévouement, Madame de Tourzel trouva le moyen d'établir une correspondance entre Marie-Thérèse et Louis XVIII, et de remettre à la princesse une lettre du prince. « C'était, a-t-elle dit, la réponse à une lettre bien touchante que Madame lui avait écrite le lendemain du jour où je la vis pour la première fois. Le roi lui parlait en père le plus tendre, et elle aurait bien désiré garder sa lettre, mais il n'y avait pas moyen. Je courais risque de la vie chaque fois que je me chargeais d'une de ses correspondances, et il en eût été de même si on eût trouvé chez Madame une lettre de Sa Majesté. Elle la brûla, à son grand regret, et j'éprouvai une peine sensible à lui en demander le sacrifice. » De son côté, François Hue parvint aussi à faire passer à la princesse une lettre de Louis XVIII et à l'informer de la substance d'une autre lettre par laquelle Charette, exprimant les sentiments de l'armée catholique et royale de Vendée, protestait que ses compagnons d'armes et lui verseraient jusqu'à la dernière goutte de leur sang pour briser les fers de l'auguste captive.

Cependant, l'opinion publique s'intéressait de plus en plus à la fille de Louis XVI et de Marie-Antoinette. On commençait à faire circuler des brochures dans lesquelles on réclamait sa délivrance, et un almanach publié à Bâle, où M. Michaud avait écrit sous un pseudonyme : « Marie-Thérèse a la liberté de se promener dans les cours du Temple. Deux commissaires veillent toujours auprès d'elle, ils ne l'approchent que le chapeau bas, et ils la traitent avec le respect qu'inspirent le souvenir de ce qu'elle fut et le triste spectacle de ce qu'elle est aujourd'hui. Plusieurs personnes viennent tous les jours la voir, et elle ne dîne presque jamais seule. Une chèvre qui est auprès d'elle occupe ses soins ; la chèvre reconnaissante la suit familièrement. Un de ces jours, un commissaire appelait ce fidèle animal, pour savoir s'il le suivrait aussi, mais la chèvre

n'a pas voulu le suivre, ce qui fit sourire douce-
ment Marie-Thérèse. Un chien est aussi le fidèle
compagnon de la jeune prisonnière, et paraît lui
être très attaché. »

Quand la princesse descendait dans le jardin
du Temple, on lui permettait d'y apporter des
crayons, et de dessiner les différents aspects de
cette tour à la fois fatale et bénie, qui était en
même temps une prison et un sanctuaire. Les
concerts sympathiques avaient recommencé dans
les maisons du voisinage.

Ces concerts furent l'objet d'une dénonciation
d'un nommé Leblanc, où il était dit : « Il y a
environ quatre mois qu'on donne de temps à
autre des concerts dans la Rotonde du Temple,
en montant par l'escalier nº 4, aux mansardes
du quatrième. Le logement était occupé par de
braves gens, que l'on a très largement payés
pour le céder. Depuis deux décades ces concerts
prétextés se répètent beaucoup plus souvent dans
ce lieu. Ce sont des femmes très élégantes et des
hommes à nattes retroussées qui s'y rendent pour
contempler à loisir la fille Capet, qui, de son
côté, ne manque pas d'aller se promener dans
le jardin du Temple aussitôt qu'elle est instruite
que l'assemblée royaliste est complète. C'est alors
que ces partisans de la défunte cour lui adres-
sent toutes les protestations de dévouement et de
respect pour sa personne royale. Le lieu du concert ne se trouvant pas assez spacieux pour con-

tenir toute cette illustre compagnie, elle se rend aussi en grand nombre dans une maison rue Beaujolais, n° 12, dont les croisées ont également vue sur le jardin du Temple, et là, comme aux mansardes de la Rotonde, se répètent publiquement les mêmes gestes, signaux et marques d'attachement à la fille de Marie-Antoinette... Le 1er vendémiaire, il y eut concert vers les cinq heures du soir, heure à laquelle il commence ordinairement; ce fut un cours d'adorations et de télégraphie jusqu'à la fin du jour. On a cru y remarquer des personnes attachées à divers spectacles, et depuis l'époque citée, les voitures, qui étaient presque inconnues dans ce quartier, y roulent fréquemment. On compte par approximation une centaine de personnes qui se rendent à la fois dans les endroits ci-dessus désignés ; elles sont successivement et continuellement relevées par d'autres. »

Qu'ils sont intéressants et pathétiques ces concerts improvisés aux fenêtres des maisons voisines de la tour ! Entendez-vous les voix ? Entendez-vous les harpes ? Ce sont des cantiques de pitié, des hymnes de vénération. L'attendrissement se propage de rue en rue, de maison en maison. Les passants s'arrêtent et soupirent. Le peuple, naguère furieux, est revenu aux meilleurs sentiments de l'âme humaine. Toutes les mères s'apitoient sur la jeune orpheline, et, en méditant sur son sort, elles se disent : « Grand Dieu ! si

pareille chose arrivait jamais à mes enfants ! »
Voilà la prisonnière qui descend l'escalier lugubre, et qui paraît dans le jardin. Tous les regards
se fixent sur elle. Elle a seize ans, cet âge dont
Chateaubriand a dit : « Il n'y a rien de plus poétique, dans la fraîcheur de ses passions, qu'un
cœur de seize années. Le matin de la vie est
comme le matin du jour, plein de pureté, d'images et d'harmonies. » La taille de la princesse
est élancée. Ses traits, extrèmement délicats dans
son enfance, ont pris un beau caractère. Ses
yeux sont expressifs, ses cheveux, de blonds qu'ils
étaient, sont devenus châtains. Elle les porte
longs et sans poudre. Qu'elle est belle ! Qu'elle
est sympathique ! Sa candeur, sa grâce ineffable,
son sourire à la fois si mélancolique et si doux,
son visage qui porte la trace d'une gravité précoce, inspirent un mélange d'admiration et de
respect. Il y a des larmes dans tous les yeux. Si
l'on osait, on accueillerait par des applaudissements la jeune captive. Le concert continue, et
les romances attendrissantes dont les échos harmonieux arrivent à son oreille, comme une
consolation, charment et bercent sa douleur.

L'aspect de la prison elle-même est devenu
moins sinistre. La vue de visages compatissants
atténue les souffrances morales de la jeune captive. Les larmes ont leur poésie, et l'orpheline
trouve dans ses regrets je ne sais quelle amère
et pénétrante volupté. Le Temple ne lui fait plus

horreur. Elle s'y attache même comme à un lieu sacré. Elle croit y apercevoir les traits, y entendre la voix de ses chers morts. Son imagination vivement impressionnée les fait revivre. Elle les interroge, et ils lui répondent de l'autre côté du tombeau. Et puis le Temple se trouve en France, et la fille des rois a tant d'amour pour sa patrie ! Il y a au fond de son âme une sorte de combat. D'une part, elle est impatiente d'aller rejoindre son oncle Louis XVIII. D'autre part, il lui en coûtera de s'éloigner d'un endroit où ses parents lui ont donné de si beaux et de si touchants exemples, et parfois elle se demande à elle-même si l'exil vaut mieux que la captivité.

VII

LES NOUVELLES RIGUEURS

Marie-Thérèse s'habituait peu à peu à son
sort, quand tout à coup des inquiétudes nouvelles vinrent la plonger dans des angoisses qui
lui rappelèrent ses plus mauvais jours. La réaction conservatrice et royaliste qui se produisait
lui avait inspiré un instant de grandes espérances. Il y eut un moment où elle put croire que,
pour être délivrée, elle n'aurait pas besoin de se
rendre en exil, et que le sentiment monarchique
ferait une telle explosion qu'une restauration im-
médiate aurait lieu. On lui annonçait les meil-
leures nouvelles. On lui disait que la Convention
n'était plus qu'une assemblée agonisante, sans
autorité, sans crédit. La populace était matée
depuis Prairial. Les agences royalistes commençaient leur travail souterrain. Les cruelles exé-
cutions de Quiberon avaient fait retomber sur

les hommes de Thermidor la même réprobation que sur les partisans de Robespierre. Paris, plus irrité contre les révolutionnaires que la province, devenait le rendez-vous de toutes les réactions politiques et sociales. L'énergie de la Jeunesse Dorée, les principes de la bourgeoisie, ennemie des Jacobins, les polémiques de la presse qui, depuis le 9 Thermidor, poursuivait avec acharnement les septembriseurs, tout contribuait à faire de la capitale un centre de mouvement que les royalistes exploitaient. L'orpheline du Temple savait que sur les quarante-huit sections dont se composait la garde nationale parisienne, quarante-trois se prononçaient contre la Convention, et implicitement contre la République. Journaux, brochures, pamphlets ne laissaient pas un moment de répit aux anciens suppôts de la Terreur. La Convention venait de décider que le nouveau Corps législatif qui lui succéderait aurait nécessairement deux tiers de ses membres recrutés parmi les conventionnels. Cette décision produisait un véritable *tolle*. Les sections protestaient avec acharnement. A l'exception d'une seule, elles combattaient les décrets de la Convention et voulaient s'y opposer même par les armes. Marie-Thérèse, édifiée sur tous les détails de ce mouvement réactionnaire, et très vivement frappée des témoignages de sympathie qui lui étaient impunément accordés, se disait à elle-même : « Peut-être n'est-il pas impossible que je me rende directement du Temple aux Tuileries. » On l'entretenait dans ces doux songes qui allaient être brusquement suivis d'un terrible réveil.

Dès le 12 vendémiaire an IV (4 octobre 1795) une grande effervescence se manifestait à Paris. La soirée était agitée, et chacun prévoyait de graves événements pour le lendemain. Le 13 vendémiaire, Madame de Tourzel et sa fille se rendirent le matin au Temple, et s'entretinrent avec Marie-Thérèse des espérances que leur inspirait le mouvement royaliste. La journée s'était passée dans un calme relatif, quand, vers quatre heures et demie du soir, des détonations retentirent. Gomin vint avertir la princesse qu'on tirait le canon, et, qu'étant monté sur la plate-forme de la tour, il y avait entendu une grande fusillade. Madame de Tourzel a dit dans ses Mémoires : « Il devenait évident, puisque nous n'entendions parler de rien, que les événements n'étaient pas en notre faveur, et Gomin nous fit observer qu'il serait imprudent d'attendre la nuit fermée pour rentrer chez nous. Nous reculions toujours, ne pouvant nous déterminer à quitter Madame; il fallut cependant nous décider. Elle nous dit adieu bien tristement, pensant aux malheurs que pourrait occasionner cette fatale journée, et nous lui promîmes de revenir le lendemain, pour peu qu'il y en eût la possibilité.

« Nous cheminâmes en silence, et dans une

grande inquiétude sur ce qui se passait dans les rues de Paris. Nous ne vîmes rien d'effrayant jusqu'à la place de Grève, où il y avait une foule énorme qui se pressait et s'étouffait pour se sauver plus vite. Nous demandâmes à un homme qui paraissait plus calme que les autres si nous pouvions passer les ponts sans danger pour retourner au faubourg Saint-Germain. Il nous conseilla de nous éloigner des quais, de passer promptement le pont Notre-Dame, et de nous enfoncer dans l'intérieur de Paris. Le passage du pont était effrayant; on voyait la fumée et la lueur des canons qui ne discontinuaient pas de tirer. »

Chaque coup de canon retentissait dans le cœur de Marie-Thérèse. « Je pleure, disait-elle à Gomin, sur le sang qu'on verse en ce moment. » Les hommes atteints par les bombes c'étaient des royalistes, des amis ; mais sa compassion s'étendait aux deux camps, aux vainqueurs et aux vaincus, car tous étaient Français. Indécise sur l'issue de la lutte, elle était en proie aux plus vives inquiétudes, et demandait à Dieu, dans une fervente prière, de mettre fin à cette guerre fratricide qui ensanglantait Paris.

Cependant le canon tonnait à la fois sur la rue Saint-Honoré, sur le quai du Louvre, sur le pont Royal. Un homme dont l'orpheline du Temple ne savait pas encore le nom, mais qui allait exercer sur sa destinée comme sur celle de la France et du monde entier une influence immense. un homme qui devait reculer de plus de dix-huit ans la restauration des Bourbons, apparaissait pour la première fois sur la scène politique, et y débutait par un coup de foudre. Cet inconnu, ce fils d'un pauvre gentilhomme corse, était un ancien officier des armées de Louis XVI. De royaliste il s'était fait républicain, lui qui devait être un jour empereur. La République était sauvée par un futur César. Il avait sous ses ordres, outre les troupes de la Convention, quinze cents individus qui se donnaient à eux-mêmes le nom de patriotes de 1789, et qui s'étaient recrutés parmi les sans-culotte, les hommes à pique, les anciens gendarmes de Fouquier-Tinville. Il les lançait sur les marches de l'église Saint-Roch, pour en déloger les sectionnaires. Ceux-ci n'avaient pas d'artillerie, et s'imaginaient n'en avoir pas besoin, ayant la tête tournée par les exploits des paysans de Vendée, qui, maintes fois, s'étaient emparés des canons de l'ennemi, sans autres armes que des bâtons. Mais ils allaient bientôt revenir de leur erreur. Le canon, ce grand argument de Bonaparte, devait être le triomphateur. Il balayait toute la longueur de la rue Saint-Honoré, et, en tête du pont Royal, écrasait les colonnes royalistes, qui arrivaient du faubourg Saint-Germain. A six heures du soir, le combat était terminé par la complète victoire de la Convention; il n'avait duré qu'une heure et demie.

Le lendemain, Madame de Tourzel se rendait avec sa fille au Temple, et donnait à la jeune princesse des nouvelles attendues avec impatience. « Nous ne pûmes, dit-elle, lui apprendre que des événements affligeants. La Convention, qui mourait de peur de voir marcher sur elle les sections, avait perdu la tête ; entrait qui voulait au Comité de salut public, et y donnait son avis. Bonaparte, qui avait examiné avec soin tout ce qui se passait, et qui avait vu le peu d'ordre qu'il y avait dans tous les mouvements des sections et la terreur qui régnait dans tous les esprits, promit à la Convention de faire tourner cette journée à son avantage, si elle voulait lui laisser la direction de la conduite à tenir. Il fit venir sur-le-champ les canons qu'il établit rue Saint-Honoré, et fit tirer à mitraille sur les troupes des sections, et les dispersa en un moment. Ce fut l'époque du commencement de sa fortune. La frayeur et la stupeur prirent alors la place de l'espérance ; les soldats insultaient les passants, et chacun frémissait des suites que pourrait avoir cette cruelle journée. »

Toutes les illusions que Marie-Thérèse s'était faites depuis quelques semaines se dissipaient. Quand elle apprit le triomphe de la Convention, elle crut que tous les crimes de la Terreur allaient recommencer. Pendant quelque temps encore on lui permit de recevoir Madame et Mademoiselle de Tourzel, qui venaient au Temple, le matin, à pied, sans domestique, et ne rentraient chez elles qu'à la nuit. Mais cette consolation devait être chez elles bientôt enlevée à la jeune prisonnière. La Convention avait terminé son orageuse carrière. Le 26 octobre 1795, à deux heures et demie, le président déclara que la séance, la dernière, était levée, et ajouta : « Union et amitié entre tous les Français, c'est le moyen de sauver la République. » — « Quelle heure est-il ? » demanda un député. — « L'heure de la justice ! » répondit une voix inconnue. Et la terrible Assemblée se dispersa. Le 29 octobre, le Conseil des Anciens et le Conseil des Cinq-Cents se réunissaient, l'un aux Tuileries, l'autre dans la salle du Manège ; puis les cinq directeurs s'installaient au palais du Luxembourg.

Le nouveau gouvernement témoigna d'abord une grande sévérité pour les royalistes. Un de leurs agents, Lemaître, était condamné à mort le 8 novembre 1795, et mourait courageusement après avoir refusé de faire aucune révélation. En même temps, Madame de Tourzel était arrêtée comme accusée de conspiration. Elle subissait un interrogatoire minutieux, et restait trois fois vingt-quatre heures au secret, dans une prison. Relâchée, elle s'empressait de se rendre au Temple ; on lui signifiait, à la porte, qu'il lui était désormais interdit d'en franchir le seuil. De leur côté, Marie-Thérèse et Madame de Chantereine étaient aussi interrogées, mais le fonctionnaire qui procédait à leur interrogatoire emportait la conviction qu'elles étaient demeurées l'une et l'autre parfaitement étrangères au mouvement dont Paris venait d'être le théâtre. Cependant, des mesures de rigueur étaient prises. Le même ordre qui empêchait Madame et Mademoiselle de Tourzel de pénétrer désormais dans le Temple ne permettait plus à Madame de Chantereine d'en sortir. Tout rapport était interdit entre cette dame et sa famille. On la traitait comme une suspecte. Les concerts des maisons voisines ne se renouvelaient plus. Marie-Thérèse, effrayée de ce changement, craignait le retour de la Terreur. Elle se croyait parfois destinée soit au supplice, soit à une captivité éternelle, et cependant l'heure de sa délivrance allait sonner.

VIII

LA NÉGOCIATION AVEC L'AUTRICHE

Depuis le mois de juin 1795, il était sérieusement question de rendre à la liberté la fille de
Louis XVI. L'Autriche avait entamé avec la
Convention des négociations pour obtenir la
délivrance de la jeune princesse. Comme cette
puissance était en guerre avec la France, les négociations, au lieu de se poursuivre directement
entre les deux pays, eurent lieu en Suisse par
l'intermédiaire de M. Bourcard, chef de la régence de l'État de Bâle, entre le baron de Degelman, ministre d'Autriche en Suisse, et M. Bacher, premier secrétaire de l'ambassade de la
République française. Le cabinet de Vienne proposa d'abord une somme de 2 millions pour la
rançon de la princesse. Mais cette offre ne fut pas
acceptée. Le gouvernement autrichien détenait
plusieurs prisonniers français dont la Conven-

tion désirait beaucoup la délivrance ; elle demanda qu'ils fussent échangés contre la fille de Louis XVI. Le 12 messidor, an III (30 juin 1795), Treilhard, au nom des Comités de salut public et de sûreté générale, s'exprimait ainsi à la tribune de la Convention : « Les triomphes du peuple français, l'espoir de tous les hommes éclairés, l'opinion du monde entier, sanctionnent la République. Il serait insensé de douter de son affermissement. Le moment est donc venu où il peut convenir de fixer ses regards sur la fille du dernier roi des Français. Un devoir impérieux, la sûreté de l'État, vous prescrivit la réclusion de cette famille. Aujourd'hui, vous êtes trop forts pour que cette mesure de rigueur soit encore indispensable. Vos comités vous proposent de faire servir un acte d'humanité à la réparation d'une grande injustice. La plus odieuse et la plus noire des trahisons a livré des représentants du peuple et un ministre de la République à une puissance ennemie ; cette même puissance, par la violation du droit des nations, a fait arrêter des citoyens revêtus du caractère le plus sacré, celui d'ambassadeur. Dans cet échange, nous nous désistons d'un droit pour faire cesser une injustice. Ce sera au gouvernement de Vienne à bien réfléchir sur ces considérations ; il optera entre son attachement aux liens du sang et le désir de prolonger une vengeance odieuse et inutile. Nous n'avons pas pensé que cet objet

dût devenir celui d'une négociation ; il suffira
que vous vous expliquiez, et les généraux français seront chargés de transmettre votre déclaration aux généraux des armées autrichiennes. »
Un projet de décret, conforme à ce discours, fut
présenté par le rapporteur le même jour et
adopté séance tenante. Il était conçu en ces termes : « La Convention nationale, après avoir entendu le rapport de ses Comités de salut public
et de sûreté générale, déclare qu'au même instant où les cinq représentants du peuple, le ministre, les ambassadeurs français, les principaux
détenus livrés au prince de Cobourg par Dumouriez, le maître de poste Drouet fait prisonnier sur
les frontières de Flandre, et les ambassadeurs
Maret et Sémonville arrêtés en Italie par les Autrichiens, et les personnes de leur suite livrées
à l'Autriche ou arrêtées et détenues par ses ordres, seront rendus à la liberté, et parvenus aux
limites du territoire de la République, la fille du
dernier roi des Français sera remise à la personne que le gouvernement autrichien déléguera
pour la recevoir. »

Il y a dans l'histoire diplomatique peu de
choses aussi curieuses que cet échange. Le nom
seul des personnes qui doivent être échangées
contre l'orpheline du Temple fait naître une foule
de réflexions. Parmi les prisonniers que rendra
l'Autriche figure Drouet, le maître des postes du
voyage de Varennes, l'homme qui, en recon-

naissant Louis XVI à Sainte-Menehould, et en
le poursuivant jusqu'à Varennes, l'avait fait
arrêter dans cette ville, et avait été ainsi la cause
de la chute de la royauté. C'est ce même Drouet
qui, nommé membre de la Convention, y proposait, en 1793, de condamner à mort tous les
Anglais qui se trouvaient en France, et s'écriait
à la tribune : « C'est le moment de répandre le
sang. Qu'avons-nous besoin de notre réputation
en Europe ? Soyons brigands, puisqu'il le faut
pour le bonheur des peuples. » Envoyé comme
commissaire de l'armée du Nord, il s'était trouvé
à Maubeuge lors du siège de cette ville par le
prince de Cobourg. Voyant que la place allait
être prise, il avait essayé de se faire jour à travers le camp des ennemis, mais il était tombé
entre leurs mains, et on l'avait incarcéré dans la
forteresse du Spielberg. Heureusement la jeune
princesse ne devait pas être confrontée avec les
prisonniers contre lesquels il s'agissait de l'é-
changer. Quelle impression lui aurait faite la
vue de Drouet, de cet homme qui lui avait laissé
un si terrible souvenir ! Bizarres caprices d'une
époque féconde en révolutions et en surprises,
Drouet sera, sous le règne de Napoléon, sous-
préfet de Sainte-Menehould, la ville où il avait
reconnu Louis XVI fugitif, et, en 1814, il recevra la croix des mains de l'empereur. Frappé,
sous la Restauration, par la loi sur les régicides,
il se cachera, à Mâcon, sous le nom de Merger ;

il y mènera la vie la plus solitaire, la plus pieuse, et ce sera seulement quand il y mourra, le 11 avril 1824, qu'on apprendra à Mâcon que Merger, cet homme de mœurs si paisibles et si édifiantes, n'était autre que le conventionnel Drouet.

Parmi les autres prisonniers figurait un personnage dont la destinée devait être aussi bien curieuse, c'était Beurnonville, Beurnonville, l'ancien ministre de la Terreur, le futur marquis et maréchal de France de la Restauration. Nommé ministre de la guerre quelques jours après le meurtre de Louis XVI, il avait été envoyé le 1ᵉʳ avril 1793 à l'armée du Nord avec quatre commissaires de la Convention, Camus, Bancal, Quinette et Lamarque, pour s'emparer de la personne de Dumouriez, accusé d'entretenir des relations avec l'Autriche. Mais, averti à temps du danger qui le menaçait, Dumouriez avait fait arrêter le ministre de la guerre et les quatre commissaires, et les avait livrés tous cinq au prince de Cobourg. Ils restèrent les prisonniers de l'Autriche jusqu'au moment où ils furent échangés contre Marie-Thérèse. En 1796, Beurnonville sera commandant en chef de l'armée du Nord; en 1800, ambassadeur à Berlin; en 1802, ambassadeur à Madrid: en 1814, membre du gouvernement provisoire. En pleine faveur sous la Restauration, il suivra Louis XVIII à Gand sous la Restauration, et sera nommé maréchal de France en 1816, marquis en 1817.

Citons aussi parmi les prisonniers échangés contre la fille de Louis XVI les deux ambassadeurs de la Convention à Naples et à Constantinople, qui avaient été arrêtés en Italie par l'Autriche et retenus en captivité : Maret, le futur ministre des affaires étrangères de Napoléon, le futur duc de Bassano, et Sémonville, l'homme habile par excellence, celui que Napoléon nommera conseiller d'État, ambassadeur en Hollande, sénateur, qui sera l'un des favoris de la Restauration et le grand-référendaire de la Chambre des pairs sous le règne de Louis-Philippe. De combien de révolutions le nom seul de ces diverses personnages n'évoque-t-il pas le souvenir ?

Mais revenons au détail de la négociation. Conformément au décret rendu par la Convention le 3o juin 1795, le général Pichegru, commandant en chef de l'armée du Haut-Rhin, communiqua au général autrichien Stein la proposition d'échange. L'empereur d'Autriche éprouva d'abord une grande répugnance à y accéder, mais il finit par l'accueillir en principe. Dans une note transmise par le général autrichien Clairfayt à Pichegru, il était dit : « Puisqu'il n'est que trop vrai qu'au milieu des violentes catastrophes qui se succèdent les unes aux autres dans la Révolution française, je ne dois consulter que ma tendre affection pour ma cousine, mon intention est que vous fassiez connaître au général français que je veux bien accéder, quant au fond, à la proposition qui m'est faite. Mais il est une autre proposition que je juge à propos de lier à celle que renferme la pièce remise au général Stein ; elle a pour objet l'échange respectif de nombreux prisonniers de guerre, dont, nonobstant mes demandes réitérées, on a toujours refusé opiniâtrement de s'occuper. »

Les négociations poursuivies à Bâle furent longues et difficiles. Elles ne se terminèrent que sous le Directoire. Avant leur conclusion, le baron de Degelman, représentant du cabinet de Vienne, avait remis à M. Boscher, représentant de la France, une note par laquelle le gouvernement autrichien désignait la personne qu'il désirait voir accompagner la jeune princesse, pendant son voyage : « On comprend, était-il dit dans cette note, qu'une aussi jeune personne ne peut se trouver, pendant un long voyage, sans une compagne qu'elle connaisse déjà, et qui ait sa confiance. L'on conçoit de même que cette compagne doit convenir là où elle se rend. Les vertus de Madame de Tourzel, sa conduite généralement estimée, la rendront agréable à la cour de Vienne, de préférence à toute autre dame qui n'y serait pas connue. Faciles pour la reddition de plusieurs prisonniers d'État et de ceux qui ont partagé leur détention, nous pouvons espérer qu'on ne le sera pas moins en France sur un choix qui se présente si bien de lui-même, que l'opinion de beaucoup de monde l'a devancé. »

Rien ne s'opposait plus à la délivrance de Marie-Thérèse. Le 27 novembre 1795, un arrêté ainsi conçu était rendu par le Directoire : « Les ministres de l'intérieur et des relations extérieures sont chargés de prendre les mesures nécessaires pour accélérer l'échange de la fille du dernier roi contre les citoyens Camus et Quinette et autres députés ou agents de la République, et de nommer, pour accompagner la fille du dernier roi, un officier de gendarmerie décent et convenable à cette fonction ; de lui donner, pour l'accompagner, celle des personnes attachées à son éducation qu'elle aime davantage. »

Le lendemain, Benezech, ministre de l'intérieur, se rendait au Temple, pour annoncer à la fille de Louis XVI et de Marie-Antoinette que ses chaînes allaient enfin être brisées.

IX

LA SORTIE DU TEMPLE

Quand le ministre de l'intérieur Benezech apprit à Marie-Thérèse, le 28 novembre 1795, qu'elle allait bientôt quitter le Temple, la jeune prisonnière fut vivement émue. Si elle avait su qu'on lui permettait d'aller rejoindre son oncle Louis XVIII, elle aurait peut-être éprouvé de la joie: mais l'idée de se rendre à Vienne, où elle ne savait pas ce qui l'attendait, ne laissait pas que de la troubler. Elle trouvait que l'empereur d'Autriche n'avait pas fait ce qu'il aurait dû pour sauver Marie-Antoinette, et la politique du gouvernement autrichien inspirait à la fille de la reine-martyre des défiances que l'avenir devait justifier. Soit qu'elle eût le pressentiment des pièges qu'on lui tendrait à Vienne et de la demi-captivité qu'elle y subirait, soit que, Française dans l'âme, elle s'attristât de la pensée de vivre

sur la terre étrangère, elle accueillit sans enthousiasme la nouvelle de sa délivrance prochaine.

Il y avait, à ce moment, dans les sphères gou-
vernementales, plus d'un royaliste à l'état latent,
plus d'un haut fonctionnaire qui se réservait
pour l'éventualité d'une Restauration bourbonnienne. Barras lui-même ne devait-il pas un jour
intriguer avec Louis XVIII ? Benezech, par bonté
peut-être plus encore que par intérêt, sympa-
thisait secrètement avec la famille royale. La
jeunesse, les vertus, les malheurs, la grâce de
l'orpheline du Temple, le touchaient profondément. Il lui témoigna de grands égards et lui
demanda par quelles personnes elles désirait être
accompagnée jusqu'à Vienne. La jeune princesse
désigna sur-le-champ Madame de Tourzel,
Madame de Mackau et Madame de Sérent ancienne dame d'atours de Madame Élisabeth.

Le ministre fit espérer à Marie-Thérèse que
ces choix ne rencontreraient point de difficulté
de la part du Directoire. Il ajouta qu'il veillerait
à tous les préparatifs de son départ, et qu'il lui
enverrait deux personnes à qui elle comman-
derait les toilettes qu'elle voudrait faire faire. Le
lendemain, deux membres de la commission
administrative de police se présentaient au Temple pour prendre, à cet égard, les ordres de la
princesse. Malgré leur insistance, elle se borna à
leur indiquer les objets qui lui étaient strictement
nécessaires, un peu de linge, des souliers, les

étoffes les plus simples. Elle n'aurait pas voulu recevoir plus du gouvernement. Comme on lui représentait qu'au moment de se rendre à la cour d'Autriche, elle avait besoin d'un trousseau conforme à son rang. elle répondit : « Si l'on me permet d'emporter quelques souvenirs qui me rappellent ce rang, que l'on me remette les objets qui ont appartenu à ma mère et à moi, et qui nous ont été enlevés peu de jours après notre arrivée à la tour. » C'était du linge, quelques robes, des dentelles. Les scellés posés sur la commode où se trouvaient ces divers objets furent levés, mais on ne déféra pas au vœu de Marie-Thérèse.

Cependant les sympathies publiques s'accentuaient de plus en plus en faveur de l'orpheline du Temple. Benezech osait proposer de lui faire traverser la France dans une calèche attelée de huit chevaux, où elle serait assise au milieu des personnes désignées par elle. Cette idée ne fut pas accueillie, mais le seul fait de la voir proposée au Directoire par un ministre prouvait la réaction qui se produisait dans les esprits. Elle est attestée en ces termes par François Hue : « A cette époque, dit-il, des membres de la Convention nationale, qui prenaient, ainsi que la majorité des habitants de Paris, un vif intérêt au sort de Madame Royale, dont quelques régicides voulaient aussi la mort, arrachèrent en sa faveur un décret d'après lequel le Directoire exécutif prit un arrêté dont M. Benezech, ministre de l'intérieur, me donna copie. Ce ministre me remit aussi un autre arrêté, qui, sur la demande que Madame avait daigné faire que je la suivisse à Vienne, m'autorisait à l'accompagner, et même à rester auprès d'elle, sans que, pour raison de ce voyage, on pût m'opposer les lois contre l'émigration.

« M. Benezech m'avait parlé avec attendrissement du sort de la jeune princesse, qu'il n'appelait que du nom de *Madame Royale*, S'apercevant que je le fixais d'un regard étonné : « Ce nouveau costume, me dit-il, n'est que mon masque. Je vais même vous révéler une de mes plus secrètes pensées : la France ne recouvrera sa tranquillité que le jour où elle reprendra son antique gouvernement. Ainsi donc, lorsque vous le pourrez, sans me compromettre, mettez aux pieds du roi l'offre de mes services ; assurez Sa Majesté de tout mon zèle à soigner les intérêts de sa couronne. »

En résumé, le Directoire témoignait à la fille de Louis XVI une véritable bienveillance. Cependant, il ne lui permit pas de se faire accompagner par Madame de Tourzel. Il s'imaginait à tort que l'ancienne gouvernante des Enfants de France était favorable à l'idée d'un mariage entre la princesse et un archiduc, et que le gouvernement autrichien voulait profiter d'une telle alliance matrimoniale pour élever des prétentions sur une partie du territoire français. Le choix de Madame de Tourzel, de même que celui de Madame de Sérent, fut écarté, et la gouvernante n'eut pas même la consolation de pouvoir dire adieu à son ancienne élève. Quant à Madame de Mackau, sa santé ne lui permettant pas, à son grand regret, d'accompagner la jeune princesse, elle se fit remplacer par sa fille, Madame de Soucy. Les deux autres personnes qui escortèrent Marie-Thérèse furent Gomin, ce gardien honnête et respectueux dont elle n'avait eu qu'à se louer, et M. Mechain, officier de gendarmerie, dont on lui avait fait grand éloge.

Le moment du départ approchait. On s'attendrissait dans le public sur la destinée de l'orpheline, et l'on faisait circuler cette pièce de vers de M. de Lacretelle, le jeune :

> Adieu, noirs créneaux, voûtes sombres,
> Où de mes malheureux parents,
> Tous les soirs les royales ombres
> Poussent de sourds gémissements.
> Le coupable s'arrête, écoute,
> Ses cheveux se dressent d'effroi ;
> Et moi je n'entends sous la voûte
> Que ces mots : « Nous veillons sur toi. »
>
> C'est ici que mon tendre père,
> Instruisant et son fils et moi,
> Lui montrant les maux de la terre,
> Lui traçait les devoirs d'un roi.
> Nous l'entendions, chaque journée,
> Bénir le ciel et son courroux,
> Et, soumis à sa destinée,
> Tout bas il gémissait sur nous.

Ma mère!... Ah! je te vois sans cesse
Partant pour l'affreux tribunal,
Nous mouiller de pleurs de tendresse
Et reprendre un calme royal ;
Chère ombre, veille sur ta fille,
Et de la régiondes saints,
Viens, conduis-la vers la famille,
Témoin de tes seuls jours sereins !

C'est de cette tour où nous sommes
Qu'Élisabeth me dit adieu,
Marchant vers l'échafaud des hommes,
Marchant vers le trône de Dieu
Comme un ange, perçant la nue
Quand Dieu vient de le rappeler,
Laisse à regret l'âme abattue
Qu'il était venu consoler.

Je pars. Suis-moi, mon jeune frère...
Mais où s'égarent m s esprits ?
Le ciel a comblé ma misère,
Il n'est plus, cet espoir des lis ;
Dans cette enceinte meurtrière,
Il est mort séparé de moi,
Je n'ai pu fermer la paupière
De l'orphelin qui fut mon roi.

De mes parents l'affreux supplice,
Vous l'avez vu sans vous armer.
Français, qui de vous fut complice ?
Mais ils m'ont dit de vous aimer.
Mon père, en ses douleurs cruelles,
Mon père, attend n le trépas.
Priait pour les Français fidèles,
Priait pour les Français ingrats.

Le 16 décembre 1795, le ministre de l'intérieur, Benezech, se présentait au Temple et annonçait à la princesse qu'elle partirait le surlendemain, 18 décembre, à onze heures et demie

du soir. Le 17, elle fit elle-même ses préparatifs
de voyage, mais non pas avec l'empressement et
le plaisir qu'on aurait pu supposer. Elle choisit
le peu de linge et de vêtements qu'elle voulait emporter avec elle, et fit distribuer le reste, comme
souvenir, aux employés du Temple, puis elle
descendit dans le jardin, avec sa plus belle robe,
et salua, pour leur dire adieu, les personnes qui,
aux fenêtres des maisons voisines, étaient habi-
tuées à lui donner des marques de sympathie et
de respect. Il y aurait là, croyons-nous, un très
intéressant sujet de tableau. Le baron de Maynard
possède une reproduction en relief du Temple,
qui figurait à l'Exposition universelle de 1878,
et qui fournirait à l'artiste toutes les indications
nécessaires pour faire quelque chose d'exact et de
saisissant. Cet adieu de la jeune captive qui, par
un sourire et un geste de reconnaissance, remercie
les âmes compatissantes, privées du bonheur de
lui parler et de l'approcher, mais trouvant le
moyen de lui envoyer, par leurs signes de tête
et l'expression de leur physionomie, leurs vœux
et leurs hommages, cet adieu est rempli d'une
poésie pénétrante qui serait digne d'inspirer le
pinceau d'un grand peintre.

Le Directoire avait décidé que le départ de la
jeune princesse s'effectuerait la nuit. Il avait ses
raisons pour empêcher l'orpheline du Temple de
parcourir en plein jour les rues de la capitale. Sa
vue seule aurait pu être la cause d'une révolu-

tion, la révolution de la pitié. Aucun discours n'était si éloquent que l'aspect de cette jeune fille, légende vivante, légende de l'innocence et de la vertu, de la jeunesse et du malheur. Son visage seul attendrissait. Combien l'émotion générale eût-elle été plus grande encore, si l'on avait pu lire dans les profondeurs de son âme et si l'on avait su à l'avance toutes les épreuves auxquelles la douce victime était réservée dans l'avenir. Elle n'était pas au bout des stations de son long Calvaire. Que d'exils, que de révolutions, que d'angoisses de tout genre la fille de Louis XVI ne devait-elle pas encore subir! La Providence avait décidé que jamais le calice d'amertume ne serait écarté de ses lèvres.

Voici le moment du départ. C'est le 18 décembre 1795. Il est onze heures du soir. Le ministre Benezech, qui a laissé sa voiture rue Meslay, frappe à la porte du Temple. Il remet au gardien Lasne et au commissaire civil l'ampliation de l'arrêté du Directoire exécutif, suivi de cette déclaration : « Le ministre de l'intérieur déclare que les citoyens Gomin et Lasne, commissaires préposés à la garde du Temple, lui ont remis Marie-Thérèse-Charlotte, fille du dernier roi, jouissant d'une parfaite santé ; laquelle remise a été faite aujourd'hui à onze heures du soir, déclarant que lesdits commissaires sont bien et dûment déchargés de la garde de ladite Thérèse-Charlotte. — Signé : Benezech. — Paris, ce 27 frimaire, an IV de la République une et indivisible. »

La princesse, ayant à ses côtés Gomin, attendait le ministre au rez-de-chaussée de la tour, dans la salle du conseil. Elle en sort, après avoir dit adieu à Madame de Chantereine. Son appartement du troisième étage va être vide. On pourra y lire cette inscription qu'elle avait gravée dans l'antichambre avec une pointe d'aiguille ou des ciseaux.

« Marie-Thérèse-Charlotte est la plus malheureuse personne du monde. Elle ne peut pas obtenir de nouvelles de sa mère, pas même d'être réunie à elle, bien qu'elle l'ait demandé mille fois.

« Vive ma bonne mère, que j'aime bien, dont je ne peux savoir des nouvelles ! »

Et, dans sa chambre, ces mots crayonnés par elle, sur la muraille :

« O mon père, veillez sur moi du haut du ciel !

« O mon Dieu ! pardonnez à ceux qui ont fait mourir mes parents ! »

Dans quelques jours, un conventionnel régicide, Rovère, en visitant la tour du Temple, lira cette dernière inscription. Alors, il pâlira, et, comme il le dira lui-même, le remords le poussera hors de l'appartement.

Marie-Thérèse a franchi le seuil de la tour. Elle prend le bras de Benezech. Gomin et le valet de chambre du ministre la suivent, portant

un paquet et un sac de nuit. Un factionnaire
est sous les armes ; mais il a le mot d'ordre, et
ne bouge pas. Le poste aussi reste immobile.
Seul, l'officier s'avance, et salue. La nuit est
sombre, les rues du voisinage sont désertes, les
abords du Temple silencieux. « Je suis touchée
de vos soins et de vos égards, dit la princesse à
Benezech, mais à l'heure même où je vous dois
ma liberté, comment ne point penser à ceux qui
ont franchi ce seuil avant moi ? Voilà trois ans,
quatre mois et cinq jours que ces portes se sont
fermées sur ma famille et sur moi ; j'en sors
aujourd'hui la dernière et la plus malheureuse. »

Au moment où elle sortait ainsi de cette fatale
enceinte du Temple, Marie-Thérèse se rappelait
tout ce qu'elle y avait souffert : son entrée dans
la tour, à la lueur des torches, les adieux de
Louis XVI se rendant à l'échafaud, le jour où elle
avait été séparée de son frère, celui du départ de
Marie-Antoinette, celui du départ de Madame Élisabeth, celui où elle avait appris à la fois la mort
de trois êtres si chers à son cœur. Toutes ces
dates sinistres se représentent à son esprit. Et
cependant, elle ne s'éloigne pas sans regret de ce
cachot qui a été le sanctuaire de la foi et de la
douleur. De même que certaines personnes ne
peuvent s'arracher d'une tombe sur laquelle elles
ont été prier, de même la fille des martyrs a peine
à quitter le séjour où ses parents lui ont donné
de si beaux exemples. Encore si elle avait la cer-

tude qu'un jour elle reverrait le Temple, qu'un
jour elle reviendrait s'y agenouiller, y prier Dieu
pour les bourreaux de sa famille. Mais non, cette
consolation ne lui sera pas accordée. Au bout de
dix-huit ans, quand l'infortunée princesse ren-
trera en France, Napoléon aura fait démolir la
tour, dont il ne restera plus une pierre.

DEUXIÈME PARTIE

L'EXIL

I

LE VOYAGE JUSQU'À LA FRONTIÈRE

C'est le 18 décembre 1795 — 27 frimaire
an IV. Il est onze heures et demie du soir. Marie-
Thérèse de France, au bras du ministre de l'intérieur, Benezech, sort de l'enceinte du Temple
par la rue de la Corderie, qui est en face de la
tour, traverse à pied cette rue. Elle trouve rue
Meslay la voiture du ministre, où elle monte avec
lui et avec le gardien Gomin. Tout est désert.
Personne ne voit partir la fille des rois. La voiture se met en marche et arrive rue de Bondy,
derrière la salle de l'Opéra (le théâtre actuel de
la Porte-Saint-Martin). La princesse, le ministre
et Gomin descendent de voiture. Devant eux sta-
tionne la berline de voyage dans laquelle Marie-
Thérèse sera conduite jusqu'à la frontière. Sur le
devant de cette berline sont déjà Madame de
Soucy, fille de la baronne de Mackau, et l'offi-

cier de gendarmerie Méchain, qui doivent, ainsi
que Gomin, accompagner la jeune princesse. Elle
prend congé de Benezech, le remercie, et monte
avec Gomin dans la berline. « Adieu, monsieur ! »
dit-elle. Puis elle part pour l'exil. Benezech tire
sa montre. Il est minuit. C'est le 19 décembre 1795 qui commence. Ce jour-là la fille de
Louis XVI et de Marie-Antoinette, née à Versailles, le 19 décembre 1778, entre dans sa dix-
huitième année.

La jeune princesse voyage incognito sous le
nom de Sophie. Les instructions données par le
gouvernement à l'officier de gendarmerie Méchain
sont de conduire à Huningue deux femmes et un
homme (Marie-Thérèse, Madame de Soucy et
Gomin) ; l'une de ces femmes doit passer pour
sa fille ; l'autre pour son épouse ; l'homme pour
son serviteur de confiance. Il a ordre que personne ne leur parle en particulier. Il doit surtout
s'occuper de la plus jeune des deux femmes,
désignée sous le nom de Sophie, et veiller sur
tout ce qui pourrait intéresser sa santé.

Marie-Thérèse a écrit elle-même le récit de
son voyage. Le 19 décembre, à neuf heures du
matin, elle déjeune à Guignes. A Nogent-sur-
Seine, elle est reconnue par la femme d'auberge.
On la traite avec beaucoup de respect. La cour et
la rue se remplissent de monde. On s'attendrit
en voyant la fille de Louis XVI, et on lui donne
mille bénédictions. Le soir, elle couche à Gray.

Elle repart le lendemain matin, voyage toute la journée et toute la nuit du 20 au 21. Elle arrive à Chaumont, le 21, à neuf heures du matin, et y descend pour déjeuner. Elle y est reconnue, une foule immense et sympathique se presse aux abords de la chambre où elle prend son repas, et quand elle remonte en voiture, tout le monde lui adresse des vœux et des hommages. Le 22, elle arrive à Vesoul, à huit heures du soir, n'ayant pu faire que dix lieues dans la journée, faute de chevaux. Le 23, à onze heures du soir, elle entre à Belfort, où elle couche. Le 24, elle en repart, à six heures du matin, et arrive le même jour à Huningue, à la nuit tombante. Elle y descend à l'auberge du Corbeau, où elle s'installe au second étage. L'aubergiste, le sieur Schuldz, sait qui elle est. Il la reçoit avec les marques du respect le plus profond.

Le Directoire avait permis à M. François Hue d'aller rejoindre la princesse à Huningue. Cet ancien officier de la chambre de Louis XVI avait été appelé par le roi, après la journée du 10 Août, à l'honneur de rester auprès de lui et de la famille royale. L'infortuné monarque avait écrit dans son testament fait à la Tour du Temple, le 25 décembre 1792 : « Je croirais calomnier les sentiments de la nation, si je ne recommandais ouvertement à mon fils MM. de Chamilly et Hue, que leur véritable attachement pour moi avait portés à s'enfermer avec moi dans ce triste séjour, et qui ont pensé en être les malheureuses victimes. »

François Hue, accompagné du jeune fils de Madame de Soucy, de Meunier et de Baron, employés du Temple, d'une femme de chambre et du petit chien de Marie-Thérèse, était parti de Paris une heure après la jeune princesse. Ils arrivèrent à Huningue quelques heures après elle. « Ma plume, a-t-il dit, ne pourrait rendre que faiblement ce que je ressentis, lorsque la fille de Louis XVI daigna m'adresser la parole pour la première fois depuis ma sortie du Temple. Elle me remit à cet instant une lettre qu'elle écrivait au roi son oncle, en m'ordonnant de la faire parvenir à Sa Majesté. Ce ne fut pas la seule fois que je reçus la même commission, et, dans une de ces occasions, la confiance dont Madame m'honorait fut assez grande pour qu'elle me donnât l'ordre de lire la lettre dont elle me chargeait. Qui ne conserverait un éternel souvenir des sentiments que cette princesse témoignait à Sa Majesté, en implorant sa clémence en faveur des Français, et même des meurtriers de sa famille, par ces expressions : « Oui, mon oncle, c'est celle dont ils ont fait périr le père, la mère et la tante, qui, à genoux, vous demande et leur grâce et la paix ? »

Le 25 décembre, l'hôtel du Corbeau fut, toute la journée, entouré par la foule. On donna l'ordre de tenir la porte fermée. On invita la princesse à ne pas ouvrir ses fenêtres. Elle écrivit à Madame de Tourzel une lettre, à propos de laquelle cette dame a dit : « Madame m'écrivit d'Huningue, avant de quitter la France. Je conserve précieusement cette lettre, ainsi que celle que j'en reçus de Calais, à sa rentrée en France, comme des monuments précieux de ses bontés pour moi et de la justice qu'elle n'a cessé de rendre au profond attachement que je lui ai voué jusqu'à mon dernier soupir. » Après avoir écrit à Madame de Tourzel, la princesse fit le croquis de la chambre où elle logeait. L'hôtelière, Madame Schuldz, lui présenta ses deux enfants, qui lui offrirent des fleurs.

Cependant le moment de l'échange approchait. Les prisonniers français, au nombre desquels se trouvaient Drouet, Beurnonville, Camus, Bancal, Quinette, Maret et Sémonville venaient d'être amenés de Fribourg au village de Riehen, chef-lieu du bailliage du même nom, appartenant à la république de Bâle, sur la rive gauche du Rhin. Il avait été convenu qu'ils ne seraient pas confrontés avec Marie-Thérèse, et que la princesse serait remise au gouvernement autrichien par M. Bacher, premier secrétaire de l'ambassade de la République française en Suisse, dans une maison située tout près de Bâle, et appartenant à un M. Reber. C'étaient le prince de Gavre et le baron de Degelmann qui devaient la recevoir, au nom de l'empereur d'Autriche.

Le 26 décembre, M. Bacher, venant de Riehen, arrivait vers quatre heures et demie du soir à l'hôtel du Corbeau, à Huningue, et l'on apprenait que Marie-Thérèse refusait d'accepter le riche trousseau que le Directoire avait fait confectionner pour elle à Paris. Le diplomate républicain témoigna de grands égards à la fille de Louis XVI, et il écrivit à son gouvernement : « Je viens de voir la fille du dernier roi des Français ; elle manifeste le plus vif regret de se voir au moment de quitter la France ; les honneurs qui l'attendent à la cour d'Autriche la touchent bien moins que le regret de la patrie. » La jeune princesse remercia M. Bacher, et prit congé de l'hôtelier et de sa famille qui lui avaient témoigné un respect attendri. Elle leur laissa de petits souvenirs, et dit à l'hôtelière, qui était enceinte : « Si vous avez une fille, je vous demande qu'elle porte mon nom. » Gomin, qui allait bientôt quitter l'auguste orpheline, ne pouvait s'empêcher de pleurer. Pour le récompenser de son dévouement, la princesse lui remit les lignes suivantes, écrites par elle : « Ce voyage, malgré mon chagrin, m'a paru agréable par la présence d'un être sensible dont la bonté dès longtemps m'était connue, mais qui en a fait les dernières preuves en ce voyage par la manière dont il s'est comporté à mon égard, par la manière active de me servir, quoique assurément il ne dût pas y être accoutumé. On ne peut l'attribuer qu'à son zèle. Il y

a longtemps que je le connais ; cette dernière
preuve ne m'était pas nécessaire pour qu'il eût
toute mon estime ; mais il l'a encore davantage
depuis ces derniers moments. Je ne peux dire
davantage, mon cœur sent fortement tout ce qu'il
doit sentir : mais je n'ai pas de paroles pour
l'exprimer. Je finis cependant par le conjurer de
ne pas trop s'affliger, d'avoir du courage ; je ne
lui demande pas de penser à moi, je suis sûre
qu'il le fera, et je lui réponds d'en faire autant de
mon côté. » En remettant ce papier à Gomin, la
jeune princesse lui dit : « Je ne sais si à Bâle je
pourrai vous parler encore, et je veux à présent
acquitter ma promesse. Adieu, ne pleurez pas,
et surtout ayez toujours confiance en Dieu. »
L'hôtelier se jeta à ses pieds, et lui demanda sa
bénédiction, car elle ressemblait à une sainte.
Puis elle monta en voiture, s'éloignant avec peine
d'une ville française. En route, on lui indiqua
le moment où elle franchissait la frontière.
« Madame, lui dit-on, ici finit la France. » Alors
ses yeux se remplirent de larmes. « Je quitte la
France avec regret, s'écria-t-elle, car je ne cesserai jamais de la regarder comme ma patrie. »
C'était l'exil qui commençait.

II

RALF

Au moment où elle allait être livrée à l'Autriche, la fille de Louis XVI ne se doutait pas de
toutes les intrigues dont elle était déjà environnée, de tous les pièges qui devaient être
dressés sous ses pas. Le gouvernement autrichien
n'agissait point comme un libérateur. Il voulait
faire de la jeune princesse un otage, un instrument de sa politique et de ses ambitions.
Louis XVIII avait, en ce moment, beaucoup à se
plaindre de la cour de Vienne. Comme chef de la
maison de France et comme oncle de Marie-
Thérèse, il était parfaitement en droit de demander
que sa nièce, suivant le désir qu'elle exprimait
elle-même, vînt le rejoindre à Vérone, au lieu
d'être internée à Vienne, où sa présence ne pourrait s'expliquer que par les arrière-pensées ambi-
tieuses de l'Autriche. Cette puissance avait,

comme nous l'avons dit, l'idée de la marier avec
un archiduc, et de profiter de ce mariage pour
revendiquer certaines parties du territoire français. Depuis plusieurs semaines déjà, Louis XVIII
avait envoyé le comte d'Avaray en Suisse à la
rencontre de la jeune princesse, dont on attendait
d'un jour à l'autre la mise en liberté. Ayant
appris qu'elle devait passer par Inspruck,
M. d'Avaray s'était rendu dans cette ville, où il
avait d'abord reçu bon accueil des autorités
autrichiennes. Mais tandis qu'on lui laissait ainsi
espérer le plein succès de sa mission, un courrier
était expédié à Vienne, pour faire savoir à l'empereur que l'envoyé de Louis XVIII se proposait
de conduire la princesse à Vérone. Aussitôt des
ordres furent transmis au prince et à la princesse
de Gavre, chargés de recevoir la fille de Louis XVI
à Bâle, pour que personne ne vît la jeune princesse en route. Le comte d'Avaray, désespéré,
dut s'éloigner d'Inspruck, et retourner à Vérone.
En même temps Thugut, premier ministre de
l'empereur d'Autriche, et toujours très hostile à
la France, déclarait à la duchesse [de Gramont,
impatiente de voir arriver Marie-Thérèse à
Vienne, que peut-être la jeune princesse n'y rece-
vrait aucun Français. Telles étaient les dispositions du gouvernement qui, en ayant l'air d'offrir
un asile à l'orpheline du Temple, lui préparait
une nouvelle captivité compliquée par l'exil.

Marie-Thérèse était partie de Huningue à

quatre heures de l'après-midi, le 26 décembre 1795, se dirigeant vers Bâle. Elle était dans la même voiture que Madame de Soucy. M. Bacher, premier secrétaire de l'ambassade de la République française en Suisse, et l'officier de gendarmerie Méchain, François Hue, Gomin, Baron et une femme de chambre suivaient dans une autre voiture. La neutralité des cantons helvétiques et leur situation intermédiaire entre la France et les États autrichiens les indiquaient tout naturellement comme l'endroit où devait avoir lieu l'échange de la fille de Louis XVI contre divers personnages français retenus prisonniers par l'Autriche. Il avait été convenu que la remise de la princesse aux autorités autrichiennes s'effectuerait dans une maison de campagne appartenant à un riche négociant, nommé M. Reber, et située à côté de Bâle, tout près de la porte Saint-Jean. Le prince de Gavre et le baron de Degelmann, ministre d'Autriche en Suisse, y étaient déjà arrivés avec six voitures, quand Marie-Thérèse franchit la grille. Le prince de Gavre adressa à la jeune princesse un compliment auquel elle répondit en termes gracieux, puis il remit à M. Bacher, secrétaire de l'ambassade de France en Suisse, un acte ainsi conçu : « Je, soussigné, en vertu des ordres de S. M. l'empereur, déclare avoir reçu de M. Bacher, commissaire français délégué à cet effet, la princesse Marie-Thérèse, fille de Louis XVI. » Muni de cet acte, le diplomate républicain se rendit tout de suite à Riehen, pour y procéder à la délivrance des prisonniers français échangés contre Madame Royale, sans être confrontés avec elle. M. Hue demanda alors la permission de parler à la princesse : « J'ai été chargé, lui dit-il, par le ministre de l'intérieur, de remettre à Madame, sur le territoire neutre de Bâle, deux malles contenant un trousseau destiné à Son Altesse Royale. Madame veut-elle que je les ouvre ? — Non, répondit la princesse, remettez-les à mes conducteurs (MM. Méchain et Gomin), en les priant de remercier de ma part M. Benezech. Je suis touchée de son attention, mais je ne puis accepter ses offres. »

Marie-Thérèse salua ensuite le baron de Degelmann, dit adieu à Méchain et à Gomin, et monta avec Madame de Soucy et le prince de Gavre dans une voiture impériale attelée de six chevaux, qui, suivie de cinq autres carrosses, entra par la porte Saint-Jean à Bâle. Il était environ sept heures du soir, et la lune brillait de tout son éclat dans un ciel pur. Un officier de l'armée suisse, l'aide-major Kolb, était à cheval, à la portière de la voiture de la princesse. A la sortie de Bâle, il prit le commandement d'un détachement de cavalerie suisse, qui devait lui servir d'escorte jusqu'à la frontière. Dans la nuit, Marie-Thérèse arrivait à Lauffenbourg, ville située à sept lieues de Bâle, et où l'attendait la suite que l'empereur lui avait destinée.

Lauffenbourg est une des quatre villes *forestiè-
res* de l'Autriche antérieure. On appelle ainsi les
quatre villes d'Allemagne qui sont sur le Rhin,
au-dessus de Bâle, dans le voisinage de la Forêt-
Noire (Rheinfel, Waldshut, Seckingen et Lauffenbourg). Le matin, la fille de Louis XVI, pour
la première fois depuis le mois d'août 1792, entrait dans une église, et priait Dieu non seulement
pour ses parents, mais pour leurs persécuteurs
et leurs bourreaux. Ayant trouvé à Lauffenbourg
les femmes que l'empereur lui avait envoyées
pour son service, elle continua sa route, se dirigeant sur le Tyrol. Pendant le trajet, elle passa
par un endroit où se trouvait cantonnée en ce
moment une partie de l'armée de Condé. Un
officier de cette armée, le comte de Romain, a
écrit dans ses *Souvenirs d'un officier royaliste :* « Ce
fut dans nos quartiers d'hiver que nous apprîmes
l'heureuse délivrance de la fille de Louis XVI.
Cette princesse, dont la conservation a été si
longtemps l'objet de tous nos vœux, a traversé
une partie de nos cantonnements sans que nous
ayons pu jouir du bonheur de la voir. Aussi nos
cœurs en sont-ils remplis d'amertume. » Toutefois, un officier aide de camp du prince de Condé,
M. de Berthier, rencontra, par hasard, Marie-
Thérèse sur la grande route. Malgré la prescrip-
tion qui enjoignait d'écarter de la princesse tout
ce qui pouvait lui rappeler la France, le prince

de Gavre permit à cet officier, qui était en uniforme, de s'approcher de la voiture, et la fille de Louis XVI le chargea de transmettre l'expression de ses meilleurs sentiments au prince de Condé et à ses compagnons d'armes. En Tyrol, elle s'arrêta deux jours à Inspruck, dans le château de sa tante, l'archiduchesse Élisabeth. Le 9 janvier 1796, elle arrivait à Vienne.

Pendant le voyage, la jeune princesse n'avait pas été sans inquiétude. Elle se disait à elle-même : « Pourquoi ne me laisse-t-on parvenir aucune nouvelle de Vérone ? Pourquoi ne me permet-on pas d'y aller rejoindre mon oncle, mon roi ? Ma place n'est-elle pas auprès de lui ? Que me destine, à Vienne, cette maison d'Autriche, qui a été tant de fois en rivalité avec la maison de France ? On me traite avec de grands égards, on observe avec moi une étiquette princière, on m'offre des voitures impériales, des voitures à six chevaux. Mais est-ce que je ne préférerais pas à tout ce vain cérémonial la liberté et le droit d'aller retrouver mon oncle ? L'asile que l'Autriche me prépare sera sans doute une prison dorée, mais ce sera toujours une prison. »

III

Au moment où la fille de Louis XVI arrivait à Vienne, l'empereur François II, né le 12 février 1768, allait avoir vingt-huit ans. Il avait succédé, le 1er mars 1792, à son père, l'empereur Léopold II, fils de la grande impératrice Marie-Thérèse, et frère de la reine Marie-Antoinette. Il était marié depuis 1790 à Marie-Thérèse de Naples, née en 1772 de Ferdinand IV, roi des Deux-Siciles, et de Marie-Caroline, fille de l'impératrice Marie-Thérèse, et sœur de Marie-Antoinette.

Marie-Thérèse de France, fille de Louis XVI et de Marie-Antoinette, se trouvait donc parente au quatrième degré, cousine-germaine, non seulement de l'empereur François II, mais aussi de l'impératrice Marie-Thérèse de Naples.

Le jour de son arrivée à Vienne, la jeune princesse fut accueillie par un des grands officiers de l'empereur et conduite dans un des plus beaux appartements du palais impérial, où elle devait loger. Elle y reçut tout de suite la visite de l'empereur et de l'impératrice, qui lui firent un accueil empressé. Après quelques semaines de repos et de recueillement, elle parut à la cour. Elle avait pris le deuil, qu'on ne lui avait pas permis de porter au Temple. L'empereur lui forma une maison, à l'instar de celle des archiduchesses. Le prince de Gavre fut nommé grand maître de cette maison, et la comtesse de Chanclos, grande maîtresse. A cette époque, l'empereur François II n'avait encore que deux enfants, l'archiduchesse Marie-Louise qui venait d'avoir quatre ans, elle était née le 12 décembre 1791, et l'archiduc Ferdinand, prince impérial, né en 1793. La fille de Louis XVI s'attacha beaucoup à la petite archiduchesse, destinée à devenir un jour impératrice des Français, et, pendant les trois années qu'elle passa à Vienne, elle s'occupa de cette enfant à qui l'avenir réservait un sort extraordinaire. Marie-Louise, qui n'avait que sept ans, lorsque l'orpheline du Temple quitta la capitale de l'Autriche, devait se rappeler, toute sa vie, que, dans son enfance, elle avait vu souvent la fille du roi et de la reine martyrs, et au temps de la Restauration, dans sa petite cour de Parme, elle évoquera, en s'entretenant avec les ministres plénipotentiaires du roi Charles X, ce souvenir qui avait laissé dans sa jeune âme une impression profonde.

Dès son arrivée à Vienne, Marie-Thérèse, par sa jeunesse si pleine d'épreuves, d'angoisses et de catastrophes, par la gravité précoce et déjà majestueuse qui caractérisait son gracieux et mélancolique visage, par sa beauté attendrissante que sanctifiait le malheur, inspira un intérêt mêlé de vénération à toutes les classes de la société autrichienne, et surtout aux royalistes français qui avaient cherché à Vienne un refuge. Comme l'a dit M. Fourneron, auteur d'une remarquable *Histoire générale des Émigrés pendant la Révolution française*, « ce fut une joie dont tressaillirent les émigrés dans leurs chambres glacées. Cette fille grave, d'une beauté froide qui avait connu toutes les grandeurs et toutes les misères, qui, seule vivante de la famille jadis la plus heureuse, représentait l'excès de la douleur humaine, cette pâle fleur de Noël s'épanouissait enfin au milieu d'eux. »

Malgré les sympathies qu'elle excitait, Marie-Thérèse devait trouver à Vienne bien des difficultés, bien des chagrins. On commença par lui enlever Madame la marquise de Soucy, sa compagne de voyage, pour qui elle avait une grande affection, et dont la société lui aurait été si douce. En vain la jeune princesse exprima le désir de garder auprès d'elle cette dame qui était la fille de la vénérable baronne de Mackau, l'ancienne sous-gouvernante des enfants de France, et qui avait, comme sa mère, témoigné le plus profond dévouement à la famille royale. En vain la marquise de Soucy, qui avait obtenu de l'empereur une audience particulière, le supplia de la laisser auprès de la princesse. « Ma cousine est fort affectionnée à madame votre mère, dit le souverain ; elle ne m'a pas laissé non plus ignorer votre dévouement à sa personne. Je suis fâché de vous en séparer ; mais la position de guerre entre les deux nations nécessite cette mesure. » Apercevant alors un papier que la marquise tenait à la main. « Ce papier, dit l'empereur, est-il pour moi, madame ? — Non, Sire, répondit Madame de Soucy en pleurant, c'est ma lettre d'adieu à la princesse. — Confiez-la-moi, madame, répliqua François II. Je la remettrai à ma cousine. » D'après les exigences rigoureuses de l'étiquette germanique, la lettre passa par les mains de la comtesse de Chanclos, grande maîtresse de la maison de Marie-Thérèse. Il fut interdit à la princesse de recevoir Madame de Soucy, à laquelle elle dût se borner à écrire la lettre suivante : « J'ai reçu votre lettre, madame, par Madame de Chanclos ; j'en suis très touchée. Je parlerai de vous à l'empereur, il est bon ; mais vous savez que je craignais que la position de guerre entre les deux nations ne nous séparât. Cela est arrivé ainsi pour les autres Français. Je vous prie de consoler Monsieur Hue, ce fidèle serviteur de mon père, je suis sûre que l'empereur ne l'abandonnera pas. Je suis sûre aussi de votre courage. Faites un heureux voyage, je ferai des vœux pour vous. Dites mille choses de ma part à votre mère. Je vous remercie du sacrifice que vous avez fait de quitter votre patrie et votre famille pour me suivre, je ne l'oublierai jamais. Adieu ! comptez toujours sur l'affection de Marie-Thérèse-Charlotte. »

Par exception, François Hue fut autorisé à rester à Vienne, où on le considéra comme émigré. Mais les deux employés du Temple (le cuisinier Meunier et le garçon servant Baron), qui avaient fait avec lui le voyage, furent renvoyés en France, le 20 janvier 1796. Quant à Madame de Soucy, à son fils et à sa femme de chambre, ils quittèrent Vienne le 23 du même mois.

La fille de Louis XVI n'est pas libre. Après avoir été la prisonnière de la République française, elle est devenue celle de l'Autriche. Ce n'est pas assez, pour cette jeune fille de dix-sept ans à peine, d'avoir subi pendant trois ans et demi, dans le donjon du Temple, la plus horrible captivité, la voilà qui se retrouve tout à coup au milieu des embûches de tout genre. Ses prétendus libérateurs ne sont pas, au fond, ses amis. Séquestrée, à Vienne, dans le palais impérial comme une sorte d'otage, on voudrait la faire renoncer à sa famille, à sa patrie, pour la changer en instrument des ambitions et des intrigues autrichiennes. Mais l'auguste orpheline ne se laissera pas séduire par les offres brillantes qu'on fera luire à ses yeux. Elle ne veut ni du diadème d'archiduchesse, ni de la couronne de reine. L'époux que son père et sa mère lui ont désigné avant de mourir, c'est celui-là, celui-là seul qui aura son cœur ; elle préférera l'exil et la pauvreté avec lui à la richesse et à un trône avec un autre.

Cette jeune fille, en apparence si frêle, a déjà une force morale indomptable. Le malheur lui a donné une expérience précoce, qui la tient également en garde contre la menace et contre la flatterie. Pendant plus de trois ans, elle restera à Vienne sans dévier une seule fois du plan de conduite qu'elle s'est tracé. Sa modestie, sa douceur et sa fermeté commanderont à tous le respect. On sentira qu'on est en face d'une nature supérieure, d'une véritable chrétienne, d'une jeune personne qui a déjà toute l'énergie, toutes les vertus de la femme forte de l'Écriture. En vain le gouvernement autrichien s'était imaginé qu'en éloignant de la princesse les Français, on lui ferait oublier la France. Cette héroïne du devoir, qui a, comme son père, comme sa mère, comme sa tante, pardonné à ses persécuteurs, prié pour ses bourreaux, s'est d'autant plus attachée à sa patrie qu'elle y a plus souffert. En Autriche, elle regrette cette France où elle a été pourtant si malheureuse, si accablée. Elle souhaite, du fond du cœur, des destinées prospères et glorieuses à

la nation dont elle a eu tant à se plaindre, et dont
cependant elle ne parle qu'avec une émotion et
une affection touchantes. Il n'y a sur ses lèvres
aucune parole amère, aucun mot de colère ou de
récrimination. L'Évangile a appris le pardon des
injures à la fille de Louis XVI et de Marie-Antoinette.

Un excellent ouvrage d'un historien d'avenir,
M. Alfred Lebon, fournit des renseignements
curieux sur cette période de la vie de Marie-
Thérèse. Il a pour titre : *L'Angleterre et l'Emigra-
tion française*. L'auteur a eu entre les mains la
correspondance de Wickham et de lord Macartney avec le gouvernement britannique. Wickham
était un agent anglais que le cabinet de Londres
avait envoyé en Suisse, rendez-vous des intri-
gants, des diplomates et des conspirateurs, pour
y préparer les éléments d'une restauration bourbonienne, qui, s'étant accomplie sous les auspices de l'Angleterre, lui aurait assuré une paix
conforme à ses désirs. Quant à lord Macartney,
le gouvernement anglais l'avait accrédité auprès
de Louis XVIII, et cet agent diplomatique était
arrivé à Vérone, le 6 août 1795, quelques jours
après l'apparition du manifeste par lequel le
prétendant exilé notifiait à la France et à l'Europe
ses intentions royales.

Dans une dépêche en date du 31 janvier 1796,
lord Macartney exprimait ainsi les sentiments
des royalistes français de Vérone à l'égard de

l'Autriche. « Quoique très irrités par la façon dont on a traité le prince de Condé et les déceptions qui en sont résultées pour l'insurrection du Sud-Ouest, ils semblent encore plus exaspérés par la politique mesquine de la cour de Vienne et sa manière d'accaparer Madame Royale, qui, comme on le dit, a été soustraite à sa famille par un trafic de contrebande avec la République française ; car ils expriment leur ferme conviction que les autres puissances coalisées n'ont pu avoir aucune part, aucune intelligence dans cette transaction. Sir Morton Eden aura probablement informé Votre Seigneurie que Madame de Soucy a été séparée de la princesse un peu après son arrivée à Vienne, et que l'on ne permet à aucun Français de la servir. L'évêque de Nancy, qui est maintenant chargé d'affaires du roi dans cette ville, n'a pu être encore autorisé à la voir. On avait cependant trouvé le moyen de lui faire connaître, avant son départ de Paris, les sentiments du roi son oncle à son égard, et le désir de ce prince de la voir se maintenir libre de tout engagement, de façon qu'elle pût épouser son cousin, le duc d'Angoulême. En même temps, elle connut l'intention de l'empereur de disposer d'elle en faveur d'un de ses frères, si bien qu'elle est parfaitement sur ses gardes, quant à la conduite qu'elle doit tenir à Vienne. »

Louis XVIII n'avait pas à se féliciter des dispositions de la cour d'Autriche. Entre les Habsbourg et les Bourbons, il y avait une rivalité séculaire, que les malheurs de Louis XVI et de Marie-Antoinette n'avaient pas détruite. Le cabinet de Vienne était dirigé par un homme d'État qui n'aimait pas la France, monarchique ou républicaine. Presque aussi hostile aux émigrés qu'aux Jacobins, le baron de Thugut les trouvait légers, superficiels, quelquefois arrogants, malgré l'adversité. Il leur reprochait leur jactance, leurs illusions, leurs agitations stériles, et pensait qu'une restauration royaliste offrirait, en somme, peu de garanties à l'Autriche. Ce qu'il aurait voulu, c'était un démembrement de la France, que les puissances auraient traitée comme une seconde Pologne. On dit que ce ministre antifrançais eut l'idée de faire entrer malgré elle la fille de Louis XVI et de Marie-Antoinette dans ses calculs machiavéliques. Il ne voulait, dit-on, la marier à un archiduc, l'archiduc Charles ou l'archiduc Joseph, que pour faire tourner ce mariage au seul profit de l'Autriche. On va jusqu'à insinuer qu'il ne reculait même pas devant l'idée de déposséder Louis XVIII, et de transformer en candidat au trône de France l'archiduc qui serait devenu le mari de Madame Royale. En sa qualité de Bourbon et de concurrent possible aux droits de cette future royauté, le roi d'Espagne fut sondé au sujet de la combinaison par le cabinet de Vienne. Le duc d'Havré, qui, malgré la paix conclue entre la République française et l'Espagne, était resté le représentant de Louis XVIII à Madrid, écrivait au baron de Flachslanden, le 5 avril 1796 : « C'est très inquiétant. Ne voyez-vous pas un plan de démembrement et une marche pour y parvenir sûrement à l'aide d'un mariage qui donnerait sinon un titre, du moins un prétexte pour réclamer au nom de la princesse, comme son héritage, la propriété des provinces conquises ou données qui n'ont pas formellement reconnu la loi salique ? Ne serait-il même pas possible qu'on portât ses vues jusqu'à investir Madame du trône de France ? » Telle était alors, paraît-il, l'arrière-pensée de l'Autriche, et l'on prétend que le baron de Thugut avait dans les cafés de Paris des émissaires secrets qui buvaient à la santé de la fille de Louis XVI, comme reine de France et de Navarre.

Si cette combinaison ne réussissait pas, le ministre autrichien espérait du moins quelque démembrement. La loi salique, applicable au royaume de France, ne l'était pas anciennement au royaume de Navarre. Un édit de Louis XIII avait, il est vrai, déclaré la Navarre partie intégrante de la couronne de France. Mais l'Autriche n'en avait pas moins l'idée de faire éventuellement valoir les prétendus droits de Madame Royale, seule fille de France, sur cette portion du territoire français, sauf à se contenter, au besoin, de quelque autre morceau de ce même territoire.

Marie-Thérèse, dont la seule ambition était de faire le bien, repoussait avec indignation toute combinaison de ce genre. Plus sa famille était malheureuse, plus elle voulait y rester attachée, et ce qui lui plaisait surtout dans son projet d'union avec le duc d'Angoulème, c'est que ce mariage lui permettrait de demeurer Française.

Mgr Lafare, évêque de Nancy, qui avait remplacé à Vienne le comte de Saint-Priest comme chargé d'affaires de Louis XVIII, s'apercevait très bien que l'Autriche, tout en faisant semblant de s'intéresser aux émigrés français, ne 'désirait nullement une restauration bourbonienne en France. Aussi le prétendant écrivait-il à l'évêque : « J'ai été révolté de la fausseté de M. de Thugut. Quand le faible trompe, il est, en quelque sorte, excusable ; mais quand c'est le puissant, on ne sait qui doit l'emporter de l'horreur ou du mépris. Pour ma part, je les ressens tous les deux. »

Marie-Thérèse était également froissée des procédés de la cour d'Autriche. Louis XVIII écrivait au comte de Saint-Priest, le 31 août 1797 : « Ma nièce se déplaît, je crois, à Vienne. L'évêque de Nancy me le mande, et, de plus, dans presque toutes ses lettres, elle me parle de son désir d'être auprès de moi. Soit donc la déplaisance du lieu où elle est, soit que les lettres véritablement aimables de mon neveu aient fait impression sur son cœur, elle lui en a écrit une, qui, autant que je puis me souvenir de mon jeune âge, m'aurait fait tourner la tête à vingt-deux ans; raison de plus pour battre le fer quand il est chaud. »

Dès le mois de septembre 1796, le jeune duc d'Angoulême avait écrit à sa fiancée : « Les sentiments que mon aimable et bien chère cousine a gravés dans mon cœur font tout à la fois mon bonheur et mon tourment. Je ne peux voir sans une peine bien vive tant de retardements dans l'espoir qui m'occupe sans cesse. Il me semble que c'est m'arracher des jours que je voudrais pouvoir tous consacrer à votre bonheur. » Le prince avait en vain sollicité de la cour d'Autriche l'autorisation de se rendre à Vienne. Malgré les vives instances plusieurs fois renouvelées par sa fiancée, il n'avait pas même pu y faire un voyage secret.

Monseigneur Lafare écrivait à Louis XVIII, le 29 août 1798 : « Madame Thérèse est en froid avec l'impératrice depuis son arrivée. Il est de mon devoir, Sire, de vous prévenir que Madame a un caractère très prononcé, très réfléchi et très attaché au parti qu'elle a cru le meilleur à prendre. Ses idées sont arrêtées sur plusieurs personnes ; elle n'aimera jamais que celles dont elle-même aura une opinion favorable. » Et le 30 décembre de la même année : « Madame Thérèse voit très en noir. Je prends à tâche d'atténuer la méfiance de Madame sur l'avenir et de ranimer ses espérances. Je communique les détails favorables qui

m'arrivent de France : ces communications éclair-
cissent du moins momentanément la teinte rem-
brunie de son horizon. »

Ainsi que le remarque très finiment Monsieur Fourneron, « cette mélancolie indiquait un
jugement plus sûr et une appréciation plus saine
es choses chez la jeune fille que chez l'évêque et
chez la plupart des émigrés. Son bon sens ne la
trompait pas davantage sur l'estime à faire des
personnes. »

Louis XVIII continuait à se plaindre de l'Autriche. La comtesse d'Artois demandait d'aller
passer quelques jours auprès de Marie-Thérèse ;
cette autorisation lui était refusée, et le prétendant écrivait au comte de Saint-Priest : « La
réponse de Vienne sur la course de ma belle-
sœur pour voir un moment sa nièce, sa future
belle-fille, est tout à fait barbare. »

Louis XVIII faisait inutilement redemander
sa nièce. L'évêque de Nancy, son chargé d'affaires à Vienne, ne réussissant pas dans ses démarches, il renvoya le comte de Saint-Priest dans
cette ville, et lui donna, le 2 juin 1798, les instructions suivantes au moment où le comte était
encore en Russie : « Le mariage du duc d'Angoulème, mon neveu, avec Madame Thérèse, ma
nièce, a toujours été l'objet de mes plus chers
désirs : mais, jusqu'à présent, je n'ai pu accomplir cette union, non que la cour de Vienne s'y
soit formellement opposée, mais il me manquait

une demeure établie. L'empereur Paul a levé cet obstacle par l'asile qu'il m'a donné à Mittau. Cependant, son appui m'est encore bien nécessaire, car, quoique je vienne de dire que la cour de Vienne ne s'est pas opposée formellement au mariage, je n'ai pas la certitude qu'elle remette ma nièce entre mes mains à ma seule réquisition. Je charge donc M. de Saint-Priest d'émouvoir l'âme sensible de Sa Majesté Impériale en faveur d'une union aussi touchante, et de l'engager à en faire sa propre affaire. Alors je n'aurai plus d'inquiétude du côté de Vienne et je serai certain que l'empereur François n'opposera plus de difficultés. » Ainsi donc Louis XVIII était obligé de faire implorer l'intervention du czar pour mettre un terme à la malveillance et aux refus de l'empereur d'Autriche. A force de ténacité, il finit par obtenir, grâce aux démarches pressantes de Monsieur de Saint-Priest, la délivrance de la jeune princesse. Elle quitta Vienne, le 3 mai 1799, sans emporter un bon souvenir de l'hospitalité forcée qu'elle y avait reçue depuis le 9 janvier 1796, et alla rejoindre son oncle Louis XVIII à Mittau.

IV

Marie-Thérèse de France allait devenir la com-
mensale de son oncle Louis XVIII, et vivre dans
la société des émigrés. Avant de raconter l'arrivée de la jeune princesse en Courlande, nous
dirons quelques mots du prétendant et de l'émigration.

Le comte de Provence, frère de Louis XVI et
du comte d'Artois (le futur Charles X) avait
pris, à la mort du jeune Louis XVII, le
titre de roi et le nom de Louis XVIII. Né à Versailles le 17 octobre 1755, il avait eu pour père
le grand-dauphin, fils de Louis XV: pour mère,
Marie-Joséphine de Saxe. Il s'était marié, le
14 mai 1771, avec Marie-Joséphine-Louise de
Savoie, fille du roi de Sardaigne, Victor-
Amédée III, et n'avait jamais eu d'enfant. Dans
les dernières années de l'ancien régime, il passait

pour un bel esprit, très fier de son érudition, grand amateur de poésie latine, citant à tout propos Horace, aimant autant le pouvoir que le roi son frère l'aimait peu, habile homme, calculant toutes ses démarches, toutes ses paroles, prince diplomate, en bons termes avec les philosophes, courtisant l'opinion publique, se targuant d'une expérience précoce, et se croyant destiné à jouer un grand rôle. Sa femme, assez insignifiante au point de vue physique, ne manquait pas d'intelligence, mais ne jouissait d'aucun crédit à la cour. Elle avait eu, comme dame d'honneur, à partir de 1780, une comtesse de Balbi, qui devint la favorite du comte de Provence, bien que les amours de ce prince eussent été, disait-on, toujours platoniques, et pour cause. Cette dame, fille d'un Caumont-Laforce et d'une Galard de Béarn, était mariée au comte de Balbi, noble Gênois, colonel à la suite du régiment de Bourbon, et possesseur d'une grande fortune. Plus spirituelle que belle, mais remuante, ambitieuse, avec des yeux pleins de flammes, un esprit d'enfer, une conversation malicieuse et brillante, une intarissable gaieté, elle exerça longtemps une influence considérable sur le comte de Provence.

Le prince était resté auprès de la famille royale jusqu'au 20 juin 1791, moment où elle partit du château des Tuileries pour le voyage qui devait avoir à Varennes une si fatale issue. Il avait quitté

en même temps le palais du Luxembourg, ayant
reçu de son frère l'ordre de le rejoindre à Mont-
médy, en passant par Longwy et par les Pays-
Bas. Plus prudent que Louis XVI, dont le tort
avait été d'éveiller les soupçons en emmenant
trop de monde avec lui, il avait eu le soin, non
seulement de ne point se mettre dans la même
voiture que sa femme, mais même de ne pas
prendre la même route qu'elle. N'ayant d'autre
compagnon que le comte d'Avaray, que depuis
lors il considéra comme son sauveur, et dont il
fit son favori, il n'avait pas été reconnu dans sa
fuite, et pendant que le voyage de son frère
échouait d'une manière si funeste, le sien réussissait pleinement.

Le comte de Provence passa en Allemagne les
premiers temps de son émigration. Il s'installa tout
près de Coblentz, dans un château que son oncle
maternel, l'électeur de Trèves, Clément Wen-
ceslas de Saxe, avait mis à sa disposition. C'est
là qu'il entra en rapport avec le prince de Condé
et qu'il organisa une politique militante. C'est là
aussi qu'il se brouilla avec la comtesse de Balbi,
qui se laissait aller à des imprudences dans lesquelles Archambaud de Périgord, frère du futur
prince de Talleyrand, joua un rôle. S'il faut en
croire les Mémoires de la duchesse d'Abrantès, le
comte de Provence aurait alors écrit à la favorite :
« La femme de César ne doit pas même être soup-
çonnée » et celle-ci aurait malicieusement répondu :

« Vous n'êtes pas César, et vous savez bien que je n'ai jamais été votre femme. »

Le comte de Provence demanda ensuite un asile au roi de Prusse, qui lui permit de s'installer au château de Hamm, petite ville située sur la Lippe, en Westphalie, près de Dusseldorff. Ce fut là qu'il apprit la mort de Louis XVI, se déclara solennellement régent de France, et constitua un ministère. Il quitta la Westphalie avant la fin de 1793, pour aller rejoindre à Turin la comtesse de Provence, qui avait cherché un refuge auprès de son père, le roi de Sardaigne, Victor-Amédée III. Ce prince ne se souciant pas de garder à sa cour un hôte compromettant, il dut accepter l'asile que la République de Venise lui offrit à Vérone. Il s'y installa en qualité de noble inscrit au livre d'or de la République, et y reçut un bon accueil. Il y apprit la mort de Louis XVII, et, à partir de ce moment, reconnu comme roi de France et de Navarre par tous les émigrés, il ne s'appela plus que Louis XVIII.

Lord Macartney, envoyé à Vérone par le gouvernement britannique, écrivait à lord Granville, le 27 septembre 1795 : « Le roi est certainement intelligent; il possède des connaissances nombreuses et variées, une manière aisée de s'en servir et de les communiquer. Il ne manque pas non plus de jugement, quand il n'est pas influencé par les préjugés de son éducation; ses préjugés eux-mêmes sont d'ailleurs considérablement atté-

nués et adoucis par le malheur et par la réflexion.
L'adversité semble avoir eu sur son esprit un
effet utile ; elle l'a amélioré sans l'exaspérer. On
le croit sincère dans sa foi ; il est certainement
attentif à accomplir les devoirs imposés par la
religion. Il ne manque jamais d'entendre la messe,
ni d'observer les fêtes de son Église, ne man-
geant de viande ni le vendredi ni le samedi. On
affirme qu'il n'a jamais montré de dispositions
pour la galanterie pratique (*practical gallantry*), et
que son attachement pour Madame de Balbi était
simplement un lien formé par une longue amitié,
sans qu'il y eût entre elle et lui la moindre chaîne
d'un genre plus électrique (*the smallest link of a
more electric nature*). Il est susceptible d'avoir des
amitiés privées, et sait leur être fidèle. Ce côté
de son caractère est fortement marqué par les
sentiments invariables qu'il porte au comte d'A-
varay et aux serviteurs qui l'ont accompagné
dans sa fuite, et ne l'ont jamais quitté depuis.
On parle différemment de leurs mérites, mais lui
seul peut les juger. »

La femme du prétendant était restée à Turin
auprès de son père, le roi de Sardaigne. Elle
recevait toutes les semaines une lettre aimable de
son mari, mais ne paraissait pas empressée
d'aller le rejoindre. Au fond, les deux époux n'a-
vaient qu'une médiocre sympathie l'un pour
l'autre. Lord Macartney mandait à lord Granville : « Le roi écrit régulièrement une fois par

semaine à la reine; mais ce qui m'a paru assez singulier, je n'ai jamais entendu prononcer ce nom ni par lui, ni par aucune personne de son entourage. Elle est encore à Turin, bien entretenue par son père; elle mène une vie très retirée, et ne voit guère personne, sinon une Madame de Courbillon, qui a été sa femme de chambre, et qui, comme presque tous les favoris, est généralement détestée de ceux qui ne sont pas dans la même situation, ou qui n'ont pas les mêmes qualités pour les recommander. »

Les principaux conseillers qui entouraient Louis XVIII à Vérone étaient le comte d'Avaray, Mgr Conzié, évêque d'Arras, le comte de Jaucourt, le marquis de Hautefort, le comte de Cossé, le chevalier de Montagnac, le comte de Damas. « Ils sont certainement dans la gêne, écrivait lord Macartney: la demeure du prince, l'*Orto del Gazzola* est mesquine; ils ont peu de meubles, peu de domestiques, les livrées sont usées. Les repas, ce détail si important pour les Français, sont chétifs. »

Louis XVIII était à Vérone, lorsque Marie-Thérèse sortit du Temple. Mais il ne devait plus y rester longtemps. La République de Venise, effrayée par la République française, envoya le podestat de Vérone chez le prétendant, pour le sommer de quitter son territoire. « Je partirai, répondit le prince, mais j'exige deux conditions : la première qu'on me présente le livre d'or où

ma famille est inscrite, pour en rayer le nom de
ma main ; la seconde qu'on me rende l'armure
dont l'amitié de mon aïeul Henri IV avait fait
présent à la République. »

Louis XVIII, ainsi expulsé de Vérone, quitta
cette ville le 20 avril 1796, et se rendit à Riegel,
près du prince de Condé, dont l'armée le reçut
avec enthousiasme. Mais l'Autriche, toujours
mal disposée pour le prétendant, ne lui permit
pas de rester dans ce campement. Le baron de
Thugut lui fit savoir qu'on emploierait au besoin
la violence pour le faire partir. Le malheureux
exilé se mit en route le 14 juillet 1796. Il ne
savait où trouver un refuge. Au cinquième jour
de marche, le 19 juillet, il s'arrêta dans la soirée
à une auberge de la petite ville de Dillingen,
appartenant à l'électeur de Trèves. La chaleur
était étouffante. Il se mit à la croisée pour prendre
l'air. Un coup de feu retentit ; une balle effleura
son front, le blessa, et alla s'aplatir contre le
mur de la chambre. Le comte d'Avaray s'écria,
en voyant la blessure : « Ah ! sire, une demi-
ligne plus bas !... — Eh ! bien, reprit Louis XVIII,
le roi de France se nommerait Charles X. »

Après avoir été alité huit jours, le prétendant
se remit en route, mais il ne fut complètement
rétabli que deux mois plus tard. Les émigrés
soupçonnèrent les Jacobins d'avoir fait le coup.
Mais on crut en général que les Allemands, irrités
de voir les émigrés affluer chez eux, avaient voulu

ainsi les effrayer, et que l'assassin devait être un de ces paysans qui égorgeaient les volontaires de l'armée de Condé, dès qu'ils les trouvaient sans défense. L'héritier de tant de rois ne savait où reposer sa tête. Partout on le repoussait comme un proscrit. Les princes de Saxe étant ses proches parents, puisqu'il était le fils d'une princesse saxonne, il avait envoyé à Dresde le baron de Flachslanden, pour demander l'hospitalité. L'électeur de Saxe témoigna le regret que lui faisait éprouver l'impossibilité de céder, dans les circonstances présentes, à l'empressement que lui dicteraient ses sentiments pour le roi. Le prince d'Anhalt-Dessau fit la même réponse. Louis XVIII demanda sans plus de succès un asile provisoire dans la principauté d'Oldenbourg, dans celle de Gevern, ou dans celle d'Anhalt-Zerbst. Partout repoussé, il arriva enfin chez le duc de Brunswick, et fit prier ce prince de trouver bon qu'il séjournât dans ses États jusqu'au retour d'un courrier qu'il avait expédié en Russie. Il s'arrêta dans le duché de Brunswick, à la petite ville de Blankenbourg, située à trois lieues d'Halberstadt. Il s'y installa chez la veuve d'un brasseur, qui lui loua trois chambres. L'une lui servit de salon et de salle à manger, l'autre de chambre à coucher, la troisième fut transformée à la fois en chapelle et en chambre à coucher pour le gentilhomme de service, qui était tour à tour le duc de Guiche, le duc de Gramont et le comte d'Avaray. Les ducs de Villequier, de Fleury, de Cossé-Brissac se logèrent comme ils purent dans la ville. On n'osa pas faire venir un plus grand nombre de Français : le comte d'Avaray écrivait au comte d'Antraigues : « Le duc de Brunswick met beaucoup de bonne grâce à ignorer que le roi habite ses États : mais une juste circonspection ne permet pas de recevoir les émigrés du voisinage. » Louis XVIII n'en tenait pas moins une petite cour dans l'étroite maison du brasseur. Les femmes étaient reçues par Madame de Marsan et la princesse Charles de Rohan, sa nièce.

Quant à la reine, elle continuait à vivre loin de son mari. Après avoir perdu l'asile qu'elle avait à Turin chez son père, et avoir fait demander inutilement un refuge à l'électeur de Trèves, elle avait été accueillie comme par grâce dans l'évêché de Passau, petit État d'empire, qui faisait partie du cercle de Bavière. Le chancelier de l'évêque ne lui avait accordé un permis de séjour qu'à condition que « la respectable dame et sa suite ne tomberaient jamais à la charge des caisses de Son Altesse l'évêque ou de ses sujets. »

Louis XVIII était encore à Blankenbourg, quand il apprit le coup d'État du 18 Fructidor (4 Septembre 1797), qui ajournait toutes ses espérances de restauration : « C'est un malheur pour la France et pour beaucoup d'honnêtes gens, écrivait-il au comte de Saint-Priest, le 14 septembre ; mais je connais votre âme, et je suis sûr qu'elle ne sera pas plus abattue que la mienne. » Le traité de Campo-Formio (17 octobre 1797) avait à un tel point fortifié le Directoire que, dans l'Europe continentale, personne n'osait plus donner asile à l'héritier de Louis XIV. Les Allemands blâmaient le duc de Brunswick de recevoir chez lui des émigrés, et le roi de Prusse signifiait à ce prince de renvoyer sans retard Louis XVIII. En vain le malheureux prétendant écrivit à Berlin pour obtenir au moins quelques égards, et demanda à ne pas être obligé de se mettre en route en plein hiver, sans savoir où trouver un refuge momentané. Berlin répondit par un ordre immédiat de départ. Le duc de Brunswick fut forcé d'intervenir pour faire accorder au royal proscrit un sursis de huit jours. Louis XVIII quitta Blankenbourg au milieu du mois de février 1798. Le nouvel empereur de Russie, Paul Ier, ayant enfin consenti à le recevoir dans ses États, il se rendit en Courlande, à Mittau.

V

Jusqu'en 1814, la fille de Louis XVI n'allait connaître, en fait de Français, que des émigrés. Il faut bien le dire, leur société était de nature à lui inspirer des réflexions plutôt pénibles qu'agréables. Leur vue seule suffisait pour lui rappeler un ensemble de fautes et de malheurs auxquels ils n'étaient pas complètement étrangers. La jeune princesse leur reprochait d'avoir longtemps pactisé avec les philosophes ennemis de la religion, et pensait que les atteintes portées à l'autel avaient été l'une des causes principales de la chute du trône. Elle avait entendu bien des fois son père et sa mère se plaindre de l'émigration. Sans doute, sous la Terreur, rester en France c'était, pour un aristocrate, se condamner soi-même à mort. Mais en 1789, avant les journées d'octobre, la lutte contre les adversaires de la monarchie était encore possible en France. Le véritable poste de combat eût été à Paris, et non pas à Bruxelles ou à Coblentz. C'est la pensée qu'a exprimée dans ses *Souvenirs* un émigré, le comte de Puymaigre. « Je pourrais, dit-il, défendre l'émigration, lorsqu'elle fut l'unique moyen de se soustraire à la mort et qu'elle devint alors une nécessité ; mais nul doute que l'émigration spontanée, comme système politique, ne fût une très grande faute, qu'elle ne dépopularisât une belle cause, en semblant l'associer aux prétentions cupides et malveillantes de nos vieux ennemis. »

Ainsi que le mentionne le comte de Fersen dans son journal, Marie-Antoinette avait dit : « Nous gémissons du nombre des émigrants ; ce qui est affreux, c'est la manière dont on trompe et dont on a trompé tous ces honnêtes gens. » Marie-Thérèse se souvenait que sa tante, Madame Élisabeth, que l'on suppliait de quitter la France, s'était écriée : « Partir serait une barbarie et en même temps une platitude. » Qu'une aristocratie fidèle suive son souverain dans l'exil, cela se comprendrait. Mais qu'elle le laisse dans ses États, au milieu des plus graves dangers, et qu'elle aille errer de cour en cour, ou combattre à la solde de puissances étrangères, c'est là ce qui s'explique moins facilement. Des hommes exaltés avaient, par un faux point d'honneur, forcé les nobles à quitter leurs femmes, leurs enfants, leurs propriétés, et à s'enfuir comme des proscrits. Ainsi que l'a dit un autre émigré, le comte de Contades, dans ses curieux *Souvenirs sur Coblentz et Quiberon :* « Vers la fin de l'année 1791, l'opinion devint si prononcée contre la Révolution qu'il ne fut plus permis de rester en France, même avec les intentions les plus pures, même avec le désir et les moyens de faire le bien. Ceux qui, pour divers motifs, avaient été forcés d'abandonner leurs places, se sentant perdus si leur exemple n'était suivi, taxèrent de lâcheté et vouèrent à l'infamie ceux qui, plus constants, et peut-être plus courageux, voulaient rester inébranlables à leur poste et y périr plutôt que d'aller mendier, sur une terre étrangère, des secours qu'ils comptaient pouvoir trouver en eux-mêmes. Dès le commencement de la Révolution, beaucoup de colonels abandonnèrent leurs régiments, et coururent se ranger sous les drapeaux de Mgr le prince de Condé. J'ai toujours blâmé cette conduite, une des causes de nos malheurs. Peut-on comparer l'utilité d'un chef armé et considéré de son corps, luttant contre la Révolution, en arrêtant les progrès, et ralliant sans cesse à l'honneur et au devoir des soldats égarés, à celle d'un individu devenu simple soldat, et réduit à ses seuls moyens personnels : »

Mais la passion ne raisonne pas. Un courant fatal avait conduit l'ancienne société au suicide. A ceux qui hésitaient avant de quitter leur patrie peut-être pour toujours, les femmes envoyaient des bonnets de nuit, des quenouilles, des poupées. D'ailleurs, il ne s'agissait, disait-on, que d'une simple promenade sur les bords du Rhin. Dans cinq ou six semaines on reviendrait vainqueur, on n'aurait qu'à montrer son panache, son mouchoir blanc, la botte du prince de Condé, et six francs de corde pour pendre les chefs de la Révolution. Le principal protecteur des émigrés, le roi de Suède Gustave III, à Aix-la-Chapelle, écrivait le 16 juin 1791 : « Tous ces proscrits sont animés d'une haine égale contre l'Assemblée nationale, et aussi d'une exagération sur tous les objets dont vous n'avez aucune idée. C'est un spectacle vraiment curieux de les entendre et de les voir. » Mais laissons la parole à un émigré, à un officier de l'armée de Condé, au comte de Contades : « Deux ou trois mille gentilshommes, dit-il dans ses *Souvenirs*, se croyaient de bonne foi assurés de faire à eux seuls la contre-révolution. Cette chimère n'était évidemment que du délire, un rêve dont Mgr le prince de Condé sentait toute la déraison, mais dont il désirait néanmoins retarder le réveil. Aux *Trois-Colonnes*, café de Coblentz, les émigrés se réunissaient pour causer et rire, avec autant de légèreté et de frivolité que s'ils eussent été dans les salons de Paris ou de Versailles. Ils passaient leur temps à jouer, à dire du mal des princes, à panser leurs chevaux dans leurs cantonnements. » Comme le dit un autre officier de l'armée de Condé, le comte de Puymaigre : « C'était un bizarre spectacle que cette réunion d'émigrés, d'anciens officiers, de magistrats dans les rangs, le fusil sur l'épaule, ou pansant leurs chevaux : des corps nobles où l'on comptait pourtant nombre de bourgeois (qu'on me pardonne l'expression du temps), qui s'étaient associés à notre cause, soit par conviction, soit par vanité, des vieillards, des jeunes gens, presque des enfants, et, dans cet étrange amalgame, un point d'honneur exagéré en certaines circonstances, mais qui, plus puissant que les règlements pour maintenir la discipline, flétrissait d'opprobre celui qui eût manqué à son poste aux coups de fusil. Les mœurs étaient celles du règne de Louis XV.

« En dépit des principes qui nous avaient fait quitter la France, il n'y avait rien de plus déréglé que l'armée de Condé ; on y était dissolu, et toutefois jamais sceptique en matière de religion ; le jeune homme le plus débauché qui avait reçu un coup mortel ne se serait jamais dispensé de l'assistance d'un prêtre, et, à côté de cela, nos lectures favorites étaient les ouvrages philosophiques alors fort en vogue. Les petits poètes du temps égayaient aussi nos veillées. Boufflers obtenait le plus de succès...

« Nos hôtes ne pouvaient comprendre que des gens bannis de leur patrie pour Dieu et leur roi allassent pervertir les pays étrangers ; que ces mêmes hommes, qui ne cessaient d'invoquer

13.

le respect à la propriété, vinssent enfreindre les lois, et, pour satisfaire leur goût pour la chasse, dévaster les parcs réservés aux plaisirs des princes et des grands propriétaires allemands ; enfin qu'ils traitassent les choses les plus graves avec une insouciance, une légèreté dont la Révolution aurait dû les guérir. Ces reproches étaient mérités ; mais sur d'autres points nos détracteurs étaient bien forcés de nous rendre justice, et nous devenions l'objet de leur admiration. »

Et alors l'émigré, reprenant l'esprit de corps, s'écrie : « Quels autres que nous auraient conservé cette gaieté qui nous soutenait dans nos adversités, qui confondait dans un même esprit le vieillard et l'adolescent, cette pensée chevaleresque qui les unissait dans un même sentiment de devoir et d'honneur ?... Cette légèreté dont on nous blâmait n'était-elle pas la sœur de nos brillantes qualités ? »

Combien de fois la fille de Louis XVI et de Marie-Antoinette n'avait-elle pas entendu ses parents parler de cette émigration à la fois héroïque et futile ; de ce Coblentz vicieux et fou, mais spirituel et charmant, qui, avec de bonnes intentions, fit tant de tort à la monarchie ; de ces gentilshommes vaniteux et frondeurs, qui avaient l'esprit de rire de leur mauvaise fortune, mais non point la sagesse d'en tirer une leçon ! Elle connaissait les sentiments de la malheureuse reine, qui disait à François Hue : « L'assistance

des étrangers est une de ces mesures qu'un roi
sage ne doit employer qu'à la dernière extrémité, » et qui ne tourna ses regards de l'autre côté
du Rhin qu'à l'heure du désespoir. Elle savait,
comme Marie-Antoinette le lui avait dit souvent,
que si les émigrés avaient dépensé au dedans la
moitié de l'énergie et des efforts qu'ils dépensè-
rent au dehors en pure perte, le trône aurait pu
être sauvé.

Les illusions s'étaient dissipées bien promptement. Cette émigration qui, au début, croyait
n'être qu'une partie de plaisir, une joyeuse et
courte promenade, une sorte de voyage d'agrément, était un douloureux et lamentable exode,
dont personne ne pouvait plus prévoir le terme.
L'émigré qui portait les armes sous les drapeaux
de l'armée de Condé avait au moins une distrac-
tion dans l'existence des camps, et pouvait sub-
sister avec la solde que lui payait l'Autriche.
Mais l'émigré civil, quelle n'était pas sa décadence
et sa misère ! M. Forneron en a fait ce tableau
saisissant : « Le Français futile qui recevait des
fonds de sa famille ne songeait pas que chacun
de ses parents jouait sa tête pour un seul écu
envoyé ; il vivait désœuvré, plein d'horreur pour
le travail : sa chambre l'ennuyait : il ne daignait
pas apprendre l'allemand : il se levait tard, allait
chercher un ami aussi frivole que lui, pour déjeuner chez le restaurateur français : il faisait des
visites, se montrait importun et ennuyé. Sans

argent, les habits usés, le linge déchiré, chacun regardait ses compatriotes qui succombaient à la misère au milieu d'étrangers, dont ils ignoraient la langue, et qui les traitaient avec méfiance. Le passé était déchirant, l'avenir sombre. » La presque totalité des émigrés avaient pour ressource unique la vente des menus objets qu'ils avaient pu emporter avec eux en quittant la France ; mais cette faible ressource s'était rapidement épuisée, et ils avaient été forcés de travailler pour vivre. Dès l'année 1794, leur dénûment était complet. Le 8 juillet, le comte de Sérent écrivait au comte d'Antraigues : « Le comte de Provence a constamment sous les yeux le spectacle de nos malheureux émigrés, qui fuient les diverses retraites où la plupart étaient logés et nourris à crédit, qui errent par les chemins, sans habit, sans chemise. N'avoir pas la plus petite ressource à leur procurer est la plus cruelle de toutes les situations. » Les années suivantes, cette misère n'avait fait que s'accroître dans des proportions effrayantes. Il faut convenir que si la noblesse française avait eu des fautes à se reprocher, elle en était punie d'une manière terrible. Ses adversaires les plus farouches devaient eux-mêmes en avoir pitié.

Ces grandes dames qui, au début de l'émigration, conservaient sur les bords du Rhin les grands airs de Versailles, où elles s'imaginaient devoir rentrer au bout de quelques jours, ces fières et spirituelles beautés, tout occupées de jeu et d'intrigues. qui. à la cour des princes, avaient cru faire une provision de crédit en exil, ne vivaient plus que d'aumône ou de travail manuel. Elles avaient vendu leurs derniers bijoux, leurs dernières dentelles. Chassées d'Allemagne. un grand nombre d'entre elles s'étaient réfugiées à Hambourg, qui offrait une image en raccourci de la vie des émigrés français dans le monde entier. Les unes donnaient des leçons. les autres tenaient des boutiques, ou exerçaient quelque métier. Mais, la nuit venue, elles se réunissaient, et, tâchant d'oublier leur misère. elles se disaient : « J'ai assez fait la marchande toute la journée, je m'en vais faire un peu la dame. »

Tout ce que Marie-Thérèse savait des émigrés la plongeait dans une tristesse profonde. Elle, si bonne et si généreuse, elle demeurait inconsolable de ne pouvoir soulager tant de misères, et la décadence, la pauvreté, les humiliations, les angoisses de cette malheureuse noblesse. que, dans son enfance, elle avait vue si brillante et si fière à Versailles, lui suggéraient sans cesse des réflexions pleines d'amertume. A chaque instant son cœur saignait. Un jour elle apprenait le désastre de Quiberon et l'odieux massacre des prisonniers, un autre jour les catastrophes de la Vendée, l'exécution de Charette. Puis c'étaient les proscriptions dont les royalistes furent victimes après le 18 Fructidor. les fusillades dans la plaine de Grenelle. les déportations dans des cages de fer, les exils à Cayenne, qualifiés de guillotine sèche. Toutes les familles auxquelles s'intéressait la fille de Louis XVI étaient atteintes. Le vent du malheur soufflait aux quatre points cardinaux, et l'aristocratie française, ballottée de tempête en tempête, était poursuivie sur tous les rivages par l'implacable fatalité. Tout ce qui s'accomplissait accablait de chagrin une princesse patriote, pour qui, suivant la parole du poète, c'était une inexprimable douleur de monter et descendre l'escalier d'autrui. Quand elle voyait des émigrés se distraire et sourire, elle s'étonnait de leur frivolité. Ses sympathies étaient bien moins pour eux que pour ces Vendéens, dont les courtisans des princes et les grands personnages de l'émigration restèrent longtemps sans soupçonner l'existence, pour ces prolétaires, pour ces paysans héroïques et fidèles, qui, comme l'a dit Napoléon, firent une guerre de géants, et auxquels la Restauration devait plus tard témoigner tant d'ingratitude.

Au moment d'aller rejoindre Louis XVIII à Mittau, Marie-Thérèse était au courant de toutes les intrigues, de toutes les compétitions, de toutes les jalousies, de toutes les rancunes qui se produisaient autour d'un vain fantôme de royauté. Les princes, même en exil, ont leurs courtisans, leurs flatteurs, et dans une auberge comme dans un palais, ils retrouvent toutes les petites misères de la vie des cours. On se dispute avec une avidité prématurée les faveurs dont peut-être ils disposeront un jour. On leur arrache des promesses. On escompte leur avènement. Dès son enfance, la fille de Louis XVI et de Marie-Antoinette avait appris par expérience ce qu'on doit penser des courtisans. Elle était déjà édifiée sur l'égoïsme, les palinodies, l'avidité de beaucoup d'entre eux. Aucune femme ne savait aussi bien que cette jeune fille distinguer le bon grain de l'ivraie. Elle s'apercevait avec une perspicacité rare pour son âge de ce qu'il y avait de sincère et de ce qu'il y avait de faux dans les protestations de dévouement qui lui étaient adressées. Elle savait lire dans le visage de ses interlocuteurs, sonder le fond de leur pensée, et reconnaître tout de suite les personnes qui étaient dignes de son estime. Elle n'avait pas cette amabilité banale qui a l'air de prendre pour de l'argent comptant la fausse monnaie du monde. Depuis 1789 elle avait beaucoup réfléchi. Aucun des enseignements sévères que lui donna la Providence ne fut perdu pour elle. Aux Tuileries, au Temple et à Vienne, elle avait appris à connaître le cœur humain. Élevée à l'école du malheur, elle pardonnait, mais elle n'oubliait pas.

VI

MITTAU

Louis XVIII était arrivé à Mittau le 23 mars
1798. Il recevait de l'empereur de Russie Paul Ier
une hospitalité royale, et vivait aux dépens de ce
prince, qui lui fournissait non seulement un palais, mais d'importants subsides. Comment l'héritier de Louis XVI était-il devenu ainsi l'hôte et
l'obligé de l'héritier du czar Pierre le Grand, et
par suite de quelles circonstances aussi étranges
qu'imprévues, l'ancienne cour de Versailles,
chassée de toute l'Europe, trouvait-elle un refuge
en Russie ? Quel est le politique, quel est le prophète, qui aurait pu jamais prédire de pareils événements ?

La grande Catherine, mère du czar Paul Ier
s'était intéressée aux émigrés français. Tout de
suite après la mort de Louis XVI, le comte d'Artois, qui devait un jour s'appeler Charles X,
avait été implorer le secours de la puissante im-

pératrice. Il était arrivé inopinément à Saint-Pétersbourg, au mois de mai 1793. La czarine prodigua au jeune prince, alors très séduisant, les honneurs et les fêtes. Elle lui remit une épée avec poignée de diamants, qu'elle avait fait bénir à la cathédrale, et sur laquelle étaient gravés ces mots : « Par Dieu, par le roi. » Elle poussa les scrupules de l'hospitalité jusqu'à donner elle-même au frère de Louis XVI les bijoux qu'il était forcé de distribuer aux courtisans russes. Fier d'être salué comme un Henri IV par la cour de Russie, le comte d'Artois ne parlait plus que de batailles.

L'émigration française était alors l'objet d'un engouement général dans la haute société de Saint-Pétersbourg. Citons à ce propos une page remarquable écrite par M. Albert Sorel, dans son beau livre, *l'Europe et la Révolution française* : « Joseph de Maistre disait aux Russes : « Chez « vous il n'y a de constant que l'inconstance. » La mode et le caprice qui avaient été aux philosophes passèrent aux émigrés, sans transition aucune et sans effort. Ce qu'ils goûtaient si fort avant la Révolution, c'était l'ancienne société française, très libre d'esprit, très raffinée dans sa civilisation, très noble dans ses sentiments et dans ses aspirations. Il leur parut, en 1793, qu'un duc de Richelieu la représentait mieux qu'un Robespierre. Le revirement chez eux n'est pas, en réalité, si étrange qu'il le semble. C'est

pour se distinguer d'autrui, par esprit de caste
et par recherche d'élégance, qu'ils aimaient à
parler français, et se piquaient de philosophie.
Dès que la philosophie se fit révolutionnaire,
que la Révolution se fit démocrate, et que la
France se fit peuple, ils enveloppèrent de la
même haine et condamnèrent avec la même
hauteur la philosophie, la Révolution et la
France. »

C'est encore M. Sorel qui a fait cette juste
observation sur le revirement opéré dans l'esprit de la grande Catherine. « On ne s'explique
point, dit-il, comment cette Sémiramis du dix-
huitième siècle se montre, dès la première heure,
une ennemie si dénigrante et si acharnée d'une
révolution qui est, au moins à son début, la
mise en œuvre des idées de ceux que l'impératrice proclamait ouvertement ses maîtres et ses
amis. On s'étonne de la voir prêcher avec une
véhémence inouïe de sarcasmes la croisade des
rois et pousser contre la Révolution le terrible
cri de guerre de Voltaire et des Encyclopédis-
tes, cet « Écrasez l'infâme, » qui entraînait naguère à l'assaut toute l'armée des philosophes.
On est surpris enfin de constater que, soutenant
en Pologne ce qu'elle combat en France, elle ap-
porte le même acharnement à maintenir l'anarchie à Varsovie qu'à rétablir à Paris la monarchie pure. On en conclut qu'elle ne se gouvernait
pas d'après les principes, ce qui est très exact, et

qu'elle manquait de suite dans ses desseins, ce qui est une grave erreur. Les principes n'ont rien à démêler en cette affaire. Catherine ne s'en souciait en aucune façon. La Révolution de France dérange ses calculs, et elle la déteste ; l'anarchie de Pologne convient à ses projets, et elle la fomente. Elle rend contre les Français rebelles des sentences formidables, mais elle laisse aux Allemands le soin de les exécuter. Elle n'a garde de détourner un seul de ses soldats des routes de la Russie. Les dispositions de ses peuples et l'éloignement de ses États la mettaient à l'abri de la propagande. »

Catherine II n'avait au surplus qu'une médiocre sympathie pour Louis XVIII. Elle lui reprochait de manquer de décision, et de faire le mort. Elle ne lui aurait pas donné volontiers un refuge dans son empire. Mais elle mourut subitement le 18 novembre 1796, et son fils Paul Ier, qui lui succéda, devait se passionner pour l'émigration française et pour la cause du prétendant.

Le nouveau czar, qui avait eu des hallucinations dans sa jeunesse, était signalé depuis longtemps par les ambassadeurs étrangers comme un maniaque dangereux. L'agent français Genet avait écrit, en 1791, au sujet du fils de Catherine : « Il sera le plus inquiet des tyrans. Il suit en tout point les traces de son malheureux père, et, à moins que le cœur de la grande-duchesse

sa femme ne soit le temple de toutes les vertus,
il éprouvera un jour le même sort : il s'y attend,
il le lui dit à elle-même, il l'accable de chagrins;...
il est sombre, farouche, ombrageux ; il n'accorde
sa confiance à qui que ce soit. »

Nature tourmentée, âme de feu, esprit trou-
blé par d'horribles catastrophes, quelquefois
homme de cœur, malgré ses égarements et ses
violences, mélange de tyran et de chevalier, le
czar Paul, sorte d'Hamlet couronné, fils d'un
père assassiné, et destiné à être assassiné lui-
même, était un personnage étrange, fatal, mais
dont les bizarreries s'expliquent si l'on tient
compte des tortures morales que lui infligeaient
ses souvenirs et ses pressentiments. Paul Ier,
homme d'imagination, était versatile dans ses
engouements, mais sincère, convaincu tout le
temps qu'il les éprouvait. Il devait se passionner
tour à tour pour Louis XVIII et pour Bonaparte. Du reste, quand notre patrie a changé si
souvent d'enthousiasme, faut-il s'étonner qu'un
étranger ait eu sur les affaires françaises une
mobilité d'impressions qui fut celle des Français eux-mêmes ?

En 1798, Paul Ier était de très bonne foi quand
il prenait à sa solde l'armée de Condé, et quand
il accordait à Louis XVIII une hospitalité fas-
tueuse. Il se rappelait, non sans attendrissement,
celle qu'il avait reçue de Louis XVI à Versailles, en 1782, lorsqu'il voyageait sous le nom de

comte du Nord. C'était le moment où l'astre royal de France, comme un soleil couchant, éclairait encore l'horizon de lueurs magnifiques, et la cour de Versailles avait mis une sorte de coquetterie à se montrer dans toute sa splendeur au prince russe. Jamais un bal plus éblouissant n'avait été donné dans la galerie des Glaces. Jamais le Petit-Trianon n'avait déployé plus de charme et d'élégance. Le prince de Condé, rivalisant de luxe avec le roi lui-même, avait offert au fils de la grande Catherine une fête d'une magnificence prodigieuse ; Chantilly égalait, s'il ne surpassait pas Versailles, et les Parisiens s'écriaient : « Le roi a reçu le comte du Nord en ami, le duc d'Orléans l'a reçu en bourgeois, le prince de Condé en souverain. » Depuis lors, que de tragédies ! Louis XVI, Marie-Antoinette, Madame Élisabeth décapités, les deux frères de Louis XVI proscrits, et la jeune Marie-Thérèse de France, cette charmante enfant, qui avait tant séduit le prince russe à Versailles, devenue l'orpheline du Temple !

A la fin de 1797, le prince de Condé, le fastueux propriétaire de ce merveilleux château de Chantilly qui avait laissé dans l'esprit de Paul Ier un souvenir féerique, n'était plus qu'un proscrit, dont l'armée, tour à tour à la solde de l'Autriche et de l'Angleterre, ne trouvait plus de puissance pour la payer. Ce fut alors que le czar imagina de la prendre à son service. Il envoya

l'un de ses aides de camp, le prince Gortchakoff,
à Uberlingen. sur le lac de Constance, où se
trouvait le quartier général du prince de Condé,
et sa proposition fut accueillie avec empressement. En conséquence, l'armée de Condé se mit
immédiatement en marche vers la Russie. Un
de ses officiers, le comte de Puymaigre, a écrit
dans ses curieux *Souvenirs :* « Nous n'arrivâmes
sur les bords du Bug, limite de l'empire russe,
que dans le mois de janvier 1798. Ce fut, je me
le rappelle, par une journée brumeuse et un
grand froid que nous franchîmes cette frontière.
Là nous quittâmes à regret cette cocarde blanche, signe du ralliement et du but de nos efforts,
pour prendre les insignes moscovites. Un pope
ou prêtre russe était sur le bord de la rivière,
dans une misérable cabane, et recevait sur l'É-
vangile grec nos serments de fidélité au czar,
notre nouveau souverain. C'était un singulier
spectacle que ces émigrés transformés en Russes
par une suite de tant d'événements bizarres.....
Ceux d'entre nous, qui, par leurs habitudes sociales et leurs grades, croyaient accomplir un devoir ou trouver de l'agrément en visitant la noblesse polonaise, furent, dès notre arrivée,
parfaitement reçus..... Les femmes surtout se
montrèrent tellement enthousiastes qu'elles nous
mirent à la mode. Mais cet engouement dura
peu, ou fut du moins restreint plus tard dans
d'étroites limites. Il y eut tant d'indiscrétions

commises, il faut le dire même, d'impertinences faites par nos jeunes gens, que nombre de portes nous furent fermées. Même chose était arrivée en Allemagne. »

On le voit, l'officier de l'armée de Condé ne ménage pas outre mesure ses camarades. « Le czar, ajoute-t-il, proscrivait les ouvrages philosophiques, et, en dépit des ukases les plus formels, je n'ai vu nulle part Voltaire, Rousseau, Raynal et autres de cette séquelle, plus répandus et plus accrédités qu'en Pologne. C'était la lecture favorite des dames et des demoiselles, qui s'empressaient de nous prêter ces œuvres, en nous recommandant le secret. J'ai déjà dit que, malgré le but de notre émigration, les idées libérales étaient dans nos rangs comme ailleurs... Un ukase ou décret impérial nous défendit de valser dans tout l'empire, parce que l'impératrice avait gagné une fluxion de poitrine en se livrant trop à cette danse. Ainsi, cet accident dut changer les habitudes de toutes les populations qui se trouvent entre l'Allemagne et la grande muraille de la Chine. Je conçois que c'est un peu arbitraire, mais nous en fûmes quittes pour valser à huis clos... comme si nous conspirions... Un officier de l'armée de Condé, qui portait le beau nom de Beaumanoir, fut envoyé en Sibérie pour avoir écrit à un de ses amis à Constance, une lettre qui fut saisie, et dans laquelle il déclamait contre la glèbe et le despotisme. Le même avait failli périr en France et avait dû émigrer pour avoir publié ses opinions sur l'abus de la liberté. C'était jouer de malheur. »

Louis XVIII devait expier chèrement l'hospitalité qui lui fut offerte par l'empereur Paul Ier. Cette hospitalité eut d'abord un caractère non seulement courtois, mais magnifique. Dans la journée du 23 mars 1798, le prétendant, avec son neveu, le jeune duc d'Angoulême, avait fait à Mittau une entrée solennelle. Le corps des artisans était venu à sa rencontre. Il y avait autant de gardes dans l'ancien palais des ducs de Courlande, où il devait habiter, que si le czar lui-même y avait été attendu.

Par une attention délicate, Paul Ier avait voulu que le prince qu'il considérait comme le roi de France et de Navarre réunît à Mittau, pour sa garde particulière, cent cavaliers nobles pris parmi les anciens gardes du corps de Louis XVI, et le comte d'Auger, l'un des plus fidèles serviteurs de l'infortuné souverain, avait été nommé commandant de ce détachement choisi dans l'armée de Condé et entretenu aux frais du czar.

La ville de Mittau, jusqu'à l'annexion des duchés de Courlande et de Sémigalle à l'empire russe, qui eut lieu en 1795, avait été la capitale de ces deux duchés. Elle contenait une population d'environ douze mille âmes, et son seul édifice remarquable était le château, placé à l'extrémité de la ville sur la route de Riga, le long de la rive gauche d'une petite rivière appelée le Grosbach. Ce château, formant un carré à quatre faces avec une cour au milieu, et environné d'un fossé plein d'eau, était, avec ses appartements intérieurs vastes et bien disposés, une résidence très convenable pour Louis XVIII. Il y avait autour de lui le comte d'Avaray, le duc de Guiche, le comte de Cossé-Brissac, le marquis de Jaucourt, le comte de la Chapelle, le duc de Villequier, le marquis de Sourdis, le vicomte d'Agoult, le chevalier de Montaignac, le chevalier de Boisheuil, M. de Guilhermy, ancien député aux États-Généraux, et M. de Courvoisier. Son aumônier était le vénérable abbé Edgeworth de Firmont, celui qui avait assisté Lous XVI sur l'échafaud.

« Dans ce château d'un souverain dépossédé, a dit le baron de Barante (*Notice sur le comte de Saint-Priest*), Louis XVIII s'arrangea un simulacre de Versailles. L'observance minutieuse de l'étiquette, la présence de quelques anciens courtisans aussi fidèles à leurs habitudes d'esprit qu'à leurs sentiments humblement dévoués ; ces vieux gardes du corps qui formaient la haie lorsqu'on se rendait à la chapelle, toute cette petite représentation de la vie pompeuse d'une cour, où l'on pouvait retrouver jusqu'aux ambitions, aux jalousies, aux intrigues des serviteurs du palais, tout cela composait pour

Louis XVIII une calme et douce position fondée sur la conscience béate de son droit ; il semblait ainsi se croire en jouissance de l'essentiel de la royauté. Les hommes sensés, le voyant si satisfait. le plaignaient non point de ses malheurs. mais de son contentement. »

Au commencement du séjour de Louis XVIII à Mittau. ce prince était traité avec égard par la cour de Russie. parce que le czar Paul, tout entier à ses projets sur l'ordre de Malte, voulait faire entrer la France royaliste dans ses combinaisons religieuses et chevaleresques. Bien que séparé de la communion romaine par le schisme de Photius. le souverain russe avait imaginé de se faire le grand maître d'un ordre militaire et religieux ayant le pape pour premier supérieur. La prise de Malte par le général Bonaparte, en juin 1798, avait entraîné la destruction de l'ordre souverain de Saint-Jean de Jérusalem. Les trois langues de Provence, d'Auvergne et de France n'existaient plus. Celle d'Italie se trouvait sous la domination française. Le silence du grand maître Hompesch, retiré à Trieste, et son refus opiniâtre d'expliquer sa conduite, décidèrent le grand prieuré de Russie à offrir la grande maîtrise de l'ordre à l'empereur Paul Ier. Les grands prieurés de Bohême, de Bavière et d'Allemagne se déterminèrent à suivre l'exemple de la Russie. L'ancien grand maître Hompesch. qui avait déjà vendu l'île de Malte à la flotte française signa pour des écus tous les actes, et approuva toutes les cessions. Dès lors, le czar, joignant à son titre d'empereur de toutes les Russies celui de grand maître de l'ordre de Saint-Jean de Jérusalem, tint des chapitres, distribua des commanderies, transforma ses généraux en chevaliers de la croisade. Kouchebef fut grand-amiral de l'ordre, Sievers grand-hospitalier, Flachslander turcopolier. La vraie marque de faveur, à la cour du czar, c'était désormais une croix de Malte, une commanderie, d'ailleurs bien rentée en âmes de paysans.

Il y eut entre Paul Ier et Louis XVIII certains froissements au sujet de l'ordre. Le duc d'Angoulême était grand-prieur de France. Quand le czar lui fit part de la dignité qu'il s'était conférée à lui-même, le jeune prince, qui regardait cette façon de procéder comme irrégulière, répondit, en évitant la question, que son prochain mariage allait le placer entièrement en dehors de l'ordre de Malte. Cette réponse fit un très mauvais effet à Saint-Pétersbourg. Afin de calmer le czar, le prétendant lui proposa de réunir à l'ordre de Saint-Jean de Jérusalem l'ordre hospitalier de Saint-Lazare, dont il lui envoya le grand-cordon avec une lettre aimable que l'abbé Edgeworth de Firmont fut chargé de lui apporter. Cette attention ne diminua pas la mauvaise humeur du czar Paul. Au contraire, il s'offensa qu'on lui offrît une autre décoration que

le premier ordre de France. Il refusa le cordon
de Saint-Lazare, et il fallut lui envoyer le
Saint-Esprit.

Au fond, l'idée de relever l'ordre de Malte
n'était pas, de la part de Paul Ier, aussi bizarre
qu'elle pouvait le paraître au premier abord.
Comme l'a remarqué l'abbé Georgel, qui s'occupa des intérèts du grand-prieuré d'Allemagne, si l'on reprenait Malte, comme on en avait
l'espérance, cette île, par sa position au milieu de
la Méditerranée, donnait, à un empereur de
Russie grand maître, de puissants moyens pour
imposer à la cour ottomane ; l'avantage d'être à
la tête de toute la noblesse de l'Europe augmen-
tait considérablement l'influence que les empereurs de Russie ont toujours vivement ambi-
tionnée dans les affaires politiques du continent.

En réalité, Louis XVIII, comme héritier de
saint Louis, comme fils aîné de l'Église romaine, ne voyait pas sans un certain déplaisir un
prince schismatique se mettre à la tête d'un ordre dont l'histoire se confondait avec celle du
Saint-Siège. Entre Mittau et Saint-Pétersbourg
il y avait une rivalité à l'état latent, et si
Louis XVIII, qui recevait du czar, outre le logement, une pension annuelle de 200,000 roubles, se sentait dans le fond un peu humilié de
vivre grâce aux subsides d'une puissance étrangère, Paul Ier était parfois jaloux d'un hôte qui
avait un blason beaucoup plus illustre que le

sien. Le baron de Barante, dans sa *Notice sur le comte de Saint-Priest*, en a fait ainsi l'observation. « L'hospitalité accordée par l'empereur Paul n'avait nullement un caractère de sympathie. Jamais le titre royal ne fut reconnu ; jamais aucune visite des princes français à Saint-Pétersbourg ne fut autorisée ; jamais l'empereur ni ses fils ne vinrent à Mittau apporter des consolations à cette royale famille exilée. Sans cesse, elle avait à réclamer des privilèges ou des égards ; on se moquait à Pétersbourg de l'étiquette de la petite cour de Mittau, des réceptions officielles, de la messe du roi, des gardes du corps, du dîner servi à deux tables ; usages qui contrastaient avec une humble situation, et qui ressemblaient trop peu aux habitudes simples, militaires, faciles de la cour de Russie, où l'étiquette est réservée pour de grandes et rares occasions. » L'hospitalité que la fille de Louis XVI allait recevoir à Mittau, après tant d'épreuves et de catastrophes de tout genre, devait être essentiellement précaire, et, pour un observateur perspicace, il était déjà facile de prévoir que l'engouement témoigné par le czar pour Louis XVIII et l'émigration française ne serait pas de longue durée.

VII

L'ARRIVÉE DE MARIE-THÉRÈSE

Louis XVIII était resté plus d'un an à Mittau, sans pouvoir s'y faire rejoindre par sa femme et sa nièce. Il désirait, du reste, par convenance plus que par sentiment une réunion avec sa femme, alors dominée par Madame de Gourbillon. La reine, car c'est ainsi qu'on appelait la princesse, exigeait un état de maison qui n'était pas en rapport avec la détresse commune. « L'état que M. de Virieu a envoyé à M. de Villequier, écrivait le prétendant, serait assurément bien petit pour la reine de France, mais les circonstances nous contraignent à le resserrer encore. » Il retrancha trois des personnes que la princesse avait indiquées pour son service. Paul Ier commençait d'ailleurs à trouver que la petite cour de Mittau était trop chère à entretenir. Le comte de Saint-Priest, qui avait été envoyé à Saint-Pétersbourg pour y demander de nouveaux subsides, disait, dans une lettre à Louis XVIII : « Votre Majesté aura été étonnée de la petite manière avec laquelle cette cour-ci traite l'affaire de la reine et de Madame Thérèse à Mittau. Cela ne ressemble pas du tout à l'étalage employé pour le voyage de Votre Majesté. L'empereur a pris, dit-on, tant d'humeur de la nombreuse caravane de quarante-quatre personnes qui accompagne le maréchal de Broglie, qu'il a dit : « Sommes-nous au Pérou, ou vient-on au pillage ? »

Par économie, et pour d'autres motifs, Louis XVIII aurait surtout voulu se débarrasser de Mme de Gourbillon, qui lui déplaisait. Il écrivait à sa femme, le 31 mai 1799 : « Si mes instances, si notre amitié ne peuvent rien sur vous, si vous pouvez vous résoudre à me compromettre vis-à-vis de l'empereur de Russie, qui ne pourra, d'après votre résistance, que prendre la plus étrange idée de nous deux, Mme Gourbillon pourra arriver à Mittau ; mais je vous jure qu'elle ne mettra pas les pieds au château. Encore une fois, ma chère amie, rendez-vous à notre amitié, et que la joie que j'éprouverai en vous revoyant soit, s'il est possible, augmentée par cette condescendance de votre part. Je ne suis pas embarrassé de vous en supplier, car c'est votre intérêt seul qui me fait parler. »

Si Louis XVIII ne désirait que modérément

une réunion avec sa femme, en revanche il souhaitait ardemment l'arrivée de sa nièce, car il se rendait très bien compte du prestige et de la poésie que la présence de l'orpheline du Temple répandrait sur la cause royale et sur la petite cour de Mittau. La fille de Louis XVI et de Marie-Antoinette avait déjà quelque chose de légendaire. Partout où elle apparaissait elle excitait un intérêt mêlé de vénération, et son oncle savait très bien qu'en Russie, comme en France, comme en Suisse et comme en Autriche, elle devait non seulement frapper les imaginations, mais émouvoir les cœurs. Quant au duc d'Angoulême, il attendait avec une extrême impatience sa jeune fiancée, et il avait écrit à plusieurs émigrés, dès le 9 janvier 1799, pour leur annoncer la prochaine conclusion d'un événement duquel dépendait, disait-il, le bonheur de sa vie.

La reine arriva, le 3 juin 1799, à Mittau. Elle n'avait pas vu son mari depuis huit ans, et les deux époux s'étaient parfaitement habitués à vivre loin l'un de l'autre. Mme de Gourbillon n'habita pas le château, mais logea dans le voisinage.

Le lendemain 4 juin eut lieu la réunion, tant désirée, de Louis XVIII et de sa nièce Marie-Thérèse. Le roi était parti de grand matin pour aller à sa rencontre. La première maison de poste était indiquée pour le rendez-vous; mais la jeune princesse voyagea si rapidement qu'elle atteignit cette maison de poste au moment où son oncle n'y était pas encore arrivé, et qu'elle le rencontra plus loin sur la grande route. Dès que les deux voitures se trouvèrent l'une près de l'autre, elle mit pied à terre. Louis XVIII et le duc d'Angoulême en firent autant. La jeune princesse s'élança à travers des tourbillons de poussière vers son oncle, qui, les bras étendus, accourait pour la presser contre son cœur. N'ayant pu l'empêcher de se jeter à ses pieds, il se précipita pour la relever : « Je vous revois enfin, s'écriait-elle... enfin, je suis heureuse. Veillez sur moi, soyez mon père. » Comme l'a écrit le comte de Saint-Priest au chevalier de Vernègues : « Des larmes et des sanglots furent les premiers témoignages des sentiments profonds dont le cœur était rempli. Le premier tribut payé à la nature et au souvenir de tant d'infortunes fit place aux expressions de la plus tendre reconnaissance. Mgr le duc d'Angoulême, retenu par le respect, mais entraîné par mille sentiments divers, arrosait de ses pleurs la main de sa cousine, tandis que le roi, dans la plus vive émotion, et les yeux inondés de larmes, pressait contre son sein cette princesse, et lui présentait en même temps l'époux qu'il lui donne. Ce roi si bon, si digne d'un meilleur sort, placé ainsi entre ses enfants d'adoption, éprouvait pour la première fois qu'il peut encore exister pour lui quelques instants de bonheur. »

Louis XVIII n'avait pas vu sa nièce depuis le 20 juin 1791, c'est-à-dire depuis le moment où allait commencer le fatal voyage de Varennes. Huit ans s'étaient passés. A la gracieuse enfant avait succédé une jeune fille accomplie. Que de progrès physiques et moraux ! Quelle sagesse précoce ! Quel charme doux et pénétrant ! Un beau lis échappé à un cruel orage aurait pu être pris pour devise par cette jeune vierge qui avait tant souffert, qui avait tant pleuré, et qui portait sur son mélancolique et attendrissant visage les traces d'une incurable tristesse. Le comte de Saint-Priest écrivait : « On admire dans les traits de Marie-Thérèse, dans son maintien, dans son langage et le mouvement de sa physionomie, la noblesse et les grâces de Marie-Antoinette. La France, avec autant de joie que de douleur, retrouve dans sa figure, les traits de l'infortuné Louis XVI, embellis par la jeunesse, la fraîcheur, la sérénité ; et, par un heureux accord, la princesse rappelle aussi Madame Élisabeth. »

Au moment où la fille du roi et de la reine martyrs arriva au château de Mittau, des cris de joie retentirent. « On se précipitait, a dit l'abbé de Tressan, témoin de cette scène pathétique ; il n'existait plus de consigne, plus de séparation ; il ne semblait plus y avoir qu'un sanctuaire où tous les cœurs allaient se réunir. Les regards avides restaient fixés sur l'appartement de la reine. Ce ne fut qu'après que Marie-Thérèse eut

présenté ses hommages à Sa Majesté que, conduite par le roi, elle vint se montrer à nos yeux
trop inondés de larmes pour conserver la puissance de distinguer ses traits. » Louis XVIII la
conduisit d'abord auprès de l'abbé Edgeworth
de Firmont, puis il lui présenta les anciens
gardes du corps de Louis XVI, en disant : « Voilà
les fidèles gardes de ceux que nous pleurons, »
— et, se tournant du côté de ces serviteurs dévoués à lui, comme ils l'avaient tous été à son
malheureux frère, il ajouta : « Enfin elle est à
nous ; nous ne la quitterons plus ; nous ne sommes plus étrangers au bonheur. »

L'émotion était à son comble, sans avoir rien
d'exagéré, rien de factice, car elle avait sa source
dans les sentiments de moralité et de pitié, qui
sont l'honneur de l'âme humaine. Après être
rentrée dans son appartement, la jeune princesse
fit demander l'abbé Edgeworth, celui qui, sur
les marches de l'échafaud, avait dit à Louis XVI :
« Fils de saint Louis, montez au ciel. » —
Quand elle se trouva face à face avec le vénérable prêtre, dont la présence évoquait de si
cruels et de si augustes souvenirs, elle faillit
s'évanouir. Effrayé, il voulut appeler. — Non,
dit-elle, laissez-moi pleurer devant vous seul.
Ces larmes me soulagent.

« La famille royale, a écrit encore l'abbé de
Tressan, dîna dans son intérieur, et ce fut vers
les cinq heures du soir que nous eûmes l'hon-

neur d'être présentés à Madame. Ce fut alors seulement que nous pûmes considérer l'ensemble de ses traits. Il semble que le ciel a voulu joindre à la fraîcheur, à la beauté, un caractère sacré qui pût la rendre plus chère et plus vénérable aux Français. On retrouve sur sa physionomie les traits de Louis XVI, de Marie-Antoinette et ceux de Madame Élisabeth. Ces ressemblances augustes sont si grandes que nous sentions le besoin d'invoquer ceux qu'elles rappellent. Ces souvenirs et la présence de Madame semblaient unir le ciel à la terre, et certainement, toutes les fois qu'elle voudra parler en leur nom, son âme douce et généreuse forcera tous les sentiments à se modeler sur les siens. »

Et le prêtre royaliste ajoutait, dans un style dithyrambique et enthousiaste, qui était alors celui des courtisans de l'exil et du malheur, mais qui, plus tard, sous la Restauration, devait être trop souvent appliqué par les courtisans de la fortune : « Français ! voilà celle que vous seuls pouvez rendre encore heureuse, en reprenant vos anciennes vertus et votre amour pour vos rois. Voilà celle qui demande à rentrer parmi vous, pour y être auprès du roi, son oncle, l'exécutrice du testament de Louis XVI, sur lequel leurs cœurs sont si bien d'accord : le pardon des injures. Elle vient, le cœur rempli de sentiments tendres et religieux, vous aimer, vous consoler de vos longs malheurs. Elle vient ennoblir votre courage et légitimer votre gloire. Elle vient parée de son innocence, de sa jeunesse, de ses malheurs et de ses ressemblances. Elle vient environnée du tribut de vœux que croit lui devoir tout ce qui est honnête, loyal, sensible et fidèle sur la terre. Elle vient, comme l'ange de paix, désarmer les vengeances, et faire cesser les fureurs de la guerre. Que vos cœurs la rappellent, et vous verrez vos ports se rouvrir, votre commerce renaître ; on n'arrachera plus vos enfants de vos bras pour les conduire à la mort ; vous trouverez le repos, le bonheur et l'estime de l'univers. »

Marie-Thérèse s'attacha tout de suite à son jeune fiancé. Fils du comte d'Artois (le futur Charles X) et de Marie-Thérèse de Savoie, fille de Victor-Amédée III, roi de Sardaigne, Louis-Antoine de Bourbon, duc d'Angoulême, né à Versailles le 6 août 1775, n'avait pas encore vingt-quatre ans. Sorti de France avec son père, en 1789, après la prise de la Bastille, il s'était rendu à Turin, auprès du roi de Sardaigne ; son aïeul. Il avait quitté les États de ce prince au mois d'août 1792, et avait fait une campagne militaire en Allemagne sous les drapeaux de l'armée de Condé. Il passa ensuite quelque temps à Holyrood, près d'Édimbourg, avec son père, puis il alla rejoindre à Blakenbourg son oncle Louis XVIII, et le suivit à Mittau. Il ne brillait ni par l'esprit, ni par l'élégance, mais il avait des qualités solides, un grand courage, du bon sens, de la loyauté, des sentiments religieux. Il comprenait et admirait les vertus de sa fiancée. A propos de lui, le comte d'Avaray écrivait en juin 1799 : « Notre jeune prince acquiert chaque jour davantage ce maintien et cette dignité qui lui manquaient. » Le mariage dont s'achevaient les préparatifs allait être, dans la petite cour de Mittau, comme un arc-en-ciel qui apparaît après une succession d'orages.

VIII

LE MARIAGE

La fille de Louis XVI était arrivée à Mittau le 4 juin 1799. Son mariage y fut célébré six jours après, le 10 juin. Nous devons les documents inédits que nous allons citer à l'obligeance de M. Ernest Daudet, qui est non seulement un de nos meilleurs romanciers, mais un historien aussi consciencieux que remarquable. Il a composé un important ouvrage sur les Bourbons et la Russie pendant l'émigration, et il a recueilli dans les archives impériales de Saint-Pétersbourg et de Moscou les documents qu'il a bien voulu nous communiquer.

Le surlendemain de son arrivée, Marie-Thérèse écrivit cette lettre à l'empereur Paul : « Mittau, 6 juin 1799. Sire, à la cour de Vienne, et avant d'être moi-même l'objet des sentiments de Votre Majesté Impériale, mon cœur partageait toutes les obligations que le roi mon oncle et une partie de ma famille ont à ses bienfaits, ainsi que la reconnaissance éternelle qu'ils lui doivent à tant de titres. En entrant sur les terres de votre domination, et y trouvant déjà des preuves de votre intérêt pour moi, je cède au besoin que mon cœur éprouve de témoigner à Votre Majesté les sentiments dont il est pénétré. C'est à Elle que mes parents doivent un asile royal, un intérêt si noble et si actif à leur sort et de puissants adoucissements à leurs infortunes. Si moi-même, me réunissant à ma famille, je vais accomplir la volonté sacrée des auteurs de mes jours, c'est un nouveau bienfait de notre magnanime protecteur. Tels sont à la fois les motifs et les garants de la confiance entière et de la vive reconnaissance que j'ai vouées à Votre Majesté, et dont je la supplie de vouloir bien agréer l'hommage. Je suis, avec le plus profond respect de Votre Majesté Impériale, la très affectionnée sœur et cousine. »

Seize ans auparavant, Paul Ier, alors grand duc héritier de Russie, et voyageant en France sous le nom de comte du Nord, avait quitté, non sans tristesse, la cour de Versailles, dont l'hospitalité venait de lui être si agréable. Il avait été frappé de la gentillesse de la future duchesse d'Angoulême qui était alors dans sa quatrième année, et qui lui avait dit au moment des adieux. « J'irai vous voir. » Que d'événements terribles

avaient dû s'accomplir pour que cette promesse
d'un voyage de la fille de France en Russie se fût
réalisée.

Louis XVIII témoignait au czar une reconnaissance dont les protestations allaient, pour ainsi
dire, jusqu'à l'humilité. Dès le 18 mai, il lui
avait écrit : « Monsieur mon frère et cousin, je
ne puis voir approcher le moment de la célébration du mariage de mon neveu avec ma nièce
sans me rappeler de plus en plus que c'est à
Votre Majesté Impériale que j'ai l'entière obliga-
tion de cet événement si désiré. Ma vive reconnaissance m'inspire de chercher à en conserver
le souvenir à la postérité, en priant Votre Majesté Impériale d'agréer que l'acte qui va unir
mes enfants soit déposé dans les archives de cet
empire, au lieu qu'il plaira à Votre Majesté Impériale de m'indiquer, pour y servir d'éternel témoignage de l'hospitalité généreuse et de l'appui
constant que ma famille et moi avons reçu de
Votre Majesté Impériale dans nos malheurs.
J'espère qu'Elle voudra bien me faire connaître
ses intentions à cet égard. Je souhaiterais vivement aussi que la signature de Votre Majesté
Impériale imprimât le sceau du bonheur à cet
acte ; mais la crainte d'être indiscret fait que je
m'abstiens de lui en faire une demande formelle,
dont le succès ajouterait cependant beaucoup à
ma satisfaction. Je prie Votre Majesté Impériale
d'être bien convaincue de la sincérité et de la vi-

vacité des sentiments avec lesquels je suis, Monsieur, mon frère et cousin de Votre Majesté Impériale le bon frère et cousin. »

Au moment du mariage, la famille royale n'était représentée que par quatre personnes : Louis XVIII, sa femme, le duc d'Angoulême et Marie-Thérèse de France, qui, comme jeune fille, s'appelait Madame Royale. Le père du duc d'Angoulême, le comte d'Artois (le futur Charles X), qui en sa qualité de frère de Louis XVIII, était appelé Monsieur, n'avait pu se rendre à Mittau, parce qu'il voulait rester à proximité de la France, où les royalistes se faisaient alors l'illusion que l'heure d'événements favorables à leur cause approchait. La comtesse d'Artois, sa femme, était retenue loin de la Russie par l'état de sa santé. Le jeune duc de Berry, frère cadet du duc d'Angoulême, était en marche sous les drapeaux de l'armée de Condé, qui traversait l'Europe avec une armée russe, pour aller combattre les armées françaises.

Le comte d'Artois avait déjà donné depuis plus de trois ans son consentement au mariage de son fils, le duc d'Angoulême, avec la fille de Louis XVI. Ce consentement résultait de la lettre suivante datée d'Édimbourg, le 20 avril 1796, et adressée par le futur Charles X à son frère, Louis XVIII : « Sire, mon frère et seigneur, je supplie Votre Majesté de recevoir avec bonté l'hommage de ma vive et respectueuse reconnaissance pour le consentement qu'elle a bien voulu accorder au mariage de mon fils aîné, le duc d'Angoulème, avec Madame Thérèse, fille du feu roi notre frère, et pour tous les soins qu'elle a daigné se donner dans la vue de former et de hâter une union si convenable sous tous les rapports, et si propre à assurer le bonheur des deux époux. Mon entière confiance dans Votre Majesté est un sentiment qui m'est dicté par mon cœur, autant que par mon devoir. J'ose donc la prier de permettre que je m'en rapporte entièrement à son amitié pour moi et à sa tendresse pour les jeunes époux pour fixer le lieu, l'époque du mariage et en régler toutes les conditions. Le service de Votre Majesté m'obligeant à me tenir pour le moment éloigné d'Elle, je la prie d'approuver que je m'engage par lettre à ratifier d'avance tout ce qu'Elle croira devoir régler et arranger pour ce mariage, et à le ratifier ensuite par ma signature. Le ciel bénira une union devenue sacrée par nos malheurs, et la famille dont Votre Majesté est le chef recevra la seule consolation dont elle soit susceptible. Il ne me reste plus qu'à conjurer Votre Majesté de daigner considérer les jeunes époux comme nos propres enfants, et de croire que toutes les facultés de mon cœur et de mon âme sont et seront désormais à son service jusqu'à la mort. Je suis avec le plus profond respect, Sire, mon frère et seigneur, de Votre Majesté. le très humble, très obéissant et très affectionné frère, sujet et serviteur. — Charles-Philippe. »

Quant aux dispenses du pape, dispenses nécessaires pour la célébration d'un mariage entre cousins germains, elles avaient été accordées par Pie VI, dès le 3 février 1796.

La bénédiction nuptiale fut donnée aux jeunes époux, le 19 juin 1799 dans une des galeries du palais de Mittau par le cardinal de Montmorency-Laval, grand aumônier de France. Un autel avait été disposé dans la galerie ornée par des branches de verdure et de lilas entrelacées de lis et de roses. La noblesse de Courlande, le clergé catholique romain de Mittau, les principaux habitants de la ville assistaient à la cérémonie, ainsi que M. de Driensen, gouverneur civil, M. de Fersen, gouverneur militaire, le prêtre catholique grec et le ministre luthérien. Louis XVIII, escorté par ses gardes du corps et par toute sa cour, donnait le bras à sa nièce. Près du prie-Dieu de la princesse se tenait l'abbé Edgeworth de Firmont, confesseur de Louis XVI. La beauté si gracieuse et si touchante de la mariée, les souvenirs de son père, de sa mère, de sa tante, — la présence du prêtre qui avait dit au pied de l'échafaud du 21 janvier : « Fils de saint Louis montez au ciel ! » — l'émotion du roi en exil, les larmes des courtisans de l'infortune, tout contribuait à imprimer à la solennité un caractère grandiose et pathétique.

L'acte de mariage commençait ainsi : « L'an mil sept cent quatre - vingt - dix neuf, et le dixième jour du mois de juin, répondant au trentième du mois de mai du style suivi dans l'empire de Russie. Nous, Louis - Joseph de Montmorency-Laval, premier baron chrétien, cardinal-prêtre de la Sainte Église romaine, évêque de Metz, prince du Saint-Empire, abbé commandataire des abbayes de Saint-Lucien, de Beauvais, grand aumônier de France, commandeur de l'ordre du Saint-Esprit, etc., etc. Vu par nous le bref de Notre Saint-Père le Pape, portant dispense de l'empêchement de consanguinité, ledit bref reconnu pour authentique et visé par le très révérend François - Xavier Goldberger, prélat-prévot de la cathédrale de Livonie, vicaire au Spirituel et Official de Livonie et de Courlande, curé de la paroisse catholique de Mittau... vu aussi le consentement exprès du susdit très révérend François-Xavier Goldberger, par lequel il nous autorise à procéder à la célébration dudit mariage dans une des salles du château situé en ladite paroisse catholique de Mittau, disposée à cet effet, et à le bénir en la forme prescrite par l'Église; nous, en ladite salle, et après les fiançailles y célébrées, avons reçu le mutuel consentement de mariage des hautes parties, et leur avons donné la bénédiction nuptiale avec les cérémonies prescrites par la Sainte Église. Présent et consentant très haut, très puissant et très

excellent prince Sa Majesté le roi, tant en sa dite
haute qualité que comme tuteur légitime de l'é-
pouse, et chargé par acte sous seing privé, en
date du vingt avril mil sept cent quatre-vingt-
seize, d'énoncer le consentement de très haut et
très puissant prince monseigneur Charles-Philippe de France, fils de France, Monsieur, frère
du roi, père de l'époux, duquel consentement
l'expédition signée par M. le comte de Saint-
Priest, ministre et secrétaire d'État, et scellée de
son sceau, demeure annexée au présent acte ;
comme aussi d'énoncer le consentement de Madame Marie - Thérèse de Savoie, Madame, sa
mère, duquel consentement Sa Majesté et les
époux ont une parfaite connaissance. Présente et
consentante aussi très haute, très puissante et très
excellente princesse Sa Majesté la reine. »

Louis XVIII signa : Louis ; la reine : Marie-
Joséphine-Louise ; le duc d'Angoulême : Louis-
Antoine ; la duchesse d'Angoulême : Marie-Thé-
rèse-Charlotte.

Signèrent aussi les témoins du mariage qui
étaient : Louis de Rosset de Fleury, duc et pair
de France, colonel de dragons et premier gentilhomme de la chambre du roi ; Louis d'Aumont,
duc de Villequier, premier gentilhomme de la
chambre du roi, lieutenant-général des armées
de Sa Majesté ; François de Guignard, comte de
Saint-Priest, lieutenant-général des armées du
roi, ministre et secrétaire d'État ; Louis, comte de

Mailly, marquis de Nesle, premier écuyer de Sa
Majesté la reine, maréchal des camps et armées
du roi ; Alexandre le Filleul, comte de la Chapelle, maréchal des camps et armées du roi ;
François de Cossé-Brissac, comte de Cossé, maréchal des camps et armées du roi, capitaine-co-
lonel des Cent-Suisses de la garde de Sa Majesté ;
Antoine de Gramont, duc de Guiche, maréchal
des camps et armées du roi, capitaine de la première et plus ancienne compagnie française des
gardes du corps de Sa Majesté ; Antoine de Bé-
ziade, comte d'Avaray, maréchal des camps et
armées du roi, et capitaine de la compagnie écos-
saise de ses gardes ; Henri Essex Edgeworth de
Firmont, prêtre vicaire général du diocèse de Paris, aumônier et confesseur du roi ; l'abbé Marie,
prêtre de la maison et société de Sorbonne, ci-
devant sous-précepteur des enfants de Mgr le
comte d'Artois, nommé premier aumônier de
Leurs Altesses Royales. Signèrent aussi le cardinal de Montmorency-Laval et le curé de la paroisse catholique de Mittau.

Le mariage fut suivi d'un dîner auquel assis-
tèrent les personnes les plus marquantes de la
cour et M. Guilhermy, député du tiers aux États-
Généraux de 1789. Louis XVIII dit avec émotion aux convives : « C'est ici la fête des Français ;
mon bonheur serait complet si j'avais pu y réunir
tous ceux qui se sont signalés comme vous par
une fidélité courageuse envers le roi mon frère. »

Le même jour il adressa cette lettre au czar :
« Mittau, 10 juin 1799, monsieur mon frère et
cousin, les soins génereux de Votre Majesté Impériale ont eu leur effet : mes enfants sont unis
de ce matin, et c'est avec une reconnaissance
égale à ma joie que je m'empresse d'annoncer
cette nouvelle à Votre Majesté Impériale, en lui
demandant la continuation de ses bontés pour un
couple qui lui devra tout son bonheur. Je prends
la liberté de joindre ici une lettre de mon neveu ;
les sentiments qu'il y exprime ne peuvent être
étrangers à la grande âme de Votre Majesté Impériale, et j'unis de tout mon cœur mon vœu au
sien. »

Le 13 juin, nouvelle lettre de Louis XVIII à
l'empereur Paul : « Monsieur mon frère et cousin, j'ai reçu presque à la fois les deux lettres de
Votre Majesté Impériale du 2 et du 7 de ce mois,
et je suis extrêmement sensible à ce qu'elle veut
bien me dire sur la réunion de famille et le mariage de mes enfants. Cet événement ne pouvait
arriver sous de plus heureux auspices, puisque
c'est sous ceux de Votre Majesté Impériale, dans
ses États, et par son généreux appui, qu'une
union si désirée a été enfin célébrée et que ses
victoires en ornent la fête. Je me suis acquitté de
la commission de Votre Majesté Impériale auprès
de la reine. Pénétrée comme elle le doit de l'amitié dont Votre Majesté Impériale nous donne tant
de preuves, elle a craint cependant de se rendre

importune en exprimant les sentiments dont son cœur est rempli, et je me suis chargé d'être l'organe de sa propre reconnaissance. » Un roi de France et de Navarre déclarant que la reine, sa femme, craindrait d'être indiscrète en écrivant une lettre de remerciements, assurément un tel langage n'était pas celui de la fierté.

L'empereur Paul Iᵉʳ signa l'acte de mariage, et en ordonna le dépôt dans les archives du Sénat russe. Chateaubriand a dit: « Ainsi s'accomplit dans une terre étrangère, au milieu de religions étrangères le mariage dont un des témoins fut le prêtre étranger qui assista Louis XVI à l'échafaud; un Sénat étranger reçut l'acte de célébration. Il n'y avait plus de place pour le contrat de mariage de la fille de Louis XVI dans ce trésor des Chartes où fut déposé celui d'Anne de Russie et de Henri Iᵉʳ, roi de France.

Le jour du mariage du duc d'Angoulême, Louis XVIII avait écrit au prince de Condé une lettre qui commençait ainsi: « Enfin, mon cher cousin, un de mes vœux les plus ardents est accompli, mes enfants sont unis. Je retrouve dans ma nièce, avec un attendrissement plus facile à sentir qu'à exprimer, les traits réunis des infortunés auteurs de ses jours. Cette ressemblance, si douce et si déchirante à la fois, me la rend plus chère, et doit redoubler l'intérêt qu'elle mérite si bien par elle-même d'inspirer à tous les Français. Le mariage a été célébré ce matin; je m'empresse de vous l'apprendre, bien sûr que vous partagerez ma joie.

L'armée de Condé, où servait en ce moment le duc de Berry, était arrivée à Friedek, dans la Silésie autrichienne, lorsque la lettre de Louis XVIII parvint au prince. Il en fit mettre à l'ordre le passage suivant : « Annoncez cette heureuse nouvelle à l'armée. Elle ne peut paraître que de bon augure à vos braves compagnons, au moment où ils vont rentrer, sur vos traces, dans la carrière qu'ils ont si glorieusement parcourue. Ajoutez, de ma part, que j'ai commencé à retrouver le bonheur ; mais qu'il ne sera complet pour moi que le jour où je pourrai me trouver parmi eux au poste où l'honneur m'appelle. »

Enfin, Louis XVIII adressa à ses agents et à ses envoyés diplomatiques, au sujet du mariage du duc d'Angoulême, une circulaire dans laquelle il disait : « Cette alliance me comble de joie ; mais, quelque bonheur personnel qu'elle me promette, c'est bien moins encore pour moi que j'en jouis que pour mes fidèles sujets. Ils verront avec attendrissement l'unique rejeton du roi martyr, que nous pleurons, fixé à jamais auprès du trône. Et moi, lorsque la mort sera venue m'empêcher de travailler à leur bonheur, je leur aurai au moins donné une mère qui ne pourra jamais oublier ses propres infortunes qu'en rendant ses enfants heureux, et à laquelle la Providence a

accordé toutes les vertus et toutes les qualités
nécessaires pour réussir. »

Malgré l'éclat dont la petite cour de Mittau
essaya d'entourer le mariage d'une fille et d'un
petit-fils de France, la détresse dans laquelle on
se trouvait, — car au fond, l'on ne vivait que des
aumônes de l'empereur de Russie et du roi d'Espagne, — empêcha les jeunes époux de recevoir
et d'offrir de riches cadeaux. Cependant, la comtesse d'Artois envoya à sa nouvelle belle-fille un
nécessaire de voyage. Lors de son départ de
Vienne, la jeune princesse avait reçu de l'impératrice le portrait de cette souveraine entouré de
diamants. L'archiduc Albert lui offrit deux tables
à ouvrage avec dix mille florins dans un des tiroirs. Malgré le désir qu'elle en aurait eu, la fille
de Louis XVI ne pouvait distribuer de présents,
car elle n'avait aucune fortune, et son contrat de
mariage ne contenait que des espérances. Toutefois, elle donna à la comtesse de Chanclos, qui
avait été la grande-maîtresse de sa maison à
Vienne, un médaillon de la valeur de quatre mille
florins, et à Mlle de Chanclos, nièce de la comtesse, une aigrette de diamants. Mgr de Lafare,
évêque de Nancy et représentant de Louis XVIII
à Vienne plus tard archevêque de Sens, cardinal, duc et pair, premier aumônier de Madame
la Dauphine, avait reçu une charmante miniature de la jeune princesse. Cette miniature, peinte
à Vienne par Fuger, appartient aujourd'hui à

une femme distinguée par l'esprit et le talent, Mme la vicomtesse de Janzé, née Choiseul-Gouffier. L'orpheline du Temple est représentée dans un costume très simple : une robe noire, un fichu de mousseline blanche, sur la tête un nœud de taffetas noir ; sur la poitrine, attaché à une chaîne passant autour du cou, un médaillon contenant deux petits portraits du roi et de la reine martyrs. La jeune princesse, dans toute la fraîcheur et l'éclat de ses vingt ans, a les traits d'une finesse exquise, les yeux d'un bleu très clair, les cheveux très blonds, le teint éblouissant, la bouche petite et gracieuse, le sourire d'une douceur infinie, l'expression naïve et touchante. La duchesse d'Angoulême ne fut pas longtemps jolie, mais lors de son mariage elle était ravissante.

Chose curieuse à remarquer, il y a des femmes que l'histoire se figure toujours jeunes, à d'autres qu'elle se figure toujours vieilles. Prononce-t-on, par exemple, le nom de Gabrielle d'Estrées, de Mlle de La Vallière, de Mme de Montespan, on croit voir apparaître des beautés éblouissantes. Prononce-t-on celui de Mme de Maintenon, l'on ne songe ordinairement qu'à une femme vieille et disgracieuse ; on oublie la sirène qui, dans sa jeunesse, avait fait tant de conquêtes. En général, quand on s'occupe de la duchesse d'Angoulême, on se la représente les traits durcis par l'âge, la physionomie assombrie, et l'on ne pense point assez à l'époque où sa jeune et mélancolique beauté avait un tel charme, une telle poésie que les plus ardents républicains eux-mêmes ne pouvaient la contempler sans un mélange d'attendrissement, de sympathie et d'admiration.

LA FIN DU SÉJOUR A MITTAU

Si la fille de Louis XVI avait épousé un prince étranger, la couronne de France eût perdu son plus pur fleuron. La duchesse d'Angoulême rendit la cour en exil plus morale, plus grave, plus religieuse que par le passé. Chacun s'observait en parlant devant cette femme à la fois si jeune et si sainte. Sa vue seule était une édification. Autant la cour de Coblentz avait été frivole, autant celle de Mittau fut sérieuse. Qui aurait osé prononcer une parole scandaleuse devant l'orpheline du Temple ? Les voltairiens n'auraient pas eu beau jeu à risquer en sa présence une allusion impie. La double majesté de la vertu et du malheur était chez elle plus forte que celle de la naissance et du rang. Français ou étranger, quiconque avait l'honneur de l'approcher éprouvait un profond sentiment de vénération. Elle se considérait comme chargée par la Providence de veiller sur la mémoire de ses parents, le roi et la reine martyrs, et tout le monde respectait en elle cette vocation ou, pour mieux dire, ce culte. La duchesse d'Angoulême, charitable et chrétienne, n'en voulait à personne, mais elle n'accordait sa confiance et son amitié qu'aux personnes qu'elle jugeait dignes de son estime. Les gens immoraux, quels que fussent leur esprit, leur situation sociale, leurs qualités brillantes, n'avaient jamais de crédit auprès d'elle. Elle n'aimait que ce qui était loyal et honnête. La politique devait, à son avis, être fondée sur le droit, la justice, la morale.

Le comte de Saint-Priest écrivait à M. de La Fare, le 27 juin 1799 : « Le jeune ménage continue d'aller à merveille ; il ne nous reste à souhaiter que d'en voir bientôt les fruits. Mlle de Choisy est très bien traitée par le roi et autres ; elle paraît contente et bien avec Mlle de Sérent, sa compagne, et la mère de cette dernière ; le père ne tardera pas d'arriver. »

Quand elle était à Vienne, Marie-Thérèse avait distingué, parmi les femmes émigrées qui se trouvaient dans cette ville, Mlle Henriette de Choisy. C'était la fille de cet héroïque marquis de Choisy qui, dans la nuit du 2 février 1772, s'empara de Cracovie avec douze cents patriotes polonais et vingt-cinq gentilhommes français, et soutint un siège de plusieurs semaines contre dix-huit mille Russes. Ses deux fils servaient dans l'armée de

Condé. « Il est difficile, écrivait Mgr de La Fare, de rencontrer une famille plus vertueuse, plus considérée et plus méritante. » Marie-Thérèse emmena de Vienne à Mittau Mlle de Choisy, comme demoiselle d'honneur. Quant à Mme et à Mlle de Sérent, qu'elle avait également auprès d'elle à Mittau, c'étaient la femme et la fille du duc de Sérent, l'un des plus fidèles serviteurs de la royauté. La comtesse de la Tour-d'Auvergne, le duc de Sérent et le marquis de Nesle, figuraient également dans la maison de la duchesse d'Angoulême.

A la fin de l'année 1799, la cour de Mittau reçut une visite qui ne pouvait manquer de causer une impression pénible à la fille de Louis XVI et de Marie-Antoinette. C'était celle de l'abbé Georgel, le grand vicaire, le confident, le bras droit, l'homme de confiance du triste héros de l'affaire du collier, de ce cardinal de Rohan, qui avait été si fatal à la malheureuse reine. Pendant l'emprisonnement du cardinal à la Bastille, l'abbé Georgel, en sa qualité de grand vicaire de la grande aumônerie de France, avait cru devoir citer, dans le mandement du carême de 1786, l'épître où saint Paul captif exhorte son disciple Timothée à ne pas rougir de cette prison, et à distribuer en son nom le pain de la parole aux fidèles. Ce mandement, affiché aux portes et sacristies de la chapelle du château de Versailles, avait fait scandale. On prétendait qu'en comparant le prisonnier de la Bastille à saint Paul, le grand vicaire du cardinal de Rohan avait implicitement comparé Louis XVI à Néron, et il avait été exilé en province.

L'abbé Georgel se trouvait à Fribourg avec d'autres émigrés, en 1799, quand les chapitres des grands-prieurés de Bohême, de Bavière et d'Allemagne, nommèrent des députés pour aller à Saint-Pétersbourg offrir l'hommage de leur obéissance au nouveau grand-maître de l'ordre de Malte, l'empereur Paul Ier. L'abbé Georgel fut adjoint à cette députation, et passa par Mittau en se rendant à Saint-Pétersbourg. Il raconte ainsi dans ses mémoires l'accueil que lui fit Louis XVIII :

« Le roi, après la messe, reçut la députation dans la salle d'audience ; il avait autour de lui les grands de sa cour ; sa physionomie annonçait le calme de son âme ; sa conversation fut intéressante, par les choses pleines de bonté et d'amabilité qu'il dit aux députés sur leur famille et leur mission. Louis XVIII a beaucoup d'esprit et de connaissances ; le malheur, qui est une grande leçon, surtout pour les souverains, lui avait ôté le vernis de pédanterie qu'on lui reprochait à Versailles. Il était vêtu simplement, habit bleu de roi et collet rouge, uniforme modeste et réglé pour toute sa cour, afin d'éviter la dépense. Sa Majesté eut l'extrême bonté de se souvenir de m'avoir vu à Versailles. Après l'audience du roi, nous nous rendîmes à celle de la reine. Après avoir quitté son appartement, nous fûmes conduits chez le duc et la duchesse d'Angoulème. »

La fille de Marie-Antoinette ne vit pas sans trouble un prêtre qui lui rappelait de funestes souvenirs. Mais laissons la parole à l'abbé Georgel lui-même. « La physionomie de la duchesse, dit-il, nous parut pleine de majesté et de grâce; mon cœur, en la voyant, fut saisi d'une émotion respectueuse.... Mais je dois avouer que quand le duc de Sérent me nomma à cette auguste princesse, je m'aperçus d'un trouble qui altéra sensiblement son visage. J'en fus frappé ; la présentation fut abrégée ; en y réfléchissant, je pensai que ma présence lui rappelait un procès où j'avais été acteur, et dont l'heureuse issue pour l'illustre accusé avait si fort affecté la reine sa mère, qui, s'étant crue lésée, avait engagé le roi à se rendre accusateur. Si j'avais pu le prévoir, je me serais abstenu, par respect, de paraître à la présentation. »

Cependant, la petite cour de Mittau continuait à jouir d'une tranquillité relative. Les seigneurs et les dames qui la composaient étaient nourris et chauffés par le roi, ou, pour parler plus exactement, par le czar, et ils recevaient cent louis par an. On dînait à quatre heures avec le roi et la reine, ainsi qu'avec le duc et la duchesse d'Angoulème. Les charges de cour étaient remplies auprès du roi par le duc d'Aumont, le prince de Pienne, le duc de Fleury, le comte d'Avaray, le marquis de Jaucourt, le comte de Cossé-Brissac, le comte de la Chapelle, le duc de Guiche, le comte de Saint-Priest. Ce dont souffrait le plus la petite cour de Mittau, c'était le manque d'argent. Chacun sentait combien était précaire une situation qui ne dépendait que du caprice de souverains étrangers. Paul Ier donnait à Louis XVIII une pension annuelle de deux cent mille roubles, qu'il augmenta de cent vingt mille livres après l'arrivée de la reine et de Marie-Thérèse. Le roi d'Espagne donnait quatre-vingt-quatre mille livres par an, mais de bien mauvaise grâce. Louis XVIII écrivait à ce propos : « J'avoue que je n'ai jamais plus souffert de ma misère ; si je m'en croyais, j'enverrais mon cousin et tous ses réaux au diable. » Et, dans une lettre du 25 août 1799 à Mgr de La Fare, le comte de Saint-Priest disait : « Le roi ne vous blâme point d'avoir reçu les lettres de Leurs Majestés Catholiques adressées à M. *Le comte de Provence.* (Pour ne pas se brouiller avec la République française, le Bourbon d'Espagne ne donnait à Louis XVIII que le titre de comte de Provence.) Sa Majesté, quoique très mal satisfaite d'une telle intitulation, ne peut les refuser, étant forcée par sa situation d'accepter les très minces secours du roi son cousin, qui s'excuse, même fort platement, de ne pas les augmenter. La reine ne lui écrira plus. »

La duchesse d'Angoulême, qui avait au plus haut degré la conscience de l'illustration de sa race, souffrait beaucoup d'un pareil état de choses. A ce chagrin se joignit, pour elle, celui de voir s'éloigner son mari, qui alla rejoindre le duc de Berry à l'armée de Condé. Avant de quitter Mittau, le duc d'Angoulême écrivit au czar cette lettre, datée du 5 août 1800 : « Sire, étant au moment de partir pour me rendre où l'honneur, mon devoir et le service du roi mon oncle m'appellent, je m'empresse de déposer aux pieds de Votre Majesté Impériale l'hommage de ma vive reconnaissance pour toutes les bontés dont Elle a daigné me combler pendant mon séjour dans son empire. Forcé de me séparer momentanément de l'être qui m'est le plus cher, et que je laisse ici, j'ose prendre la liberté de le recommander à Votre Majesté Impériale. J'ose espérer qu'Elle me permettra, si les circonstances et mon devoir n'en ordonnent pas autrement, de revenir passer l'hiver ici auprès de ma femme. Nous nous réunissons pour supplier Votre Majesté Impériale d'agréer l'hommage de notre respect, de notre admiration, et, si Elle nous permet d'ajouter, de notre attachement pour sa personne. LOUIS-ANTOINE. »

Accompagné du comte de Damas-Crux et du chevalier de Saint-Priest, le duc d'Angoulême rejoignit l'armée de Condé à Pontaba, le 25 mai 1800. « L'armée, a dit Chateaubriand, reçut avec transport cet autre héritier du trône de saint Louis... Le corps de Condé, forcé à une marche longue et rétrograde, entra en ligne dans l'armée autrichienne sur les bords de l'Inn. Mgr le duc de Berry, en arrivant au camp, le trouva dans cette position. La reconnaissance de deux frères fut touchante. Mgr le duc de Berry servit comme simple volontaire dans le régiment noble à cheval qu'il avait formé, et dont Mgr le duc d'Angoulême avait pris le commandement. Obéissant à son frère aîné comme le moindre soldat, il donna un nouvel exemple de cette soumission des membres de la famille royale les uns envers les autres, dans l'ordre de l'hérédité : soumission qui non seulement manifeste les vertus naturelles aux Bourbons, mais qui conserve encore le trône, en devenant une sorte de confession authentique et perpétuelle du principe de la légitimité. » (Chateaubriand écrivait cela dix ans avant la révolution de 1830.)

En 1800, avant les batailles de Marengo et de Hohenlinden, Louis XVIII se faisait de grandes illusions sur les chances d'une restauration qu'il croyait imminente. Il envoya le comte de Saint-Priest à Vienne, avec des instructions longues et détaillées, qui commençaient ainsi : « Mittau, 26 mai 1800. Je suis tellement convaincu que de la reconnaissance de mon titre royal par les puissances belligérantes, de mon rapprochement des frontières de mon royaume, et surtout

de mon activité, dépend la fin de la plus funeste
révolution dont l'histoire ait jamais offert l'exemple, que je n'hésite pas à me priver momentanément des services de M. le comte de Saint-Priest,
et à le charger d'aller traiter ces points importants avec les ministres de Sa Majesté Impériale
et Royale. Je ne lui confierais cependant pas
cette mission, si je n'avais voulu donner plus de
solennité à la convention qui en fera le résultat,
en chargeant l'homme qui a le plus ma confiance de la signer en mon nom.

« Je charge donc M. le comte de Saint-Priest
d'engager l'empereur, mon neveu, à me reconnaître en ma qualité de roi de France et de Navarre, et à consentir qu'avec ce titre j'aille me
porter de ma personne à son armée d'Italie, ou,
si S. M. Impériale et Royale le préfère, au corps
auxiliaire de Piémontais, commandé par mon
beau-frère, le duc d'Aoste. Bien entendu que je
ne prétends à nul commandement. Je ne veux
que me mettre à portée de rallier à moi mes sujets fidèles ou repentants, et de combattre ceux
qui persisteraient dans leur égarement. La qualité de volontaire à l'armée alliée me suffit pour
cela. Je consentirais cependant, en cédant à la
nécessité, à ce que mon activité fût momentanément suspendue. si par des motifs que je ne puis
prévoir, elle n'était pas encore jugée praticable ;
mais alors Sa Majesté Impériale, en reconnaissant authentiquement mon titre royal, m'indi-

querait une ville en Piémont, dans l'État de Gênes ou en Toscane, où je pourrais me rendre et me tenir le plus à proximité possible des événements, restant toujours libre de me porter vers la partie de mon royaume où je jugerais que ma présence fût nécessaire. Enfin si la reconnaissance de mon titre royal n'avait pas lieu incontinent, il faudrait au moins que la cour de Vienne s'engageât à le prononcer à une époque prochaine et déterminé par les succès de la guerre. »

M. de Barante, dans sa notice sur le comte de Saint-Priest, a jugé sévèrement les instructions royales. « Ces pièces sont curieuses, a-t-il dit. Louis XVIII s'y montre fort préoccupé de sa dignité royale et de l'honneur de la France. Certes, ces sentiments étaient sincères, mais ils sont exprimés d'une telle façon qu'on s'étonne de si peu de connaissance de la France et de l'Europe, d'une confiance si inerte dans la force du droit divin, d'une dépendance si triste des puissances étrangères. Ainsi, cet orgueil royal, ce mouvement patriotique, portent tellement à faux qu'ils ne prouvent ni énergie, ni véritable fierté. Pour juger la valeur de ces instructions, il suffit d'ajouter que M. de Saint-Priest, qui en était porteur, arriva à Vienne la veille du jour où fut apportée la nouvelle de la bataille de Marengo. La principale demande de Louis XVIII était l'autorisation de se rendre à l'armée autrichienne, en Italie ; elle venait de perdre toute l'Italie. »

La perte de la bataille de Marengo par les Autrichiens amena un armistice prolongé à différentes reprises jusqu'au 20 octobre 1800. L'armée
de Condé, postée sur l'Inn, défendait, entre Wis-
sembourg et Neubeieren, le passage de cette
rivière. Une affaire eut lieu à Ravenheim, le
1er décembre. Les ducs d'Angoulême et de Berry
s'y trouvèrent. Au dire de Chateaubriand, le
prince de Condé fut obligé d'employer l'autorité
pour faire retirer les deux princes, qui s'expo-
saient inutilement ; un soldat avait été frappé
d'une balle à un pas du premier. L'auteur du
Génie du Christianisme ajoute cette phrase vraiment
étrange : « Deux jours après, la bataille de Hohenlinden fut gagnée par un général qui voulait
acquérir une grande renommée pour la mettre
aux pieds de son roi légitime. »

L'échec de la coalition avait indéfiniment
ajourné les espérances de la cour de Mittau.
Paul Ier était dégoûté de ses alliés. Il ne voulait
plus combattre la France. Il s'était pris de passion pour le premier consul, et il allait se montrer
aussi hostile à Louis XVIII qu'il lui avait été
d'abord favorable. Le moment approchait où la
petite cour de Mittau allait être chassée de l'empire russe.

X

La cause de Louis XVIII semblait désespérée.
Le premier consul était au comble de la gloire.
Les puissances continentales rivalisaient d'empressement envers lui. Le czar lui témoignait une
admiration enthousiaste. Déçu dans toutes ses
espérances, l'héritier de Louis XVI devait être
chassé de Mittau comme un proscrit, comme un
paria, et ses fidèles serviteurs allaient être réduits
à la mendicité. Sans argent, sans asile, il errait
misérablement, ne vivant plus que d'aumônes,
et soumis aux caprices de ses hôtes d'un jour.
Après les inexprimables angoisses de la captivité
du Temple, Marie-Thérèse allait subir celles de
l'exil, dans ce qu'elles ont de plus pénible et de
plus rigoureux. Son âme véritablement intrépide
ne devait pas plier sous le fardeau de ces nouvelles épreuves.

Comment le versatile Paul Ier était-il passé à l'égard de Louis XVIII d'une sympathie profonde à une aversion absolue ? Comment avait-il pris ses anciens ennemis en affection et ses anciens alliés en haine ? Comment le voyait-on boire publiquement à la santé du premier consul et remplir ses appartements des portraits du vainqueur de Marengo ? La cause première de ce revirement inattendu avait été le mécontentement causé au czar par la conduite de ses alliés. Il leur avait attribué la défaite de l'armée russe à Zurich et la capitulation du corps russe et anglais débarqué en Hollande. Il s'était alors reproché d'avoir mis ses troupes au service d'une coalition dont il ne retirait que des revers, et il s'était promis à lui-même de ne consulter désormais que les intérêts exclusifs de la Russie. D'autre part, la gloire du jeune vainqueur des Pyramides avait frappé son imagination mobile et enthousiaste. Bonaparte, profitant avec une grande habileté de cette disposition d'esprit, avait trouvé le moyen de séduire absolument le czar. Il restait en France six ou sept mille prisonniers russes, qui n'avaient pu être échangés, la Russie n'ayant point de prisonniers français à rendre. Le premier consul fit armer et habiller ces Russes aux couleurs de leur souverain. Il leur rendit leurs officiers, leurs drapeaux et leurs armes, et les renvoya sans conditions à leur empereur. C'était de sa part, ajoutait-il, un témoignage de considération pour l'armée russe, que les Français avaient appris à connaître et à estimer sur les champs de bataille.

Bonaparte eut, en outre, dans ses procédés à l'égard de l'empereur Paul, un véritable trait de génie. Sachant que l'île de Malte, conquête éphémère de la France, ne pouvait pas tenir longtemps contre les flottes britanniques, et que, rigoureusement bloquée, elle serait obligée, faute de vivres, de se rendre aux Anglais, il imagina de la donner au czar. Un tel cadeau allait au cœur d'un souverain qui tenait autant à son titre de grand-maître de l'ordre de Malte, qu'à son titre d'empereur de toutes les Russies. Paul Ier, au comble de la joie, chargea un officier finlandais, M. de Sprengporten, de se mettre à la tête des prisonniers russes qui étaient en France et d'aller avec eux prendre possession de l'île de Malte de la main des Français. Mais, sur ces entrefaites, les Anglais s'emparaient de l'île. Le czar leur en demanda la restitution. Ils refusèrent. L'irascible empereur s'en vengea en mettant l'embargo sur les vaisseaux anglais, dont trois cents furent arrêtés à la fois dans les ports de son empire, et en faisant signer, le 26 décembre 1800, par la Russie, la Suède et le Danemark, une déclaration en vertu de laquelle les trois puissances s'engageaient à maintenir contre l'Angleterre, même par les armes, les principes des droits des neutres.

Devenu l'allié de Bonaparte et l'adversaire de

l'Angleterre et de l'Autriche, Paul Ier ne se souciait plus des Bourbons. Le prince que naguère
encore il appelait son auguste aîné, ne lui semblait plus être qu'un hôte importun et incom-
mode. Le premier consul n'eut pas besoin de
demander au czar l'éloignement de Louis XVIII.
De lui-même, l'empereur Paul expulsa son ancien protégé et le traita de la manière la plus
dure. Bonaparte n'en demandait pas tant. Peut-
être même préférait-il Louis XVIII en Russie
que sur un point plus rapproché de la France.
Mais Paul Ier ne voulait plus entendre parler du
prétendant, qui contrecarrait sa nouvelle politique, et dont l'entretien à Mittau lui semblait une
dépense inutile. Agissant violemment, suivant
son habitude, il lui fit signifier l'ordre d'expulsion avec une rudesse qui alla jusqu'à la bruta-
lité. Il avait commencé par chasser de Saint-
Pétersbourg M. de Caraman, qui représentait
Louis XVIII, et qui, après avoir été accueilli de
la manière la plus bienveillante, fut brusquement
renvoyé sans la moindre excuse et sans la moindre explication.

M. de Caraman arriva à Mittau, sans y être
attendu, et sans avoir eu le temps de prévenir
Louis XVIII du changement qui s'était opéré à
Saint-Pétersbourg. Il a raconté les détails de l'expulsion du prétendant et de la duchesse d'Angoulême dans de curieux Mémoires inédits qui
sont entre les mains du duc de Caraman actuel.

C'était le 20 janvier 1801, veille de l'anniversaire de la mort de Louis XVI. La fille du roi martyr, retirée dans son oratoire, se préparait pieusement à communier le 21 janvier, en souvenir de son père. Tout à coup le général de Drisen, gouverneur militaire de Mittau, se présenta devant Louis XVIII, et lui annonça que son traitement était suspendu, et qu'il devait quitter immédiatement l'empire russe. Les passeports qu'on lui délivrait ne portaient pas même la mention de comte de Provence. On l'appelait le comte de Lille, et on le traitait comme un simple particulier.

Le prétendant reçut le général russe avec calme. « Me trouvant à Mittau, dit-il, par l'effet de la générosité de l'empereur, je suis prêt à m'en éloigner, dès que ses intentions s'annoncent comme ne devant plus être les mêmes à mon égard. » Puis, comme saisi d'une pensée qui excitait en lui les impressions les plus pénibles, il rappela au général la date du jour, en lui faisant observer que le lendemain était l'anniversaire du martyre du roi Louis XVI, son frère, et qu'à l'approche de cette époque de douleur, la duchesse d'Angoulème se tenait renfermée dans ses appartements, se consacrant aux devoirs religieux, dont elle n'avait pour témoin que l'abbé Edgeworth de Firmont, confesseur du roi son père, et qui l'avait accompagné sur l'échafaud.

« Louis XVIII, ajoute M. de Caraman, demanda au général de Drisen s'il fallait enlever à son auguste et malheureuse nièce, qu'il nommait sa fille, la dernière consolation qui lui restait, et l'arracher à ses pieuses occupations. Le général, vivement ému d'une telle scène, baissa la tête sans oser répondre, et se retira, en laissant le roi livré à toute l'anxiété des devoirs qu'il avait à remplir. »

Le prétendant, recueillant tout son courage, se rendit chez sa nièce, et lui annonça la résolution de l'empereur Paul. La princesse, sans se troubler, demanda si les ordres étaient tellement rigoureux qu'ils dussent exiger le sacrifice des deux jours consacrés à la mémoire de son père. Louis XVIII répondit qu'on ne partirait que le 22 janvier, et la fille de Louis XVI se remit en prière.

Dès que la nouvelle de l'expulsion fut connue, les serviteurs du prétendant se livrèrent au désespoir. Qu'allaient devenir les vétérans qui lui servaient de gardes du corps ? En apprenant qu'ils ne pourraient pas suivre leur maître, ils ne purent retenir leurs larmes. Le lendemain, l'anniversaire du supplice de Louis XVI fut célébré dans un recueillement douloureux. Le 22, le départ s'effectua. Le roi et sa nièce n'avaient été autorisés à emmener avec eux que six personnes. Tous ceux qui restaient étaient dans la désolation. Le souverain fugitif voulut leur dire adieu; mais sa voix demeura étouffée par les sanglots.

Deux voitures attendaient le prétendant et sa nièce. Ils y montèrent, ainsi que le comte d'Avaray, l'abbé Edgeworth de Firmont, la duchesse de Sérent, le vicomte d'Hardouineau et deux domestiques, et prirent la direction de la frontière prussienne. Le froid était rigoureux. Il fallait traverser les vastes plaines de la Lithuanie, couvertes de glace et de neige. Le premier jour, après une étape de huit lieues, les fugitifs trouvèrent l'hospitalité chez un gentilhomme courlandais, le baron de Koyt. Le lendemain, à Frauenbourg, il fallut s'abriter dans une taverne encombrée de paysans ivres. La troisième journée fut terrible. Une tempête glaciale sévissait. Un vent furieux, poussant des tourbillons de neige, effrayait les chevaux, et aveuglait les conducteurs. Louis XVI et sa nièce durent mettre pied à terre, et se frayer péniblement un chemin dans près de dix pouces de neige. C'est la scène qui devait servir de sujet à une estampe répandue clandestinement à Paris, et où fut représentée la duchesse d'Angoulême conduisant à travers les neiges de la Lithuanie Louis XVIII appuyé sur son bras, avec ces mots au bas de la gravure : « L'Antigone française. » Le soir, les fugitifs couchèrent dans une auberge encore plus misérable que celle où ils s'étaient arrêtés la veille. Le lendemain, ils trouvèrent l'hospitalité chez un gen-

tilhomme courlandais compatissant, le baron de
Jatz. Enfin après cinq jours d'un voyage aussi
fatiguant que pénible, ils arrivèrent à Memel,
ville forte de la Prusse orientale, où ils prirent
quelques jours de repos.

XI

LE SÉJOUR EN PRUSSE ET EN POLOGNE

Louis XVIII, avant de quitter Mittau, n'avait pas eu le temps de s'assurer à l'avance un refuge. Il s'était dirigé à tout hasard vers le royaume le plus voisin, sans savoir si l'on voudrait l'y accueillir. Il se défiait des dispositions de la cour de Prusse, alors en très bons termes avec le premier consul, et redoutait, en conséquence, une mauvaise réception. En abordant le territoire prussien, il avait ôté ses décorations, et ordonné aux personnes de sa suite d'ôter aussi les leurs. Il voyageait incognito sous le nom de comte de Lille ; la duchesse d'Angoulème avait pris celui de marquise de la Meilleraye. Quant à la reine, elle était en ce moment aux eaux de Pyrmont, dans la principauté de Waldeck.

Au moment où Louis XVIII arriva à Memel, personne ne l'y attendait, et le gouvernement

prussien n'avait donné aucun ordre pour le recevoir. A Mittau, le prétendant portait le titre royal;
il vivait dans un palais, avec des gardes du corps
et l'appareil de la souveraineté. A Memel, ce
n'était plus qu'un proscrit, cachant son titre de
roi sous un faux nom, et logeant dans une maison
particulière. « Voilà la quatrième fois, disait le
comte d'Avaray, que nous en sommes à n'avoir
pas de quoi vivre pour deux mois. La Providence
est venue à notre secours, et j'ai la même confiance ; elle n'abandonnera pas notre maître et
son admirable nièce. C'est un ange que le ciel lui
a laissé pour sa consolation... Ah ! que la fille
de Louis XVI et de Marie-Antoinette a bien profité des leçons et des exemples de son enfance ! »

Louis XVIII se proposait de quitter Memel le
9 février 1801, pour se rendre à Kœnigsberg. Il
différa son départ de quelques jours, parce que,
dans la soirée du 8 février, quelques-uns de ses
anciens gardes du corps arrivèrent de Mittau. Ils
annoncèrent qu'on leur avait signifié l'ordre de
quitter cette ville dans les vingt-quatre heures,
et qu'ils allaient être suivis de leurs camarades,
chassés de l'empire russe comme des malfaiteurs.
Ces infortunés, presque tous âgés et infirmes,
étaient réduits à la misère. Le prétendant leur
dit : « J'éprouve, messieurs, une grande consolation à vous voir ; mais elle est mêlée d'une douleur bien amère. La Providence m'éprouve depuis
bien longtemps et de bien des manières, et celle-

ci n'est pas une des moins cruelles. Voyez, ajouta-t-il en montrant le côté gauche de sa poitrine dépouillé de ses croix, je ne peux même porter une décoration. »

Les jours suivants, les autres gardes du corps furent présentés à Louis XVIII, à mesure qu'ils arrivaient. Un d'eux, M. de Montlezun, ne pouvait retenir ses larmes. « Mon ami, lui dit le prince, en lui prenant la main, quand on a le cœur pur, c'est au dernier terme de l'adversité qu'un Français doit redoubler de courage. » Puis, adressant la parole aux autres : « Oui, messieurs, si le courage m'abandonnait, ce serait chez vous que j'irais en reprendre et me retremper. »

Le comte de Hautefort a écrit dans son journal : « Le roi ne borna point à des paroles sa sollicitude pour ses gardes du corps. Il donna pour eux une somme considérable eu égard à sa situation. La duchesse d'Angoulême remit aussi au vicomte d'Agoult cent ducats, qui devaient être partagés entre ceux qui en avaient le plus besoin ; elle voulait surtout ne pas être nommée ; mais comment se méprendre sur la source d'un tel bienfait ? Le vicomte d'Agoult alla fréter un bâtiment, et présider à l'embarquement de ses malheureux compatriotes. Les finances du roi s'épuisant par la dépense exorbitante de chaque jour, la duchesse d'Angoulême offrit à Sa Majesté la vente de ses diamants, offre qui fut acceptée à regret : mais les circonstances ne permettaient guère de refuser. La princesse autorisa, par un acte exprès, la duchesse de Sérent à faire le marché, « pour servir, était-il dit, à mon oncle, à ses fidèles serviteurs et à moi-même, dans notre commune détresse. » Les diamants furent déposés chez le consul de Danemark, qui fit avancer deux mille ducats sur le prix de la vente.

Le 23 février, Louis XVIII et sa nièce, suivis de leur petite cour fugitive, partirent de Memel pour Kœnigsberg, où ils arrivèrent le lendemain. Ils y apprirent que le roi de Prusse consentait à leur assigner Varsovie pour résidence, mais sous la condition expresse que la suite du prétendant serait encore réduite ; qu'il ne prendrait point le titre royal, et qu'il porterait simplement le nom de comte de Lille. La duchesse d'Angoulême avait écrit à la reine de Prusse une lettre touchante, où elle disait, en parlant de son oncle : « Il est plus d'une voix qui, du haut du ciel, me crie qu'il est tout pour moi, qu'il me tient lieu de tout ce que j'ai perdu, que je ne dois jamais l'abandonner. Aussi, je lui serai fidèle, et la mort seule m'en séparera. »

Les fugitifs se remirent en route pour Varsovie le 27 février. Dans le trajet, le 2 mars, la voiture de Louis XVIII versa dans un fossé, en voulant éviter celle d'une dame polonaise qui se croisait sur la route. La commotion fut très forte, et la duchesse d'Angoulême, renversée, brisa avec sa tête une des glaces du carrosse où elle se trouvait. Le 6 mars, on arriva à Varsovie, où l'on prit pour logement la maison Vassiliovitch, située dans le faubourg de Cracovie.

La cause du prétendant paraissait de plus en plus compromise. Le traité de Lunéville avait découragé les royalistes. L'armée de Condé, réduite à quatre ou cinq mille hommes, était licenciée en Croatie, près de l'Adriatique, à une vingtaine de lieues des frontières turques. « Ce fut bien loin de notre patrie, a dit le comte de Puymaigre, que nous dûmes déposer nos armes et perdre toute illusion sur le résultat de cette grande lutte, qui durait depuis neuf ans avec des vicissitudes si diverses entre la France et l'Europe. Nous avons pu juger, par une longue et cruelle expérience, combien avaient eu tort les princes français qui étaient allés planter leurs drapeaux chez l'étranger, et, bien qu'on ne puisse nous refuser d'avoir combattu avec quelque gloire, et que les républicains, dont les suffrages, sous ce rapport, ne sauraient être récusés, nous aient rendu une entière justice, ce fut une gloire stérile. »

Le duc d'Angoulême, qui s'était distingué dans l'armée de Condé, rejoignit sa femme à Varsovie, le 25 mars 1801. Quelques jours après, on y apprit que l'empereur Paul Ier avait été assassiné dans la nuit du 23 au 24 mars. Le nouveau czar, Alexandre Ier, témoigna de la sympathie à Louis XVIII, à qui il accorda des subsi-

des. Il lui offrit même de le faire revenir à Mittau.
Le prétendant préféra rester pour le moment à
Varsovie. Sa position y était cependant devenue
difficile, parce que des relations amicales existaient alors entre le cabinet de Berlin et le premier consul. Celui-ci, enivré par ses victoires,
crut qu'il pourrait décider Louis XVIII à renoncer à ses prétentions au trône de France moyen-
nant des indemnités pécunaires ou territoriales.
D'accord avec le gouvernement prussien, il le fit
sonder à cet égard par M. Meyer, président de
la régence de Varsovie. Le prétendant, ayant à
sa droite la duchesse d'Angoulême, reçut le né-
gociateur prussien avec une fierté toute royale.
Il consigna sa réponse dans une note dont Chateaubriand a dit : « Cette note est un des plus
beaux documents de notre histoire. Tandis que
de puissants monarques étaient forcés d'abandonner leurs trônes au conquérant, un roi de
France proscrit refusait le sien à l'usurpateur qui
l'occupait ; le Sénat romain ne fit pas acte de
propriété plus magnanime en vendant le champ
où campait Annibal. »

La déclaration de Louis XVIII était ainsi conçue : « Varsovie, 22 février 1803. Je ne confonds
pas M. Buonaparte avec ceux qui l'ont précédé ;
j'estime sa valeur, ses talents militaires ; je lui
sais gré de plusieurs actes d'administration, car
le bien qu'on fera à mon peuple me sera toujours
cher. Mais il se trompe s'il croit m'engager à

transiger sur mes droits ; loin de là ; il les établirait lui-même, s'ils pouvaient être litigieux, par la démarche qu'il fait en ce moment. J'ignore quels sont les desseins de Dieu sur ma race et sur moi : mais je connais les obligations qu'il m'a imposées par le rang où il lui a plu de me faire naître. Chrétien, je remplirai ces obligations jusqu'à mon dernier soupir ; fils de saint Louis je saurai, à son exemple, me respecter jusque dans les fers ; successeur de François Ier, je veux du moins pouvoir dire comme lui : Nous avons tout perdu fors l'honneur. Signé : LOUIS. » Au bas de la déclaration, le duc d'Angoulême écrivit : « Avec la permission du roi mon oncle, j'adhère de cœur et d'âme au contenu de cette note. Signé : LOUIS-ANTOINE. »

Le comte d'Artois, le duc de Berry, le duc d'Orléans et ses deux frères, le prince de Condé, le duc de Bourbon, tous exilés en Angleterre, envoyèrent à Louis XVIII l'adhésion suivante, datée de Wansted-House, le 23 avril 1803. « Nous, princes soussignés, frère, neveu et cousin de Sa Majesté Louis XVIII, roi de France et de Navarre, pénétrés des mêmes sentiments dont notre souverain seigneur et roi se montre si glorieusement animé dans sa noble réponse à la proposition qui lui a été faite, de renoncer au trône de France, et d'exiger de tous les princes de sa maison une renonciation à leurs droits imprescriptibles de succession à ce même trône, déclarons :

« Que notre attachement à nos devoirs et à notre honneur ne pouvant jamais nous permettre de transiger sur nos droits, nous adhérons, de cœur et d'âme, à la réponse de notre roi ;

« Qu'à son illustre exemple, nous ne nous prêterons jamais à la moindre démarche qui puisse avilir la maison de Bourbon, et lui faire manquer à ce qu'elle se doit à elle-même, à ses ancêtres, à ses descendants ;

« Et que si l'injuste emploi d'une force majeure parvenait (ce qu'à Dieu ne plaise !) à placer de fait, et jamais de droit, sur le trône de France, tout autre que notre roi légitime, nous suivrons avec autant de confiance que de fidélité la voix de l'honneur qui nous prescrit d'en appeler jusqu'à notre dernier soupir à Dieu, aux Français et à notre épée. »

La future victime de Bonaparte, le jeune duc d'Enghien, avait également envoyé son adhésion, ainsi conçue : « Sire, la lettre du 5 mars, dont Votre Majesté a daigné m'honorer, m'est exactement parvenue. Votre Majesté connaît trop bien le sang qui coule dans mes veines pour avoir pu conserver un instant de doute sur le sens de la réponse qu'elle me demande. Je suis Français, Sire, et Français resté fidèle à son Dieu, à son roi et à ses serments d'honneur. Bien d'autres m'envieront peut-être un jour ce triple avantage. Que votre Majesté daigne donc me permettre de joindre ma signature à celle du duc d'Angoulême, adhérant comme lui de cœur et d'âme au contenu de la note de mon roi. Signé : LOUIS-ANTOINE-HENRI DE BOURBON. Ettenheim, le 22 mars 1803. »

Enthousiasmé par ce langage, Chateaubriand s'écrie : « Quels sentiments ! quelle signature ! et quelle date ! Lorsqu'on lit à cette époque l'histoire des deux Frances, ancienne et nouvelle, qui existaient en même temps, on ne sait de laquelle on doit être plus fier : les succès héroïques sont pour la France nouvelle, les malheurs héroïques pour l'ancienne. Nos princes avaient tout emporté des grandeurs de notre patrie ; ils n'y avaient laissé que la victoire. »

C'était à Ettenheim, le 25 mars 1803, que le duc d'Enghien avait signé son adhésion à la déclaration de Louis XVIII, et c'était à Ettenheim que, moins d'un an plus tard, le 15 mars 1804, il était arrêté par les dragons du colonel Ordener, pour être conduit au château de Vincennes, et y être fusillé, contre toutes les règles du droit des gens, dans la funeste nuit du 20 au 21 mars. Dès qu'elle eut appris le meurtre, la duchesse d'Angoulême écrivit au prince de Condé, grand-père de la victime, une lettre où elle disait : « Monsieur mon cousin, je ne puis me refuser à vous exprimer moi-même la part bien vive que je prends à la douleur qui vous accable et que mon cœur partage bien sincèrement. Malgré tout ce que j'ai souffert, je n'aurais jamais pu imaginer l'événement affreux qui nous met dans le deuil... Je n'écris pas à M. le duc de Bourbon ; mais veuillez être l'interprète de mes sentiments auprès de lui, et comptez, je vous prie, sur mes vœux pour que, soutenue par votre courage, votre santé résiste à la juste douleur de notre cruelle et commune perte. »

Le meurtre du duc d'Enghien avait prouvé combien Bonaparte, malgré sa toute-puissance, redoutait les Bourbons. On eût dit qu'il avait déjà le pressentiment des événements de 1814 et de 1815. Le 7 septembre 1800, le prétendant lui avait écrit : « Depuis longtemps, général, vous devez savoir que mon estime vous est acquise. Si vous doutez de ma reconnaissance, marquez votre place, fixez le sort de vos amis. Quant à mes principes, je suis Français, clément par caractère ; je le serai encore par raison. Le vainqueur de Lodi, de Castiglione, d'Arcole, le conquérant de l'Italie et de l'Egypte doit préférer la gloire à une vaine célébrité. Cependant, vous perdez un temps précieux ; nous pouvons assurer le bonheur de la France, je dis *nous,* parce que j'ai besoin pour cela de Bonaparte et que lui ne peut rien sans moi. Général, l'Europe a les yeux sur vous ; un glorieux triomphe vous attend, et je suis impatient de rendre la paix à mon peuple. Signé : Louis. »

Le premier consul avait répondu : « J'ai reçu votre lettre, monsieur, et je vous remercie des choses flatteuses qu'elle renferme. Vous ne devez pas désirer rentrer en France, car il vous faudrait marcher sur cent mille cadavres. Sacrifiez votre intérêt personnel au repos de votre patrie, l'histoire vous en tiendra compte. Je ne suis pas insensible aux malheurs de votre famille, et j'apprendrais avec plaisir que vous êtes entouré de tout ce qui peut contribuer à la tranquillité de votre retraite. »

Bonaparte avait beau appeler tout simplement « monsieur », le descendant de saint Louis, d'Henri IV et de Louis XIV, et prendre à l'égard de l'héritier de tant de rois un ton de protection dédaigneuse, il était tourmenté par l'existence de ce monarque sans couronne, et redoutait l'avenir réservé à ce proscrit.

Plus les chances d'une restauration devenaient improbables, plus le prétendant redoublait de hauteur et de fierté dans son langage, et plus il affirmait sa confiance dans le droit divin. Ayant appris que Bonaparte avait reçu du roi d'Espagne, quelques jours après le meurtre du duc d'Enghien, l'ordre de la Toison d'Or, il s'empressa de se dépouiller de cet ordre et de le renvoyer à Charles IV avec la lettre suivante : « Monsieur mon frère, c'est avec regret que je vous renvoie les insignes de l'ordre de la Toison d'Or, que Sa Majesté, votre père, de glorieuse mémoire, m'avait confiés. Il ne peut rien y avoir de commun entre moi et le grand criminel que l'audace et la fortune ont placé sur mon trône, qu'il a terni du sang d'un Bourbon ! La religion peut m'engager à pardonner à un assassin, mais le tyran de mon peuple doit toujours être mon ennemi. Dans le siècle présent, il est plus glorieux de mériter un sceptre que de le porter. La Providence, dans ses décrets mystérieux, peut me condamner à finir mes jours dans l'exil; mais ni la postérité, ni mes contemporains n'auront le droit de dire que dans l'adversité je me suis montré un instant indigne d'occuper le trône de mes ancêtres. »

Rien ne décourageait Louis XVIII : ni l'adhésion de presque tout l'épiscopat français au nouveau règne, ni le plébiscite élevant l'empereur sur le pavois, ni la consécration de sa couronne par le pape. Il protestait contre l'Empire par un acte daté de Varsovie le 5 juin 1804, et qui était ainsi conçu ; « En prenant le titre d'empereur et en voulant le rendre héréditaire dans sa famille, Buonaparte vient de mettre le sceau à son usurpation. Ce nouvel acte d'une révolution, où tout dans l'origine a été nul, ne peut sans doute infirmer mes droits ; mais, responsable de ma conduite envers tous les souverains dont les droits ne sont pas moins lésés que les miens, et dont les trônes sont ébranlés par les principes que le Sénat de Paris a osé mettre en avant, responsable envers la France, ma famille et l'honneur, je croirais trahir la cause commune en gardant le silence en cette occasion. Je déclare donc, en présence des souverains, que, loin de reconnaître le titre impérial que Buonaparte vient de se faire déférer par un corps qui n'a pas même d'existence légale, je proteste contre ce titre et contre les actes subséquents auxquels il pourrait donner lieu. »

La duchesse d'Angoulème, chez qui l'idée de la royauté de droit divin était une religion, se réjouissait de cette fière attitude de son oncle. Elle-même, elle n'aurait point écrit dans un autre style. On prétend que Napoléon, frappé de la ténacité avec laquelle le prétendant réclamait d'un ton si solennel des droits dont beaucoup de gens se moquaient, aurait dit : « Le comte de Lille a bien fait; on le mésestimerait s'il cédait sans combattre; un prétendant doit toujours protester, c'est la seule manière de régner qu'il lui reste. »

Cependant Napoléon exerçait alors sur le gouvernement prussien une telle influence que Louis XVIII ne se sentait pas à l'aise à Varsovie. Il résolut de se rendre sur le territoire russe, à Grodno, pour y concerter avec son frère, le comte d'Artois, les mesures à prendre en vue de donner à ses protestations un caractère plus éclatant. Au moment où il allait quitter Varsovie il apprit qu'une tentative d'empoisonnement avait été organisée contre lui et sa famille. L'homme qu'on avait voulu porter à commettre le crime était venu lui-même en avertir le comte d'Avaray. Le prétendant écrivit alors au président de la Chambre prussienne de Varsovie une lettre en date du 24 juillet 1804, qui commençait ainsi : « On m'a rendu compte, monsieur, d'une tentative d'assassinat dirigée contre moi. S'il ne s'agissait que de ma personne, je fermerais l'oreille à de pareils avis; mais l'existence de ma famille et de mes serviteurs, étant également menacée, je manquerais aux devoirs les plus sacrés si je méprisais ce danger. Je vous prie donc de venir ce soir en causer avec moi. » Le magistrat prussien, éludant l'enquête, répondit qu'il remettrait l'instruction de l'affaire à la police, ne voulant pas s'en mêler lui-même, et le fond de cette ténébreuse affaire ne fut jamais connu.

Au lieu de se rendre à Grodno, comme il en avait d'abord l'intention, Louis XVIII se dirigea vers la Suède, et fut rejoint à Calmar par le comte d'Artois, le 5 octobre 1804. Les deux frères y préparèrent ensemble le manifeste qui devait paraître le 2 décembre suivant, jour du sacre de Napoléon. Le prétendant était encore à Calmar, lorsqu'il reçut du gouvernement prussien, par l'intermédiaire du ministre de Prusse en Suède, une note officielle qui lui interdisait de retourner à Varsovie. Alors il demanda à l'empereur Alexandre l'autorisation de séjourner à Mittau, et ce prince la lui accorda. Le comte d'Artois repartit pour l'Angleterre. Louis XVIII s'embarqua à Calmar, débarqua à Riga, et arriva à Mittau, où sa femme et sa nièce ne le rejoignirent qu'au printemps.

XII

LE SECOND SÉJOUR A MITTAU

La duchesse d'Angoulême était entourée à
Varsovie de sympathies unanimes. Elle se plaisait au milieu d'une population catholique avec
laquelle elle se sentait en communion d'idées et
de sentiments. Un roi de France, Henri III,
avait été roi de Pologne, et la princesse descendait de Marie Leczinska, fille d'un souverain polonais. Ces souvenirs ajoutaient au prestige de la fille
de Louis XVI, et la noblesse polonaise, qui parle
le français aussi bien que sa langue nationale,
lui témoignait les égards les plus délicats et les
attentions les plus respectueuses. La princesse ne
quitta pas sans regrets un pays qui lui rappelait
la France, car les Polonais ont reçu le surnom de
Français du Nord, et ne retourna pas sans appré-
hension à Mittau, d'où elle avait été chassée

quatre ans auparavant dans des conditions si pénibles.

A Mittau, la duchesse d'Angoulême se réinstalla avec son mari, son oncle et sa tante, dans l'ancien château des ducs de Courlande. En 1805, deux incendies y éclatèrent. On ne put découvrir les coupables ; mais les autorités constatèrent que le feu avait été mis à dessein. Cette affaire resta ténébreuse, comme l'avait été la tentative d'empoisonnement dirigée, à Varsovie, contre la famille royale.

Cependant, l'écho du bruit des armes arrivait jusqu'à l'asile de Louis XVIII et de sa nièce. Une lutte sanglante désolait la contrée située entre la Vistule et le Niémen. La terrible bataille d'Eylau était livrée le 7 février 1807. Des convois de militaires français blessés ou prisonniers furent dirigés sur Mittau. Bien qu'une fièvre contagieuse se fût déclarée parmi eux, l'abbé Edgeworth de Firmont, alla leur porter des secours. Il paya de sa vie cet acte de dévouement ; mais sur son lit de mort il ne fut point abandonné par la fille du roi-martyr. Bravant la contagion, elle s'écria : « Non, je n'abandonnerai jamais celui qui est plus que mon ami. Rien ne m'empêchera de le soigner moi-même ; je ne demande à personne de m'accompagner. » Et ce fut elle qui, le 22 mai 1807, reçut le dernier soupir du vénérable prêtre.

Louis XVIII écrivit au frère de l'abbé : « La

lettre de M. l'archevêque de Reims vous instruira
de la perte douloureuse que nous venons de faire.
Vous regretterez le meilleur, le plus tendre des
frères. Je pleure un ami, un bienfaiteur, qui a
conduit aux portes du ciel un roi-martyr, et
m'en traçait à moi-même la route. Le monde n'é-
tait pas digne de le posséder longtemps. Sou-
mettons-nous, en songeant qu'il a reçu le prix
de ses vertus. Mais il ne nous est pas défendu
d'accepter des consolations d'un ordre inférieur,
et je vous les offre dans l'affliction générale que
ce malheur a causée. Oui, Monsieur, la mort de
votre digne frère a été une calamité publique.
Ma famille et tous les fidèles Français qui m'en-
tourent ont cru, ainsi que moi, perdre un père.
Les habitants de Mittau, de toutes les classes, de
toutes les croyances, ont partagé notre douleur.
Puisse ce récit adoucir vos regrets! Puissé-je
ainsi donner à la mémoire du plus respectable
des hommes une nouvelle preuve de vénération
et d'attachement! »

Huit jours après la mort de l'abbé Edgeworth
de Firmont, l'empereur Alexandre arrivait à
Mittau, le 30 mai 1807. Avant de rejoindre son
armée, qui campait sur les bords de la Prégel, et
qui allait recommencer la lutte contre Napoléon,
le czar avait voulu faire une visite à ses hôtes. Il
se montra très affable pour le prétendant, et particulièrement courtois pour la femme de ce
prince, et pour la duchesse d'Angoulême. Déjà il

promettait une restauration bourbonnienne avec le concours de la Russie ; mais il ne devait tenir sa parole que sept ans plus tard. Avant la réalisation de cette promesse, il passa par une période où, comme son père, Paul Ier, il eut un moment d'enthousiasme pour les vainqueurs d'Austerlitz, d'Eylau et de Friedland.

Après le traité de Tilsitt, signé le 7 juillet 1807, on aurait dit que la Russie était à tout jamais réconciliée avec la France impériale. Louis XVIII comprit de lui-même que, dans de pareilles conditions, sa présence à Mittau n'était plus conforme à sa dignité. Toutefois, il eut grand soin de ne pas se brouiller avec l'empereur Alexandre. De son côté, le czar sut éviter, à l'égard de son hôte, les mauvais procédés que Paul Ier avait eus en 1801. Il ne chassa point Louis XVIII de Russie, et ce fut de son plein gré que ce prince se rendit en Angleterre, où il pensait, non sans raison, que son séjour serait plus utile à sa cause.

Louis XVIII, laissant sa femme et sa nièce à Mittau, quitta cette ville avec le duc d'Angoulême, et s'embarqua à Riga pour la Suède en octobre 1807. Le roi Gustave IV lui fit le meilleur accueil, et mit à sa disposition et sous ses ordres la frégate suédoise *la Fréga*, qui le conduisit en Angleterre, au mois de novembre. Quant à sa femme et à la duchesse d'Angoulême, elles restèrent à Mittau jusqu'au mois de juillet 1808, et, s'éloignant de la Russie pour n'y plus revenir, elles s'embarquèrent dans le port de Libau. Après une traversée heureuse, elles abordèrent sur le rivage anglais, et allèrent rejoindre Louis XVIII, qui se trouvait alors chez le marquis de Buckingham, au château de Golsfield-Hall, dans le comté d'Essex.

XIII

HARTWEL

Louis XVIII n'avait été appelé en Angleterre
ni par la cour, ni par le gouvernement. Le cabinet de Londres, fatigué des intrigues de l'émigration française et des secours toujours inutiles
qu'il lui avait donnés, craignait de s'engager
pour la cause des Bourbons au delà de ses propres intérêts et de ses vues politiques sur le continent. Averti que le prétendant se dirigeait vers
l'Angleterre, il voulut le reléguer en Écosse, et il
expédia dans tous les ports où ce prince pourrait
aborder, l'ordre de l'inviter à faire voile immédiatement pour Leith, d'où il aurait à se rendre
à Édimbourg, où un asile lui serait préparé dans
l'antique château d'Holyrood. En débarquant au
port d'Yarmouth, Louis XVIII reçut officielle-
ment cette injonction. Il refusa d'y déférer, et,
après avoir déclaré qu'il retournerait affronter

tous les exils du continent plutôt que de consentir au séjour imposé d'Holyrood, il réclama les
simples droits d'un citoyen sur le sol libre de
l'Angleterre. Le marquis de Buckingam lui offrit alors et lui fit accepter une hospitalité fas-
tueuse dans son magnifique château de Golsfield-
Hall, situé sur les confins du comté de Norfolk,
dans le comté d'Essex. C'est là que Louis XVIII
fut rejoint, au printemps de 1808, par sa femme
et par la duchesse d'Angoulême. Voulant remercier son hôte de son généreux accueil, les exilés
élevèrent, dans le parc de Gosfield-Hall, un petit temple dédié à la reconnaissance. Cinq chênes
devaient l'ombrager. Le premier fut planté par
Louis XVIII, le second par sa femme, le troisième par sa nièce, le quatrième et le cinquième
par ses neveux, les ducs d'Angoulême et de
Berry.

Au mois d'avril 1809, le prétendant, voulant
se rapprocher de Londres, et avoir une habita-
tion qui lui appartînt, alla s'installer dans le
modeste château d'Hartwel, qu'il loua, puis
acheta à sir Georges See. Ce domaine qui
ressemblait à une métairie plus qu'à un château,
et qui était situé à seize lieues de Londres, avait
des proportions assez vastes, mais un aspect
assez triste. Pour pouvoir loger plus de monde,
on divisa presque toutes les pièces en plusieurs
compartiments. Les communs se composaient de
divers corps de logis entourés de jardins. Quel-

ques-uns de ces bâtiments renfermaient des baraques étroites pour les gens de service. L'ensemble de ces constructions avait l'air d'un village. La pièce où Louis XVIII se tenait le plus souvent était toute petite ; on eût dit la cabine d'un navire. Pour ornements elle avait les portraits de Louis XVI, de Marie-Antoinette, de Madame Élisabeth et de Louis XVII. Avant de dîner, les hôtes du prince se réunissaient dans un grand salon où se trouvait un billard. En se rendant à la salle à manger. Louis XVIII passait toujours le premier. Le repas était simple ; il n'y avait que peu de plats. Le prétendant en faisait les honneurs avec beaucoup d'affabilité et de bonne grâce. Après le dîner, on retournait au salon où l'on prenait le café, où l'on causait, et où l'on jouait au whist. Toutes les fois que Louis XVIII entrait ou sortait, la duchesse d'Angoulême lui faisait une profonde révérence : il y répondait par un salut, et lui baisait la main. Les visiteurs étaient frappés du nombre de gens logés aux frais du roi dans la maison et dans ses dépendances. Cela ressemblait à une colonie naissante.

« Louis XVIII, a dit le baron de Vitrolles dans ses Mémoires, montrait un courage impassible à supporter son long exil ; il était soutenu par un vrai sentiment de dignité, par la foi qu'il avait en son droit, et la confiance en son avenir. Dans sa retraite, à Hartwel, il jouissait en paix de lui-même, au milieu d'une société assez étroite, mais

18.

sur laquelle il exerçait tous les genres de supériorité; il préférait celle du bel esprit. Sa vie était celle d'un grand seigneur dans ses terres, au milieu d'une nombreuse famille. On parlait peu des intérêts et des événements politiques. Les faits et les dates de l'histoire, la littérature française et celle d'Italie et d'Angleterre, étaient les sujets choisis de ces conversations du soir, où tous les habitants du château étaient réunis. Mme la comtesse, depuis duchesse, de Narbonne, y montrait les grâces de son esprit et de sa diction pure et élégante. Elle était l'objet des préférences et des attentions du roi. »

Comme consolation de son exil, et comme affirmation de ses droits, le prétendant avait dans son domaine d'Hartwel une apparence de royauté. Près de son ombre de trône se tenaient des capitaines des gardes : les ducs de Gramont et d'Havré; des premiers gentilshommes de la chambre : les ducs de Fleury et d'Aumont. Quand il se rendait à Londres, et y assistait aux offices dans la petite chapelle de Little-Georges-Street, élevée aux frais des émigrés français, il occupait un fauteuil qui ressemblait à un trône. Derrière ce fauteuil était le banc des princes, où venaient s'asseoir la duchesse d'Angoulême, le comte d'Artois, le duc d'Angoulême, le duc de Berry, le prince de Condé et le duc de Bourbon. Il y avait, en outre, le banc des évêques français qui, niant le Concordat, avaient refusé au pape

le droit de disposer leurs sièges sans leur consentement. Parmi eux se trouvaient Mgrs Lamar-
che, de Dillon, de Flamarens, d'Argentré, de
Bethisy, Amelot, de Villedieu, de Laurentie, de
Belbœuf, de Colbert.

Le gouvernement anglais n'avait pas reconnu
à Louis XVIII le titre royal, et pourtant quand
sa femme mourut, le 13 novembre 1810, on lui
rendit les mêmes honneurs qu'à une reine, et
elle fut inhumée avec pompe dans l'abbaye de
Westminster Sur son lit de mort, cette princesse avait adressé de pieuses exhortations à ses
neveux. « Quant à vous, ma nièce, dit-elle à la
duchesse d'Angoulême, il ne vous manque que
des ailes pour monter au ciel. »

A ce moment, les partisans les plus acharnés
de Louis XVIII semblaient considérer comme
une chimère l'espoir de son retour en France.

On croyait que le mariage de Napoléon avec
une archiduchesse d'Autriche avait consolidé à
tout jamais la dynastie impériale. « Bonaparte, a
dit le baron de Vitrolles dans ses Mémoires, avait
tout fait pour effacer le souvenir de la famille
royale. Depuis qu'il régnait, on ne l'avait nommée qu'une fois et c'était dans les fossés de Vincennes. La génération qui avait connu nos princes disparaissait ; celle qui arrivait savait à peine
que Louis XVI eût des frères; l'orpheline du
Temple était pour elle un personnage historique,
et le meurtre du duc d'Enghien lui apprit seul

qu'il y avait encore des Condé. Nous-mêmes, qui, dans nos plus jeunes années avions combattu sous leurs drapeaux et pour leur noble cause, nous étions dispersés, sans lien, sans union, si ce n'était sans souvenirs. Un grand nombre s'étaient rattachés au dominateur : les plus valeureux dans l'armée, les plus nécessiteux dans les droits réunis, les plus serviles à la cour. Ceux qui avaient conservé dans leur âme quelque empreinte de leurs premiers sentiments étaient rejetés dans des situations particulières et étroites, sans influence, et sans espoir d'en sortir. A peine, dans le cours de dix années, avions-nous entendu parler deux ou trois fois de ces princes dont le culte restait au fond de nos cœurs. Les nouvelles vagues, et le plus souvent mensongères qu'on pouvait en avoir se transmettaient à l'oreille et, pour ainsi dire, par infiltration, sans qu'on en connût la source. On nous disait que Mme la duchesse d'Angoulême avait donné naissance à un fils, et que le prince-régent d'Angleterre avait été parrain du royal enfant. D'autres fois, c'était un de nos princes apparaissant sur quelque champ de bataille, et combattant contre l'usurpateur pour les droits de sa maison. On commémorait encore le 21 janvier à l'église, et la fête de saint Louis à table, et ces vives émotions nous révélaient qu'il y a au fond de nos cœurs des sentiments ineffaçables et des passions inaperçues dans le cours ordinaire de notre vie. Les partis meurent lorsqu'ils ne sont formés que par des intérêts ; ils vivent comme des religions lorsqu'ils s'appuient sur des croyances. »

Napoléon, père du roi de Rome, était arrivé à l'apogée de sa puissance. L'almanach de sa cour ressemblait à celui de la cour de Versailles ; c'étaient les mêmes charges, les mêmes noms, les mêmes titres, la même étiquette. Les émigrés les plus en vue, les personnages les plus marquants de l'ancien régime, servaient dans la maison du nouveau Charlemagne, et dans celle de sa femme, la fille des Césars germaniques. Mais en faisant leur service au château des Tuileries et dans les autres résidences impériales, ces grands seigneurs et ces grandes dames se souvenaient involontairement de l'orpheline du Temple. Alors même qu'on oubliait tout le reste, on se rappelait cette héroïne de la douleur. Ainsi que l'a dit Lamartine, Louis XVIII aimait la duchesse d'Angoulème par sentiment et par politique. « Il se parait de cette beauté, de cette jeunesse et de cette pitié aux yeux de l'Europe. Il l'appelait son Antigone. Il se montrait appuyé sur le bras de cette nièce, comme une royauté protégée d'en haut par l'ange du deuil. Elle vivait auprès de lui au château d'Hartwel, se souvenant de la France avec amertume, mais du trône et de la patrie avec l'orgueil et la majesté innée de son sang. » La fille de Louis XVI et de Marie-Antoinette était l'ornement, la poésie, la sanctification de la petite cour du roi exilé. Si Louis XVIII avait eu un moment de défaillance, il lui aurait suffi pour reprendre la foi et l'espoir, de jeter un regard sur sa nièce.

Il est certain que l'impératrice Marie-Louise, avec sa double couronne d'impératrice des Français et de reine d'Italie, n'était pas plus majestueuse sur son trône que l'Orpheline du Temple dans son exil.

Quoiqu'elle eût l'habitude d'éviter les réunions et les fêtes, la duchesse d'Angoulême ne put refuser de paraître, en 1811, à la cour d'Angleterre. Le baron de Géramb, qui devait, quelques années plus tard, quitter la vie des cours pour la vie religieuse, et se faire chartreux, s'est exprimé ainsi sur le compte de la jeune princesse : « Pour la première fois S. A. R. la duchesse d'Angoulême paraissait à Londres dans une assemblée publique. Dirai-je que tous les regards furent à l'instant fixés sur elle ? Non, livré tout entier à mes propres observations, aux vives émotions qui se pressaient dans mon cœur, je ne pus remarquer celle des autres. Jamais la vertu et l'innocence ne se montrèrent aux hommes sous des traits où se nuance une si touchante beauté avec une si profonde mélancolie ; je n'ose peindre tout ce que ce regard a d'enchanteur et d'attendrissant, tout ce que ce sourire a de céleste, je craindrais de profaner ce que j'ai vu en cherchant à le détailler. »

Et le chambellan autrichien, qui, certainement,
n'aurait pas parlé avec tant d'enthousiasme de
Marie-Louise, fille de son empereur, continue
ainsi dans un vrai transport de lyrisme : « En
contemplant ces traits qui rappellent, dit-on, la
bonté de Louis XVI et la dignité de Marie-Antoinette, voici les vœux qui s'échappaient avec
mes soupirs de mon cœur oppressé. O douce et
tendre colombe ! Que les orages respectent à jamais l'abri où tu reposes ! Que de nouvelles douleurs ne viennent pas affliger ce jeune cœur
formé par la douleur ! Hélas ! tu n'as jamais
connu de la vie que ses souffrances et ses misères. Si, au milieu de tant de catastrophes, tu
as été épargnée, si la rage de ceux qui ont assassiné les êtres qui t'étaient si chers ne s'est pas
exercée sur toi, si tu es sortie pure comme les
anges de cette terre où régnaient la licence et le
crime, quelle destinée t'est donc réservée par la
Providence ? Échappée au naufrage, au milieu
des plus horribles tempêtes, serais-tu le gage
que Dieu veut un jour offrir aux hommes pour
leur montrer que sa colère est apaisée, et que le
monde écrasé sous tant de ruines, va enfin respirer ? La faible main d'une femme relèverait-elle
un jour l'édifice social plongé dans le sang ? » Si
les étrangers parlaient en tels termes de la fille
de Louis XVI, on se figure facilement quelle devait être à son égard la vénération des Français
royalistes. La sainte princesse était, à leurs yeux,

le symbole vivant d'une double religion, la religion du trône et de l'autel.

La duchesse d'Angoulême, qui fut l'unique amour de son mari, s'occupait surtout à Hartwel, d'aumônes et de bonnes œuvres. Elle méditait, elle lisait, elle priait. Sa maison et son intimité se composaient de la comtesse de Choisy, devenue la vicomtesse d'Argout; du comte Étienne, devenu duc de Damas, et de la duchesse, sœur de Mme de Narbonne. Elle recevait souvent la visite du comte d'Artois et du duc de Berry, qui habitaient Londres. Depuis la mort de Mme de Polastron, qui avait été la plus longue et la plus douce affection de sa vie, le comte d'Artois était devenu profondément dévot, et ses sentiments religieux s'accordaient désormais avec ceux de la fille de Louis XVI. Quant au duc de Berry, qui aimait le monde et les arts, il menait une vie agitée. Une belle Anglaise avait captivé son imagination et son cœur. Il lui aurait fallu les émotions de la guerre; celles de l'amour le consolaient. La duchesse d'Angoulême voyait aussi souvent le prince de Condé, à qui elle témoignait une grande sympathie et à qui Louis XVIII écrivait : « Jouissez, mon cher cousin, du même repos que le plus illustre de vos aïeux goûta volontairement sous les lauriers ; tout vous sera Chantilly. » De son côté, le prince de Condé avait adressé au duc de Berry, son ancien subordonné, une lettre où il lui disait : « Sans doute notre existence est cruelle ; mais nous avons fait notre devoir. Ce n'est plus à moi, dans la circonstance présente, c'est à vous à relever l'étendard royal, et à nous tous à marcher sous vos ordres. Votre extrême jeunesse a pu nécessiter pendant quelque temps l'inconvenance que vous fussiez sous les miens ; mais tant qu'il me restera un peu de force, je me ferai gloire d'être votre premier grenadier. »

En parlant des princes, des grands seigneurs, des évêques, qui venaient saluer Louis XVIII, M. de Vitrolles a dit : « Les hommages de ces aînés de la France faisaient au roi dans les occasions solennelles, si ce n'est une cour, au moins un entourage assez nombreux pour qu'il n'aperçût pas tout ce qui manquait derrière ceux-ci. Il portait dans son sang royal la dignité des sentiments et toute la majesté de sa race. La noblesse des pensées lui était aussi naturelle que celle du sang qui coulait dans ses veines, et toutes les fois qu'il avait à prendre une détermination, il se grandissait de toute la hauteur de tant de rois qu'il représentait. Dans l'habitude de sa vie d'exilé, il aimait assez le rôle et l'apparence de la royauté. » Avoir un favori était à ses yeux une tradition monarchique. Il en eut deux, à Hartwel, d'abord le comte d'Avaray, ensuite le comte de Blacas. « Le comte d'Avaray, ajoute M. de Vitrolles, avait été le plus intime : il n'y a point d'amitié antique, vraie ou fabuleuse, en

prose ou en vers, qui n'eut été mise à contribu-
tion pour célébrer cet attachement. Castor et
Pollux, Achille et Patrocle, Nisus et Euryale,
Auguste et Cinna, Henri IV et Sully, etc. Le roi
avait nommé M. d'Avaray duc, aussitôt que son
droit à la royauté avait été ouvert, et le père a
hérité du titre de son fils, depuis que cette
royauté est devenue réelle. Mais qu'était le favori
d'un roi dans l'exil? Il était tout : il déchargeait
son maître des soins importants de son empire;
il réglait la maison, les gens, les cuisines, s'inter-
posait entre le roi et les princes de sa famille de
manière à les tenir à distance...

« M. d'Avaray, attaqué de la poitrine, avait
fait pour sa guérison un voyage en Italie. Il avait
rencontré à Florence M. de Blacas, d'une très
ancienne famille de Provence tombée depuis
longtemps dans cette gêne de fortune qui obscur-
cit l'éclat des plus grands noms. Celui-ci, pauvre sous-lieutenant émigré, vivait à Florence
dans la condition la plus étroite, lorsque M. d'A-
varay se l'attacha pour l'aider dans sa correspondance. En d'autres circonstances, c'eût été un
secrétaire; dans celles de l'émigration, c'était
tout autre chose.. Ramené en Angleterre et présenté au roi par son nouveau patron, M. de Blacas se rendit agréable et utile, et les progrès du
mal ayant conduit M. d'Avaray à l'île de Madère,
célèbre pour les cures de ce genre de ma-
ladies, il laissa son protégé auprès du roi, pour

servir d'intermédiaire à leur correspondance. »

M. d'Avaray mourut à Madère le 3 juin 1811. Quelques jours auparavant, Louis XVIII écrivait : « La Providence ne pourra jamais m'ôter autant qu'elle m'a donné, en m'accordant un ami comme mon cher d'Avaray. » Le prétendant avait conféré à son favori, outre le titre de duc, le 'droit de mettre dans ses armes l'écusson de France avec cette devise : *Vicit iter durum pietas.*

La succession de favori en titre fut recueillie par M. de Blacas. Lamartine le représente comme « ayant l'amitié sans bornes de son maître, et ne la méritant que par son honneur et sa fidélité, dévoué au dedans, mais superbe au dehors, voyant tout dans le roi, rien dans la France, incapable de plier par raideur de caractère, transportant, dans un exil obscur et dans un règne de transaction, tout l'orgueil et toute la hauteur des anciennes cours absolues. » M. de Blacas excitait, d'ailleurs, de grandes jalousies dans l'entourage de Louis XVIII. Mais écoutons encore M. de Vitrolles : « La guerre, dit-il. fut déclarée contre le nouveau favori. On ne se contentait pas de louer l'ancien, on ne perdait pas une occasion de donner à celui-ci tous les dégoûts, de lui faire éprouver les hauteurs et les airs de mépris, enfin ce genre d'insultes qu'on ressent d'autant plus qu'il est impossible de les qualifier et de s'en plaindre, parce qu'elles n'ont point de corps. Mais c'était servir au mieux celui qu'on voulait perdre. Le roi s'entêtait dans cette guerre de mauvaises façons ; il y mettait tout ce qu'il avait de caractère. Si les attaques étaient venues de tout autre part, il aurait facilement abandonné celui qui en était l'objet ; mais contre les siens, il le défendait, comme il aurait dit lui-même, *unguibus et rostro*. A chaque désobligeance pour son favori, il répondait par un témoignage de faveur. — Je le ferai si grand, qu'ils n'oseront plus l'attaquer, — disait-il, en nommant M. de Blacas grand maître de la garde-robe. Quelle confiance dans sa royauté de croire qu'il faisait quelque chose en nommant à Hartwel un grand officier de sa maison ! »

Au moment où Louis XVIII continuait à jouer, avec une dignité imperturbable, son rôle de souverain *in partibus infidelium*, ou, pour mieux dire *fidelium* l'éventualité d'une restauration bourbonnienne n'était guère considérée comme possible que par lui et par la duchesse d'Angoulême. Comme l'a dit M. de Viel-Castel, dans son histoire si remarquable de la Restauration, « expéditions militaires, intrigues politiques, complots, coups de main, tout avait également échoué. Le mauvais succès de tant d'entreprises dont on s'était promis de si grands résultats, le châtiment de quelques-uns de leurs auteurs, l'apparente impossibilité d'ébranler le colosse de la puissance impériale devant lequel tremblait

tout le continent, avaient depuis longtemps
obligé les Bourbons à renoncer à toute manifes-
tation de leurs prétentions. L'agence royaliste
qui existait secrètement à Paris avait été dis-
soute. La protestation publiée par Louis XVIII,
en 1804, au moment même où Napoléon ceignait
le diadème impérial, était le dernier signe de vie
qu'il eût donné à ses adhérents. »

Jusqu'à la campagne de Russie, la royauté
était à Hartwel dans une sorte de somnolence.
Le prétendant ne parlait presque plus de politique, mais attendait avec confiance je ne sais quels
événements imprévus, qui changeraient les choses de fond en comble. Malheureusement, ces
événements-là devaient être les plus affreuses
des catastrophes. Le côté douloureux de la cause
royaliste, c'est qu'elle s'affaiblissait par les victoires et se fortifiait par les défaites de la France.
La flamme des espérances royales semblait
éteinte après Wagram. Elle se ralluma en même
temps que l'incendie de Moscou. Louis XVIII,
qui lisait assidûment les journaux français, et
discernait, sous les adulations d'une presse vendue à la police impériale, les symptômes de la
ruine et de la désaffection, comprit que la retraite de la Russie avait frappé l'Empire d'un
coup mortel, et que la Restauration n'était plus
qu'une affaire de temps. Il eut alors l'idée de se
rappeler par une démarche habile et opportune,
au souvenir de la France et de l'Europe, qui

semblaient l'avoir oublié : il adressa une lettre à l'empereur Alexandre pour lui recommander les prisonniers français. « Le sort des armes, disait-il dans cette lettre, a fait tomber dans les mains de Votre Majesté Impériale plus de cent cinquante mille prisonniers. Ils sont pour la plupart Français. Peu importe sous quel drapeau ils ont servi ; ils sont malheureux, je ne vois parmi eux que mes enfants ; je les recommande à Votre Majesté Impériale. Qu'Elle daigne considérer combien un grand nombre d'entre eux ont déjà souffert, et adoucir les rigueurs de leur sort ! Puissent-ils apprendre que leur vainqueur est l'ami de leur père ! Votre Majesté ne peut pas me donner une preuve plus touchante de ses sentiments pour moi. » Le czar ne répondit même pas au prétendant.

Le silence de l'empereur Alexandre ne découragea pas Louis XVIII, qui, le 1ᵉʳ février 1813, publia un nouveau manifeste. Il prouvait, par ce document adroit et libéral, que les années, l'exil et les leçons de l'expérience lui avaient fait faire d'utiles réflexions, il promettait de maintenir les corps administratifs et judiciaires dans la plénitude de leurs attributions, de laisser tous les fonctionnaires dans la jouissance de leurs emplois, d'empêcher toute poursuite pour les faits accomplis dans des temps malheureux, dont son retour scellerait l'oubli, et il invitait le Sénat impérial, auquel il adressait des éloges, à être le premier instrument de la Restauration.

Après la bataille de Leipzig, le prétendant se considéra comme certain du très prochain succès de sa cause. Ainsi que l'a dit Lamartine, le rétablissement d'un Bourbon sur le trône de France lui paraissait un devoir de Dieu lui-même; et l'heure que lui et l'orpheline du Temple attendaient comme une justification de la Providence allait enfin sonner.

XIV

LA FIN DE L'EXIL

Au commencement de 1814, Louis XVIII eut
la conviction que sa rentrée en France était imminente, et cependant les puissances européen-
nes ne lui promettaient pas encore leur appui.
N'ayant pas renoncé à l'idée de traiter avec Napoléon, elles craignaient d'accroître les difficultés de la lutte, en liant leur cause à celle d'une
famille qui avait en France de nombreux adversaires. L'empereur Alexandre, peut-être jaloux
de l'ancienneté de race des Bourbons, leur témoignait peu de sympathie, et passait pour avoir
le désir de donner comme souverain au peuple
français Bernadotte. L'empereur d'Autriche
semblait ne point se soucier de Louis XVIII, et
l'on attribuait sa froideur à un reste d'intérêt
pour sa fille Marie-Louise. Bien que l'ensemble
de ces dispositions ne fût guère encourageant,

le comte d'Artois et ses deux fils, les ducs d'Angoulême et de Berry, se décidèrent à quitter l'Angleterre pour se mêler aux événements qui se préparaient. Le comte d'Artois voulait se jeter au milieu des armées russe, autrichienne et prussienne qui entamaient le nord et l'est de la France. Le duc d'Angoulême voulait pénétrer en Espagne, où une armée anglo-espagnole s'avançait contre le Midi. Le duc de Berry se proposait de se rendre dans l'île de Jersey voisine des départements de la Normandie, où la conscription venait de causer quelques troubles dans lesquels on croyait voir le prélude d'une insurrection.

Les trois princes s'embarquèrent sur des bâtiments anglais en janvier 1814. Le comte d'Artois débarqua en Hollande, et ce ne fut qu'après avoir erré plus d'un mois à travers ce pays, l'Allemagne et la Suisse qu'il obtint des alliés la permission de mettre le pied sur le territoire français. Le duc d'Angoulême put pénétrer à Saint-Jean-de-Luz, occupé par les troupes anglaises, et il y publia, le 2 février, une proclamation dans laquelle il engageait l'armée française commandée par le maréchal Soult à contribuer au renversement de Napoléon. Le maréchal, qui devait quelques semaines plus tard, témoigner des sentiments si royalistes, répondit à cette tentative d'embauchage par une proclamation, où il disait: « Soldats, on a l'infamie de vous exciter à tra-

hir vos serments à l'empereur. Cette offense ne
peut être vengée que dans le sang. Aux armes !...
Vouons à l'opprobre et à l'exécration publique
tout Français qui favoriserait les projets insi-
dieux de nos ennemis. Combattons jusqu'au
dernier les ennemis de notre auguste empereur
et de notre patrie ! Haine aux traîtres ! Guerre à
mort à ceux qui tenteraient de nous diviser !
Contemplons les efforts prodigieux de notre
grand empereur et ses victoires signalées, et
mourons les armes à la main plutôt que de sur-
vivre à notre honneur ! »

Quant au duc de Berry, il débarqua dans l'île
de Jersey. On lui avait dit qu'il n'aurait qu'à se
jeter sur la côte normande, pour y être immédiatement entouré d'une armée de royalistes.
Mais il s'aperçut vite que c'était là une illusion,
et resta confiné dans l'île jusqu'à la consomma-
tion des événements qui se préparaient. C'est de
Jersey qu'il écrivait cette lettre que Chateaubriand a citée. « Me voici comme Tantale, en vue
de cette malheureuse France, qui a tant de peine
à briser ses fers ; et les vents, le mauvais temps,
la marée, tout vient arrèter les courageux efforts
des braves qui vont courir des dangers qu'on ne
me permet pas encore de partager. Vous, dont
l'âme est si belle, si française, jugez de tout ce
que j'éprouve ; combien il m'en coûterait de m'é-
loigner de ces rivages qu'il ne me faudrait que
deux heures pour atteindre ! Quand le soleil les

éclaire, je monte sur les plus hauts rochers, et, ma lunette à la main, je suis toute la côte, je vois les rochers de Coutances. Mon imagination s'exalte ; je me vois sautant à terre, entouré de Français, cocardes blanches aux chapeaux ; j'entends le cri de « Vive le roi! » ce cri que jamais Français n'a entendu de sang-froid ; la plus belle femme de la province me ceint d'une écharpe blanche, car l'amour et la gloire vont toujours ensemble. Nous marchons sur Cherbourg ; quelque vilain fort, avec une garnison d'étrangers, veut se défendre ; nous l'emportons d'assaut, et un vaisseau part pour aller chercher le roi, avec le pavillon blanc, qui rappelle les jours de gloire et de bonheur de la France. Ah! madame, quand on n'est qu'à quelques heures de l'accomplissement d'un rêve si probable, peut-on penser à s'éloigner ? »

Cependant les royalistes français ne bougeaient pas encore. « Nous avions souvent gémi, a dit M. de Vitrolles, de ne pas avoir la moindre révélation de nos princes. Nous étions prêts à les accuser d'abandonner leur cause au moment où ils pourraient reprendre leur drapeau. Mais un de ces journaux anglais si sévèrement prohibés nous parvint un jour par l'intermédiaire de l'archevêque de Malines ; il nous apprit que Monsieur, comte d'Artois s'était embarqué le 25 janvier, pour se rendre sur le continent ; et que, vers le même temps, M. le duc d'Angoulême

avait également quitté l'Angleterre pour venir
dans le midi de la France et s'y présenter géné-
reusement à ses amis et à ses ennemis. Cette
nouvelle, totalement ignorée par le plus grand
nombre, à peine remarquée de ceux qui l'appre-
naient, fut pour nous un éclair de feu et de lumière. Elle ranima nos espérances et réchauffa
tous nos conseils. Je me décidai sur-le-champ à
partir pour chercher Monsieur partout où il serait. »

Avant de rejoindre le comte d'Artois, M. de
Vitrolles se rendit au quartier général des alliés,
et eut avec le prince de Metternich et l'empereur
Alexandre des entretiens qui n'étaient guère en-
courageants pour la cause des Bourbons. Le
czar lui dit : « La preuve d'attachement que vous
donnez à vos anciens maîtres est certainement
louable ; elle part d'un sentiment d'honneur et
de loyauté que j'apprécie, mais les obstacles qui
séparent désormais les princes de la maison de
Bourbon du trône de France me paraissent in-
surmontables... Ils reviendraient aigris par le
malheur, et lors même que des sentiments généreux ou un calcul mieux entendu leur impose-
raient le sacrifice de leurs ressentiments, ils ne
seraient pas maîtres de modérer ceux qui ont
souffert pour eux et par eux. L'esprit de l'armée,
de cette armée si puissante en France, leur serait
opposé ; l'entraînement des générations nouvelles leur serait contraire. »

L'empereur Alexandre passa ensuite en revue diverses combinaisons qui s'étaient offertes à l'esprit des alliés au sujet du sort de la France. « Nous avons bien recherché, dit-il, ce qui pouvait convenir à la France si Napoléon disparaissait. Il y a quelque temps, nous avions pensé à Bernadotte ; son influence sur l'armée, la faveur qu'il devait avoir auprès des amis de la Révolution, avaient arrêté un moment nos pensées sur lui ; mais ensuite plusieurs motifs sont venus nous en éloigner. On a parlé d'Eugène Beauharnais ; il est estimé de la France, chéri de l'armée, sorti des rangs de la noblesse ; n'aurait-il pas de nombreux partisans ? Après cela, peut-être une République sagement organisée conviendrait-elle mieux à l'esprit français. Ce n'est pas impunément que les idées de liberté ont germé pendant longtemps dans un pays tel que le vôtre. Elles rendent bien difficile l'établissement d'un pouvoir plus concentré. »

Après avoir rappelé le langage du czar, M. de Vitrolles ajoute : « Où en étions-nous, grand Dieu ! le 17 mars ? L'empereur Alexandre, le roi des rois unis pour le salut du monde, me parlait de la République !... Je dissimulai assez bien l'étonnement où me jetaient ces dernières paroles, et je restai assez maître de moi pour répondre à l'empereur sans que l'altération de ma voix trahît mon émotion. Je n'avais pas assez pratiqué les rois pour m'attendre à une allocu-

tion semblable. Je croyais que c'était moi qui
plaiderais, et qu'on me répondrait par quelques
grandes et nobles paroles, par des sentiments
aussi élevés que les supposait la dignité de mon
interlocuteur. Mais point du tout, il m'avait tout
de suite attaqué corps à corps, en faisant pleu-
voir sur moi les raisons les plus serrées, les plus
fortes, les plus complètes, enfin les seules et
toutes celles qu'on pouvait m'opposer. »

Même après la rupture du Congrès de Châtillon, les puissances ne se prononcèrent pas encore pour la cause royaliste. Les généraux russes
avaient fini par autoriser le comte d'Artois à
venir à Nancy, mais sans cocarde, sans décoration, sans titre politique, comme un simple voyageur. « Il faut bien avouer, a dit encore M. de
Vitrolles, que, jusque-là, rien n'avait souri à ses
espérances. Les pays où Monsieur cherchait à
exercer son influence étaient occupés par les armées étrangères ; la population tout entière ne
formait des vœux que pour une prompte paci-
fication, et le rétablissement des Bourbons lui
paraissait plutôt une question qui prolongerait
la guerre. Elle ne voyait d'issue à tant de maux
que la paix avec Bonaparte. D'un autre côté, les
ouvertures faites aux souverains alliés avaient été
toujours et complètement repoussées, et cependant les prétentions de Monsieur étaient réduites
à bien peu ; il sollicitait de rejoindre l'armée et
d'y combattre comme simple volontaire. Il était

donc en proie, au moment de mon arrivée à Nancy, à un profond découragement. J'apportais un royaume, on le sentait, mais on ne le comprenait pas si vite. Monsieur mettait encore en première ligne sa demande de rejoindre l'armée; tout ce que je lui annonçais, tous les sujets les plus élevés de nos entretiens ne changeaient pas sa pensée, et les lettres qu'il me remit à mon départ pour les empereurs de Russie et d'Autriche portaient encore en première ligne cette demande de prendre part aux actions de la guerre Il est des esprits paresseux à se déplacer. »

Au moment même où le comte d'Artois paraissait découragé à Nancy, il se produisait à Bordeaux un événement qui ranimait toutes les espérances royalistes. Le maire était un comte de l'Empire, M. de Lynch, dont les antécédents n'auraient pas semblé de nature à faire prévoir le rôle qu'il allait jouer. Trois mois auparavant, il avait été porter au pied du trône de Napoléon l'hommage du prétendu dévouement de la population bordelaise, et avait dit dans une adresse plus que louangeuse : « Napoléon a tout fait pour les Français, les Français feront tout pour lui. » Le 29 janvier 1814, remettant les drapeaux à la garde nationale qu'on venait d'organiser, il promettait de faire preuve de fidélité et de dévouement à l'empereur, dans le cas où le danger de l'invasion s'approcherait. Presque en même temps, de concert avec M. Taffard de

Saint-Germain, qui s'intitulait commissaire du roi pour la Guyenne, il envoyait à lord Wellington deux agents secrets pour le supplier de diriger sur Bordeaux un corps de troupes anglaises, qui, s'il se présentait avec le duc d'Angoulême, serait certain d'y trouver un bon accueil.

Lord Wellington avait d'abord montré peu de sympathie pour la cause royaliste. En pénétrant sur le sol français, il avait écrit à son gouvernement que les Bourbons étaient aussi inconnus, plus inconnus peut-être de leurs anciens sujets que les princes de tout autre dynastie, et que s'il entrait dans les convenances des alliés d'offrir à la nation française un nouveau souverain, peu importait la famille dans laquelle on le choisirait. Lord Wellington commença par décliner l'offre des deux envoyés bordelais. Il trouvait imprudent d'éloigner un corps d'armée de sa base d'opération et d'entraver les négociations du congrès de Châtillon, dont l'issue était encore douteuse. Il ajoutait qu'il ne voulait pas compromettre d'honnêtes gens que les événements de la guerre l'obligeraient peut-être à laisser exposés aux vindictes impériales. Quelques jours après, il changea d'avis. Vainqueur du maréchal Soult à la bataille d'Orthez, il porta son quartier général à Saint-Sever, et pensa qu'au point de vue stratégique, l'occupation d'une ville telle que Bordeaux serait une chose utile. Il détacha donc de son armée, le 7 mars, un corps de quinze mille hommes sous les ordres du général Beresford, et le dirigea vers Bordeaux, que le maréchal Soult laissait à découvert par sa retraite sur Toulouse. Sans les troupes anglaises, les royalistes n'auraient osé rien entreprendre ; avec les troupes anglaises ils crurent que le succès était infaillible. La garnison de la ville n'était que de cinq cents hommes. A l'approche du corps d'armée du général Beresford, elle se retira, le 11 mars. Alors les royalistes décidèrent que, le lendemain, ils iraient à la rencontre des Anglais. et que, rentrés avec eux à Bordeaux, ils y proclameraient Louis XVIII. Ce programme fut exécuté. Un coup de canon ayant donné à la ville le signal convenu, un immense drapeau blanc se dressa sur le clocher Saint-Michel, le plus élevé de tout Bordeaux. En même temps, le maire, M. Lynch, allait au devant du général Beresford, qui arrivait à l'extrémité du pont de la Maye, et, lui montrant du doigt le drapeau blanc qui flottait sur le clocher Saint-Michel : « Général, lui dit-il, vous entrez dans une ville soumise à son roi légitime, Louis XVIII, l'allié de Sa Majesté britannique ; vous serez témoin de l'allégresse de cette grande cité, en se replaçant sous l'autorité paternelle d'un Bourbon. »

Le général Beresford répondit sèchement au maire : « Faites ce que vous voudrez ; vos dissensions intérieures ne me regardent pas. Je ne suis

ici que pour protéger le peuple et les propriétés.
Je prends possession de la ville au nom de Sa
Majesté Britannique. »

Au même moment, on annonça que, deux
heures après, le duc d'Angoulême entrerait dans
la ville. Ce fut alors parmi les royalistes une explosion de joie qui alla jusqu'au délire. Quand
le neveu de Louis XVI, le mari de l'orpheline du
Temple, apparut, ils s'embrassèrent, ils se je-
tèrent à genoux. C'était à qui toucherait les habits
ou le cheval du prince, qui répondait à ces dé-
monstrations d'enthousiasme en disant : Plus de
guerre, plus de conscription, plus de droits réunis ! Il se rendit à la cathédrale pour remercier
Dieu, puis à l'Hôtel de Ville, et prit possession
de la province au nom de Louis XVIII. Le drapeau blanc remplaça partout le drapeau tricolore.
Le soir, la ville fut illuminée. On lisait, aux
flambeaux, une proclamation du maire, qui félicitait les Bordelais de leur conduite, et remerciait
les Anglais, les Espagnols et les Portugais de
s'être réunis dans le midi de la France, comme
d'autres dans le nord, « pour remplacer le fléau
des nations par un monarque père du peuple. »

Trois jours après, le 15 mars 1814, le duc
d'Angoulême publiait une proclamation où il disait : « Ce ne sont pas les Bourbons qui ont attiré
sur votre territoire les puissances alliées, elles s'y
sont précipitées pour préserver leurs États de
nouveaux malheurs. Comme elles sont convain-

cues qu'il n'y a de repos, pour leurs peuples et
pour la France, que dans une monarchie tempé-
rée, elles ouvrent les voies du trône aux successeurs de saint Louis. Ce n'est que par vos vœux
que le roi mon oncle aspire a être le restaurateur
d'un gouvernement paternel et libre. » Une députation partit pour Hartwel, avec la mission
de porter à Louis XVIII l'hommage des Bordelais
et de le supplier de se rendre dans la première
ville française qui avait proclamé son autorité.

Cependant, la satisfaction du duc d'Angoulême
n'était pas sans mélange. L'exemple donné par
les royalistes bordelais n'avait pour ainsi dire
pas eu d'imitateurs. A l'exception des deux petites villes de Roquefort et Bazas, aucune commune ne se prononçait pour le roi. Le général
Beresford avait quitté Bordeaux, pour aller as-
siéger Bayonne et le fort de Blaye, dont la garnison, restée fidèle à l'empereur, interdisait la
libre navigation de la Garonne. Le duc d'Angoulême, menacé d'un retour des troupes impériales,
écrivit à lord Wellington pour lui demander des
secours en hommes et en argent. Lord Wellington
les refusa. « C'est contre mon avis et ma manière
de voir, répondit-il au prince, que certaines personnes de la ville de Bordeaux ont jugé convenable de proclamer roi Louis XVIII. Ces personnes ne se sont donné aucune peine, elles
n'ont pas fourni une obole, elles n'ont pas levé
un soldat pour le soutien de leur cause, et main-

tenant parce qu'elles courent un danger, elles
m'accusent de ne pas les soutenir avec mes
troupes... Je ne sais pas si je ne vais point au
delà de la ligne de mes devoirs, en prêtant à
votre cause la moindre protection et le moindre
appui... Il faut que le public connaisse la vérité.
Si, d'ici à dix jours, vous n'avez pas démenti la
proclamation du maire de Bordeaux, qui m'attri-
bue le devoir de protéger la cause des royalistes
de la ville, je la démentirai moi-même publiquement. »

Livrés à eux-mêmes, les royalistes bordelais
auraient sans doute échoué. Ce qui fit triompher
leur cause, ce fut la rupture du Congrès de Châtillon, ce fut la capitulation de Paris, ce fut la dé-
fection d'Essonnes. Cependant leur députation
était arrivée à Hartwel le 25 mars 1814, jour de
l'Annonciation. Elle se composait de M. de Tauzia, adjoint à la mairie de Bordeaux, et du baron
de Labarte, chargé des dépêches du duc d'Angoulème. Au moment où les deux envoyés arrivèrent à la résidence royale, dans une voiture
dont le postillon et les chevaux étaient parés de
cocardes blanches, Louis XVIII et la duchesse
d'Angoulème assistaient à la messe, dans la chapelle d'Hartwel. Après la messe, le roi, ayant à
ses côtés sa nièce, qui se tenait debout, reçut les
envoyés bordelais. Autour de lui se trouvaient
l'archevêque de Reims, le comte de Blacas, les
ducs de Lorges, d'Havré, de Gramont, de Sérent,

de Castries, le vicomte d'Agoult, le comte de Pradel, le chevalier de Rivière, M. Durepaire, la duchesse de Sérent, la comtesse Etienne de Damas, la comtesse de Choisy. M. de Tauzia, s'avançant vers le roi, lui remit une lettre par laquelle M. de Lynch le suppliait de se rendre à Bordeaux où le drapeau blanc était arboré. Après avoir lu cette lettre, Louis XVIII embrassa le fidèle royaliste qui la lui apportait. L'émotion était à son comble. La duchesse d'Angoulême se fit raconter tous les détails de l'entrée de son mari à Bordeaux. Sa physionomie, ordinairement si triste, resplendissait de joie.

Louis XVIII répondit ainsi à la lettre du maire : « Monsieur le comte de Lynch, c'est avec le sentiment qu'un cœur paternel peut seul éprouver que j'ai appris le noble élan qui m'a rendu ma bonne ville de Bordeaux. Cet exemple sera, je n'en doute pas, imité par toutes les autres parties de mon royaume ; mais ni moi, ni mes successeurs, ni la France n'oublieront que, les premiers rendus à la liberté, les Bordelais furent aussi les premiers à voler dans les bras de leur père. J'exprime faiblement ce que je sens vivement ; mais j'espère qu'avant peu, rendu moi-même dans ces murs, où pour me servir du langage du bon Henri, mon heur a pris commencement, je pourrai peindre mieux les sentiments dont je suis pénétré. Je désire que vos concitoyens le sachent par vous ; ce premier prix vous est dû: car, malgré votre modestie, je suis instruit des services que vous m'avez rendus, et j'éprouverai un vrai bonheur en acquittant ma dette. »

Cette lettre était datée du 31 mars 1814. Le même jour, les alliés faisaient leur entrée dans la capitale de la France. Leur triomphe assurait celui de Louis XVIII, et c'était à Paris, et non point à Bordeaux, que ce prince allait se rendre. Pendant les derniers jours qu'il resta sur le sol britannique, le gouvernement et le peuple anglais lui témoignèrent des égards qui allaient jusqu'à l'enthousiasme. On eût dit qu'il était le roi de l'Angleterre. Lamartine a écrit à ce propos: « La nation anglaise, émue à la voix de Burke et de ses orateurs par la mort tragique de Louis XVI, de la reine et de la famille royale, témoin indigné du supplice de tant de victimes immolées par la Terreur, était constitutionnelle par intérêt, royaliste par pitié. L'histoire de la Révolution française, continuellement racontée et commentée à Londres par les écrivains royalistes réfugiés, y était devenue une poésie du malheur, du crime, du trône et de l'échafaud. Le foyer des Anglais avait été généreux, prodigue, hospitalier pour la noblesse française émigrée et reconnaissante alors.... La chute de Napoléon et son remplacement sur le trône de France par un frère de Louis XVI paraissait aux Anglais une des plus grandes œuvres de leur histoire. »

Louis XVIII et la duchesse d'Angoulême quittèrent Hartwell le 20 avril 1814, et firent, le même jour, une entrée solennelle à Londres. Le prince-régent alla à leur rencontre jusqu'à Stanmore. Il était précédé par trois coureurs en livrée royale, qui portaient la cocarde blanche, et les postillons qui conduisaient sa voiture à quatre chevaux avaient, outre cette cocarde, des vestes blanches et des chapeaux blancs. Le prince arriva à Stanmore à deux heures de l'après-midi. Il n'y avait pas une maison qui ne fût pavoisée. La noblesse du voisinage avait formé une cavalcade, qui se réunit à un mille en avant de la ville pour accompagner Louis XVIII à son entrée. A quelque distance de Stanmore, le peuple détela les chevaux de la voiture royale, et la traîna à bras. Louis XVIII s'arrêta à l'auberge d'Abercorn, où le prince-régent le reçut et l'entretint en Français. Le cortège se mit ensuite en marche au petit trot jusqu'à Kilburn, où il commença à aller au pas. L'entrée à Londres fut magnifique. On traversa Hyde-Park et Piccadilly au milieu d'une population immense, qui faisait retentir l'air de ses acclamations enthousiastes. Le peuple anglais pouvait se réjouir mieux que le peuple français, car il ne se mêlait à sa joie ni le deuil de la défaite, ni l'occupation du pays par des troupes étrangères. Les dames placées aux fenêtres agitèrent leurs mouchoirs en signe d'allégresse. On voyait flotter des dra-

peaux anglais et français surmontés de branches
de laurier. Il était près de six heures du soir
quand le cortège arriva à l'hôtel de Crillon, où
devait loger Louis XVIII. La musique du duc de
Kent, rangée près de l'hôtel, jouait l'air *Good save
the King*. A mesure qu'approchait le carrosse dans
lequel se trouvaient le roi de France et le prince-
régent, les acclamations populaires redoublaient.

En descendant de voiture, Louis XVIII prit
le bras du prince-régent, qui le conduisit au
salon principal de l'hôtel de Crillon. Puis il
s'assit, ayant à sa droite le prince-régent et la
duchesse d'Angoulême, à sa gauche le duc
d'York, devant lui le prince de Condé et le duc
de Bourbon. Le corps diplomatique était présent.

Le prince-régent prit alors la parole : « Votre
Majesté, dit-il, me permettra de lui adresser mes
félicitations sur le grand événement qui a toujours été l'un de mes souhaits les plus sincères,
et qui doit immensément contribuer non seulement au bonheur des peuples de Votre Majesté,
mais encore au repos et à la prospérité des autres
nations. Je puis ajouter avec confiance que mes
sentiments et mes vœux personnels sont en harmonie avec ceux de la nation britannique tout
entière. Le triomphe et les transports qui signa-
leront l'entrée de Votre Majesté dans sa propre
capitale pourront à peine surpasser l'allégresse
que la restauration de Votre Majesté sur le trône

de ses ancêtres a fait naître dans la capitale de l'empire britannique. »

Louis XVIII répondit : « Je prie Votre Altesse Royale d'agréer les plus vives et les plus sincères actions de gràces pour les félicitations qu'Elle vient de m'adresser. Je lui en remets de particulières pour les attentions soutenues dont j'ai été l'objet, tant de la part de Votre Altesse Royale que de celle de chacun des membres de votre illustre maison. C'est aux conseils de Votre Altesse Royale, à ce glorieux pays et à la confiance de ses habitants que j'attribuerai toujours, après la Providence, le rétablissement de notre maison sur le trône de nos ancêtres, et cet heureux état de choses, qui promet de fermer les plaies, de calmer les passions et de rendre la paix, le repos et le bonheur à tous les peuples. »

Le langage royal a été sévèrement apprécié par tous les auteurs qui ont écrit l'histoire de la Restauration. « Ces paroles, a dit M. Alfred Nettement, surfaisaient la reconnaissance de Louis XVIII envers le gouvernement anglais, dont il avait eu souvent à se plaindre et dont il s'était plaint, et elles avaient, en outre, le grave inconvénient de sacrifier à l'effet présent l'effet à venir. Une fois l'enivrement de la paix tombé, on pouvait les tourner contre le roi de France, et les représenter comme un acte de vasselage envers l'Angleterre, en les détachant de la circonstance où elles avaient été dites, du discours du prince-régent qui les avait provoquées, comme ces figures qui, ôtées d'un tableau où elles sont encadrées, perdent leur physionomie. »

Lamartine a été plus sévère encore. Il a dit : « Ces paroles, que la reconnaissance de l'exilé inspirait, mais que la dignité du roi de France défendait à ses lèvres, furent plus tard les remords de son règne et le texte du patriotisme contre sa maison. La France y était non seulement oubliée, mais humiliée. »

Enfin, le baron Louis de Viel-Castel s'est exprimé ainsi : « Soit que ces paroles aient été inspirées par l'entraînement du lieu et du moment, soit qu'elles fussent dirigées avec intention contre l'influence dominante que l'empereur de Russie exerçait alors à Paris, il eût été difficile d'en faire entendre de plus malencontreuses. On ne conçoit pas qu'elles aient pu sortir de la bouche d'un prince qui, en d'autres occasions, a fait preuve de dignité et de tact. Leur sens évident, c'était que la maison de Bourbon devait à la seule Angleterre le trône qu'elle recouvrait ; que les autres puissances n'y étaient pour rien, et que le peuple français lui-même n'avait eu aucune part au rappel de ses rois. Cela n'était pas vrai. L'empereur Alexandre était le véritable auteur de la Restauration, avec M. de Talleyrand et le Sénat, et si le Sénat n'était pas le représentant légitime de la France, les lois existantes lui en attribuaient jusqu'à un certain point le carac-

tère. Ce discours blessa profondément le monarque russe et les autres alliés; il mécontenta
surtout et inquiéta les membres du gouvernement
provisoire et tous ceux qui craignaient de voir
les Bourbons adopter un système de réaction
antinationale. »

Après son allocution, Louis XVIII, aidé par
le prince de Condé et le duc de Bourbon, ôta son
cordon bleu, ainsi que sa plaque de l'ordre du
Saint-Esprit, et en décora le prince-régent de
ses propres mains. « Je m'estime singulièrement
heureux, dit-il alors de pouvoir conférer le premier cordon de cet ancien ordre à un prince qui
a si puissamment contribué à la délivrance et à
la résurrection de la France. » En échange, il
reçut l'ordre de la Jarretière.

Louis XVIII passa trois jours à Londres et,
accompagné par le prince-régent, il se rendit à
Douvres, où, le 24 avril 1814, il s'embarqua
pour Calais, avec la duchesse d'Angoulême, le
prince de Condé et le duc de Bourbon.

Les royalistes n'oublieront jamais cette journée. C'est pour eux une apothéose. Le printemps
sourit. Le ciel brille; ses rayons d'or se reflètent
dans une mer azurée. Des cris joyeux, des acclamations enthousiastes retentissent sur la terre et
sur l'onde. Le détroit du Pas-de-Calais est plein
d'embarcations pavoisées. On dirait que toute
l'Angleterre fait cortège au roi de France. Les
artilleries des deux nations, ces artilleries terri-

bles, qui ont si souvent tonné l'une contre l'autre,
s'unissent joyeusement dans des salves de con-
corde et de réjouissance. Le drapeau blanc flotte
à tous les mâts, les applaudissements se renouvellent à toutes les vagues.

C'est à une heure de l'après-midi que le roi
s'est embarqué sur le *Royal-Sovereign*, le plus beau
navire de la marine anglaise, escorté par huit
vaisseaux de haut bord, dont le duc de Clarence
a pris le commandement. Des fenêtres du château
de Douvres, le prince-régent suit du regard ses
hôtes, en leur faisant des signes d'adieu. Secondée
par un vent propice, l'escadre s'avance rapidement. Louis XVIII et la fille de Louis XVI
attendent avec impatience le moment où ils aper-
cevront la côte de France. Dieu soit loué ! Le
voilà, oui, le voilà enfin ce rivage chéri, ce rivage
tant de fois désiré pendant les longs tourments
de l'exil ! Voilà le terme de tant d'épreuves !
Voilà le port où, après tant d'orages, va s'abriter
le vaisseau de la monarchie française. C'est l'heure
du salut, du triomphe.

Le rivage de la mer, les remparts de Calais,
les points élevés de la côte, sont remplis d'une
foule innombrable. Le roi, pour se faire reconnaître, se détache du groupe dont il est entouré
sur le pont du *Royal-Sovereign*. Seul, il ôte son
chapeau. Levant les yeux au ciel, et portant la
main droite sur son cœur, il remercie la Providence. Puis, debout sur la proue élevée du na-

vire, il tend les bras vers le rivage, et les referme sur sa poitrine, comme pour embrasser sa patrie. Le canon retentit. Les cloches sonnent à toute volée. Les acclamations populaires couvrent le murmure de l'Océan. Alors le roi montre du doigt à la foule sa nièce, la duchesse d'Angoulême, qui s'approche de lui. A la vue de la pieuse princesse, dont les malheurs sont déjà légendaires, l'enthousiasme arrive à son comble. La sainte femme, dont l'âme est ordinairement comprimée par la tristesse et le chagrin, tressaille. Elle pleure, mais c'est de joie. Un tel sentiment lui est si peu familier qu'elle se demande parfois si elle n'est pas le jouet de quelque songe enchanteur, qui aura un cruel réveil. Une si radieuse journée ne semble pas faite pour la fille du roi et de la reine martyrs, pour l'orpheline du Temple, pour la femme qui a vidé jusqu'à la lie la coupe de deuil et d'amertume. On distingue auprès d'elle le prince de Condé et le duc de Bourbon, dont l'un est l'aïeul, l'autre le père de l'infortuné duc d'Enghien. Le tragique souvenir de la victime des fossés de Vincennes augmente l'émotion générale. On dirait que l'ombre du jeune prince plane au-dessus du vaisseau, et vient se joindre aux ombres de Louis XVI, de Marie-Antoinette, de Madame Élisabeth, de Louis XVII, qui cessent d'être plaintives, et se réjouissent. On entend crier sur le rivage : « Le voilà ! C'est lui ! Le roi ! Vive le roi ! Vive Madame ! Vivent les Bourbons ! »

Les autorités de Calais montent sur le navire,
avant le débarquement du souverain, et lui offrent
leurs hommages. Le général Maison est le premier général français admis à l'honneur de le
saluer. La mauvaise fortune des Bourbons leur
fera, seize ans après, rencontrer le même homme
dans des circonstances bien différentes. Mais
quels sont les triomphateurs qui songent aux
catastrophes futures ? Quand Louis XVIII dé-
barque sur la jetée, s'appuyant, comme autrefois dans les plaines glacées de la Lithuanie, sur
le bras de la fille de Louis XVI, des larmes
coulent de tous les yeux. Hélas ! ce retour dans
la patrie n'est pour la malheureuse princesse
qu'une halte sur le chemin de la douleur. L'exil
qui cesse en ce moment doit recommencer onze
mois plus tard.